# 地域居住とまちづくり

多様性を尊重し協同する
地域社会をめざして

中山 徹 編

自治体研究社

# はじめに
## —人口減少時代におけるまちづくりの基本方向—

中山　徹

二〇〇八年をピークに、日本では人口が減少しており、今後さらに人口が減ると予測されている。人口減少は一過性の現象ではなく、仮に少子化対策が成功したとしても、今後、数十年にわたって人口が減少することは避けられない。日本の都市計画の基本的な枠組みは人口が増加していた高度経済成長期に形作られている。そのため、人口減少にどう対応するかが、これからの都市計画を考えるにあたって最大の課題と言える。

今地域で起こっていることは、各種公共施設の数を減らそうという動きである。とくに、子どもに関係する学校、保育所、幼稚園などはその傾向が顕著である。子どもが減るから、子どもに関する施設を統廃合するというのはもっともらしく聞こえるが、はたしてそうだろうか。

同じことは都市計画でも生じている。人口減少に対応して市街地を縮小する計画が進んでいる。人口が減少するから市街地を縮めると言われると納得してしまいそうだが、はたしてそれでいいのだろうか。

人口減少は避けられないが、それとの関係で地域で起こっていることは、「人口減少」→「公共施設の統廃合」、「人口減少」→「市街地の縮小」である。「はじめに」では、これからの地域での暮らしを考える上で避けて通れないこれらの問題を取り上げ、人口減少時代にどのようなまちづくりが求められるのかを考える。

# 1　小中学校の統廃合か、少人数学級の導入か

## 児童数と小学校数の変化

七歳から一二歳の総人口をみると、二〇〇〇年は七四四万人であったが、その後は一度も増えることなく減り続けている。[1]その結果、二〇一〇年には六九九万人と七〇〇万人を割り込み、二〇二二年には六一八万人まで減っている。その後は推計値だが、二〇二四年には五九九万人で六〇〇万人を割り込み、二〇四〇年には四六六万人と予測されている。[2]二〇〇〇年を一〇〇とした場合、二〇二二年で八三・一、二〇四〇年では六二・六になる。

一方、小学校の数は二〇〇〇年に二万四一〇六か所あったが、二〇一八年には二万か所を割り込み、二〇二二年には一万九一六一か所まで減っている。[3]二〇〇〇年を一〇〇とすると二〇二二年は七九・五である。児童数は二〇〇〇年から二〇二二年までで一六・九ポイント減っているが、小学校は児童数の減少率よりもやや大きく二〇・五ポイント減っている。

小学校が減るのは自然現象ではない。公立小学校の場合、設置している自治体が政策的に減らしているからである。

## 学校統廃合を進める「教育的」理由

児童数の減少とともに小学校の統廃合を進める自治体は多くある。ではなぜ、統廃合を進めるのだろうか。学校教育法施行規則第四一条には「小学校の学級数は、一二学級以上一八学級以下を標準とする」と書かれている。そして文部科学省は学級数が少ないことによる問題点を検討したうえで、「全学年でクラス替えを可能としたり、学習活動の特質に応じて学級を超えた集団を編成したり、同学年に複数教員を配置するためには一学年二学級以

上（一二学級以上）あることが望ましい」としている。[4]

この一一学級以下が小規模校とみなされ、統廃合の対象になっている。この基準を機械的に当てはめているわけではないが、多くの自治体は一一学級以下を目安として統廃合計画を立てている。統廃合を進める根拠はさまざまだが、多くの自治体が掲げているのは、クラス替えができない、集団活動・行事を行いにくい、切磋琢磨しにくい、教員の役割分担等がしにくく教員の負担が大きいなどである。統廃合し、一学年二学級以上にするとそれらの問題が改善されるという。

二〇二〇年五月一日時点で、全国に小学校は一万九五二五校ある。そのうち、一一学級以下の学校は八四九二校、全体の四四・五％である。[5] これらすべてが統廃合の対象ではないが、このような小規模校を統廃合し、一二学級以上の小学校にするため、全国各地で統廃合が計画されている。

## 学校統廃合を進める財政的理由

多くの自治体は公共施設等総合管理計画を策定し、公共施設の統廃合を進めている。公共施設等総合管理計画はその名称とは異なり、実質的には公共施設統廃合計画になっている。とくに小学校は数が多く、削減する公共施設の中心である。文部科学省は統廃合を進めるにあたって「教育的」理由を掲げているが、公共施設等総合管理計画で公共施設を減らす主な理由は財政的理由である。

一九六〇年代から七〇年代にかけてたくさんの公共施設が整備された。鉄筋コンクリート造の場合、耐用年数は五〇年程度とされている。そのため、かなりの公共施設が耐用年数を迎え、建て替えが必要とされている。ところが自治体の財政状況は厳しく、すべての公共施設を建て替えるだけの財源が確保できない。そこで建て替え時期を迎えた公共施設をそのまま建て替えるのではなく、たとえば三つの公共施設を一つに統合して建て替える等の方法が検討されている。そうすることで建て替えコストを削減するわけである。

市町村が策定している公共施設等総合管理計画の計画期間はさまざまであるが、おおよそ二〇年から三〇年程度の間に、公共施設を二〇％から三〇％減らすとしている市町村が多い。ただし、五〇％以上減らすとしている市町村もあるが、これは公共施設を半分以下に減らすということであり、市民生活に極めて深刻な影響を与えるだろう。

公共施設等総合管理計画で小学校の統廃合を進め、削減しようとしているのは公共施設の建て替え経費である。ただ小学校の統廃合で削減できるコストは建て替え経費だけではない。人件費も削減できる。複数の小さな学校を統合し、大きな学校にまとめれば、教員が削減でき、コストが下がる。たとえば、A小学校の六年生が四〇人で一クラス、B小学校も同じだとする。児童が半数に減ると、各々六年生は二〇人になる。統廃合しなければ一クラス二〇人になる。そこでA小学校とB小学校を統合しC小学校を設置すれば、C小学校の六年生は四〇人で一クラスである。その結果、二クラスだったのが一クラスに減り、教員を一名削減することができる。子どもの減少とともに、小学校の統廃合を進めれば、人件費を削減できる。

## 統廃合は少人数学級の導入を先送りする施策

一九六〇年代から七〇年代にかけて、子どもの数が急増した。学校を増やしたがそれだけでは追い付かず、たくさんの子どもを学校に詰め込んだ。教育環境の改善も進まず、質より量を優先させた時代であった。一九八〇年になって、それまでの四五人学級から四〇人学級に改善されたが、その後は改善されず一クラスあたり児童数の上限は四〇人のままであった。そして二〇一一年に一年生のみ三五人学級を導入することになった。後でみるが他の先進国と比較して、日本の学級規模はかなり大きくなっている。

ところが、新型コロナ感染症の中で期せずして少人数学級が一時的に実現した。四〇人学級では密になる。そこで、午前中に二〇人、午後に二〇人と分けたり、二〇人は月、水、金に登校し、残りは火、木に登校し、次週は曜日を入れ替えるなどの方法が採られた。その際、多くの教員から聞こえてきたのは、クラスの人数が減り一人一人の児童に目が行き届く、子どもが授業に集中しているなど、肯定的な意見であった。

クラス規模が小さいほど子どもの学力が向上するというのはさまざまな研究で裏付けられている。ところが統廃合というのは、子どもが減ってもクラス規模は小さくしないという考え方で、教育環境改善の要である少人数学級導入を先送りする施策である。

## 学校の統廃合が地域を衰退させる

小学校は子どもだけのものではない。日本では多くのコミュニティ組織が小学校区を基本に成立している。また、防災訓練、お祭り、地域の文化行事、地域のスポーツ行事、防犯、見守りなどさまざまなコミュニティ活動が小学校区単位で行われている。そのような小学校を簡単に統廃合し、小学校区を拡大すると、その小学校区で培われてきたコミュニティを崩壊させる。

学校はその内容も重要だが、どこにあるかも重要である。いかに素晴らしい小学校であっても、通学に時間がかかるようだと、子どもが自由に使える時間が減る。通学時間がかかると事故等に遭う確率も増える。通学バスを出せば解決するという意見もあるが、そのような地域ではいったん家に帰ると子ども同士で会うことが困難である。

家の近くから学校がなくなると、もっと子育てしやすい地域に引っ越そうかと考える人が増える。その結果、「子どもの減少→統廃合→子育て環境の悪化→若者の転居→子どもの減少」という悪循環が生じ、統廃合をしつづけなければならない。統廃合は、教育環境の改善を先送りし、子育て環境を悪化させ、地域コミュニティの衰退を招き、ますます子どもを減らす施策であり、地域そのものを衰退させる施策だと言える。

表1　統廃合と基準改善の比較

| | 現状（児童数合計80人） | 児童数50％減少（児童数合計40人） | 効果 | | |
|---|---|---|---|---|---|
| | | | コスト削減 | 教育環境改善 | 学校存続 |
| 統廃合 | A小学校：1クラス40人<br>B小学校：1クラス40人 | C小学校：1クラス40人 | ○ | × | × |
| 基準改善 | A小学校：1クラス40人<br>B小学校：1クラス40人 | A小学校：1クラス20人<br>B小学校：1クラス20人 | × | ○ | ○ |

出所：筆者作成。

## 統廃合ではなく、少人数学級を導入すべき

児童数の減少に伴い、小学校を統廃合するというのは、一見すると合理的にみえる。しかし統廃合は、少人数学級の導入を先送りし、コミュニティを衰退させる。そうではなく児童数の減少に対応して教育環境改善の要である少人数学級を導入すべきである。**表1**は統廃合の考えと、少人数学級導入の考えを示したものである。統廃合は先にみたように、児童が五〇％減少すれば、二小学校を一小学校に統合するという考えである。その場合、クラス数は一つになり、コストは削減できるが、クラス規模はそのままで、少なくとも一校は地域から消滅する。

それに対して基準の改善とは、一クラスの上限を四〇人から二〇人に減らす方法である。そうすると、A小学校は四〇人が二〇人になるが、クラスは一クラスのままである。B小学校も同じである。この場合、コストは削減できないが、少人数学級が導入でき、教育環境は大きく改善され、地域に小学校を残すことができる。

このような少人数学級の導入は国際的にみると驚くことではない。OECD加盟国の小学校平均学級規模を比較すると、日本は二七・二人で後ろから二番目である。OECDの平均が二一・一人なので平均を大幅に超えている。[6] 日本の学級規模を小さくすることは国際的にみても道理がある。

## 新たな財源を確保せずに少人数学級を進めることができる

少人数学級を一気に進めるのが財政的に難しければ、徐々に進めればいい。残

念ながら日本では当面、出生数の減少は避けられない。そのため、児童数減少に対応して徐々に少人数学級を導入する方法が考えられる。現在、一クラスの上限は四〇人だが、児童が二〇％減少すれば三二人、三〇％減少すれば二八人という感じに下げればいい。そうすると少人数学級を導入してもクラス数は増えないため、教員を人数的には増やさなくても大丈夫である。そのためコスト的には今と同じである。もちろん財政的に可能であれば、子どもの減少以上に少人数学級導入を早めるべきであるし、全国各地で生じている教員の欠員は、少人数学級とは別に早急に解消すべきである。

政府や多くの自治体は、児童が減るから統廃合してコストを削減しようとしている。しかし予算を減らしている場合だろうか。ＧＤＰに対する教育の公的支出の割合をみると、日本は四％で、後ろから八番目である。[7] ＯＥＣＤの平均が四・九％なので、日本は一ポイント近く低くなっている。統廃合でコストを下げるという考えは、国際的にみても非常に低い教育予算をさらに下げようとする考えである。そうではなく、児童が減っても、せめて国際的に低い教育予算を維持することで、少人数学級を導入すべきである。新たな財源確保は不要である。将来を担う子どものため、地域コミュニティを維持するため、この程度の予算は確保すべきだろう。

## 三五人学級にとどめずさらなる改善を進めるべき

新型コロナ感染症を経て政府は、小学校二年生以上も二〇二一年度から三五人学級を順次導入すると決めた。小学校全学年が三五人学級になるのは二〇二五年度である。このこと自体は望ましいが、驚くことに四一年ぶりの改善である。その間に他の先進国とは教育環境に大きな差ができた。

二〇〇〇年から二〇二二年で児童数は一六・九％減少している。もし、児童数の減少に合わせてクラスの上限を下げておれば、大きな追加の財政負担なしに、全学年で三五人学級がすでに導入できていたと思われる。

さて、政府の計画では二〇二五年に全学年で三五人学級が導入される。ただし、それにとどめずさらに進めるべきである。国立社会保障・人口問題研究所の将来人口予測によると、二〇二六年から二〇三二年の六年間で子ども数は約一六%減少する。そのため、二〇二六年度からの六年間で三〇人学級の導入を目指すべきである。そうすれば、二〇三二年度には追加の財政負担はほとんどなしで、全学年で三〇人学級の導入が完成する。

## 2　コンパクトシティではなく公共空間の充実、乱開発の是正を進めるべき

### 人口減少に対応する縮小型都市計画（コンパクトシティ）

二〇世紀は都市部に人口、産業が集中したため、市街地を効率的に拡大することが都市計画の目的であった。ところが二一世紀に入ってからは都市部でも人口が減少し始めている。そのため、従来のような拡張型の都市計画ではなく、人口減少に対応して市街地を縮める縮小型の都市計画が導入された。これを立地適正化計画（通称「コンパクトシティ」）という。立地適正化計画は二〇一四年からスタートし、二〇二三年七月時点で六八六市町村が作成済み、もしくは作成に向けた具体的な取り組みを行っている。[8]

立地適正化計画には二つの内容がある。一つは、郊外に住むのではなく、できるだけ中心部もしくはその近くに住むようにすること（居住誘導区域の設定）。もう一つは、公共施設や商業施設をできるだけ中心部に集約することである（都市機能誘導区域の設定）。このような縮小型都市計画を進める最大の理由は、人口が減り、税収が減っても、効率的な都市経営を行うためである。

立地適正化計画を進めると、郊外での居住が困難になる。郊外の公共施設や公共交通が廃止され、商業施設が撤退すると、生活が不便になる。そのため郊外では、「人口減少→公共施設の統廃合→利便性の低下→人口減少」という悪循環が生じる。しかし、郊外から中心部に転居するのは自己責任であり、補助金などはない。また、郊外では土地価格が下がると思われるが、それに対する補償もない。そのため、転居できない人がいるし、転居し

たくない人もいる。その人たちは、郊外で不便な生活を強いられる。

立地適正化計画は誘導であり、強制力はない。「計画」という言葉になっているが、誘導にとどまっている。立地適正化計画によって、人口減少とともに、市街地を徐々に縮小し、効率的な町を作るというのは幻想である。それどころか郊外にはばらばらと家が残り、理念とは逆に非効率な市街地が形成されるだろう。

行政は人口減少による不利益を減らすため、できるだけ中心部に集まって住み、効率的な町を作ろうという。行政がいう中心部とは、同一市内の中心部のことである。しかし、市民は必ずしもそのようには考えない。もちろん同一市内の中心部に移る人もいるだろう。しかし、住み慣れた地区を離れるのであれば、もっと便利な大都市に転居しようとか、子どもが東京にいるのでそちらに移ろうと考える人もいる。結局、立地適正化計画で住み慣れた地区からの転居を促すと、市外への転居者を増やし、予想以上の人口減少を引き起こすであろう。

## 公共空間が絶対的に不足している日本の都市

日本の都市は海外の都市と比べ、公共空間が劣悪である。たとえば、一人あたり公園面積をみると、東京二三区は三㎡、大阪市は三・五㎡[9]。それに対して、ベルリンは二七・九㎡、ロンドンは二六・九㎡、ニューヨークは一八・六㎡である[10]。日本の大都市の公園整備状況は世界の大都市と比較して一桁少ないといえる。

また、歩道の設置率は全体で一四・九%、最も身近な市町村道では設置率九・二%である[11]。歩道の設置率に関する国際比較はデータ的に難しいため、状態別交通事故死者数の率をみる[12]。アメリカ、フランス、イギリス、ドイツは乗用車乗車中の事故が一番多く、フランスは四八・九%である。それに対して日本で一番多いのは歩行中で三五・二%である。アメリカ、フランス、ドイツでは歩行中は二〇%以下である。歩行中の交通事故が多い一つの理由は、歩道の設置率が他の国と比べて低いからである。

二〇世紀の後半、日本は人口が急増した。都市部には農村部からの人口流入も加わり、爆発的に人口が増えた。

人々が暮らすためにはさまざまな公共空間が必要である。しかし、人口増加が急であったこと、人々の生活を支える公共空間整備に十分な予算を確保しなかったこと、そのため整備された公共空間は他国と比べて、質は低く、量的にも不足していた。本来であれば、必要な公共空間を確保しつつ、市街地の拡大を進めるべきであったと言える。

その後、次第に人口増加率は鈍化したが、公共空間の抜本的な改善は進まなかった。そして二〇〇八年をピークに日本の人口は減り始め、今後、長期間にわたって人口は減少すると予測されている。それに対応して進み出したのは、都市の縮小である。立地適正化計画は人々を中心部に集め、一定の人口密度を保ち、都市の効率性を維持しようという考え方である。そのため、他の国と比べ不足している公共空間の改善はほとんど考慮していない。公共空間の改善よりも、市街地の縮小を優先している。

人口が減少する場合、空間的には余裕ができる。都市を縮めるのではなく、生み出された空間的余裕を不足している公共空間の整備（公園など各種公共施設の整備、歩道の整備など）に充てるべきである。そうすれば住み慣れた地域に暮らし続けることができ、公共空間の改善も進めることができる。

## 乱開発の弊害を解消できていない日本

二〇世紀の後半、急増した人口を受け止めるため、いわゆる乱開発が至る所で生じた。本来であれば計画的に市街地の形成を進め、無秩序な市街地の形成は避けるべきであった。しかし、人口増加が急であったこと、計画的な市街地整備よりも住宅供給を優先させたことにより、乱開発が至る所で生じた。その結果、人々の生活にさまざまな問題が生じた。

その典型は、災害に脆弱な地域で暮らす市民の増加である。土砂災害や水害の発生危険性が高い地域をあらかじめ明確にし、その地域での開発は避けるべきであったが、住宅供給を優先させたため、災害リスクの高い地域で暮らす人が存在する。国土交通省によると土砂災害警戒区域に居住する世帯は一五七万世帯（全世帯の三％）、津波浸水想定地域に居住する世帯は一二三万世帯（四・六％）、浸水想定地域に居住する世帯は九九二万世帯（一九・一％）、いずれかの災害リスク地域に居住する世帯は一二〇三万世帯（二三・一％）である。[13] 二〇二〇年の都市計画法改正で災害リスクが高い地域での開発規制が一部強化されたが、すでにそのような地域で暮らしている市民への対策は今後の課題である。人口減少で生じた空間的余裕を活用して、流域全体で減災対策を進め、安全に避難できる避難施設の設置を進めるべきである。とくに災害リスクの高い区域で暮らしている市民や、減災対策が困難な場合は、近隣に生じた空閑地への移転を進めるべきである。

ヨーロッパの旧市街地は伝統的な建物が保存されている。また新たに開発された地区でも建物の高さをそろえるなど、景観に対して厳しい規制がかけられている。しかし日本では、床面積の供給を優先させたため、建物の高さ規制、景観規制などは緩く、戸建て住宅に隣接して高層マンションが建つ、保育所の南側に高層ビルが建ち日照が遮られるなどの問題があちらこちらで生じている。二一世紀に入ってからも、開発を促すため、積極的に規制緩和が進められている。

人口が減る時代に規制緩和を進める必要はない。人口が全体として減る時代に、タワーマンションを建て続けるのは異常である。むしろ二〇世紀に形成された乱雑な景観を是正すべきである。人口減少によって空間的には余裕ができるため、時間をかければ可能である。低層住宅地に建てられた高層マンションなどは、建て替え時に低層化を図り、従前居住者の転居先を確保しつつ、美しいまちなみ、快適な居住環境を回復すべきである。

## 3　人口減少を逆手に取り負の遺産を改善すべき

今までみてきた二つの動きは共通している。二〇世紀、日本では人口、とくに子どもが急増した。それを受け止めるため、学校や保育所等の公共施設が建てられ、市街地の拡張を進めた。しかし、建てられた公共施設の質は他国と比べると低く、拡張した市街地も生活環境が整った空間とは言えない内容であった。

二一世紀に入ると子どもが減少し、人口も減り始めた。政府や自治体は、利用者、人口減少に対応して、コスト削減を進めるため、公共施設の統廃合、都市の縮小を進めようとしている。それは質の改善を進めないということである。これではいつまでたっても質の改善が進まず、二〇世紀に作り出された負の遺産をさらに次の世代に引き渡すことになる。また、学校や保育所の統廃合を進めると、地域の子育て環境が悪化し、少子化に歯止めがかからず、永遠に統廃合、コンパクト化を続けなければならない。

そうではなく利用者、人口が減ることで生み出される空間的余裕を生かして、質の改善を進めるべきである。人口減少を望むわけではないが、それを逆手に取れば二〇世紀に生み出された負の遺産を改善することができる。公共施設統廃合の前に基準の改善を進めるべきである。同様にコンパクト化の前に都市空間の改善を進めるべきである。

公共施設の統廃合をやめれば、地域の子育て環境は悪化せず、コミュニティに悪影響も与えない。コンパクト化をやめれば、住み慣れた地域で住み続けることができる。このような改善によって地域で子育てできる環境を整え、年を取っても安心して住み続けられるまちづくりを進めれば、いずれ少子化に歯止めがかかる。

二〇世紀は人口が急増したため、市民生活に関わる公共施設、都市整備については質よりも量の拡大を優先させた。今後、人口減少に応じて財政負担を軽減させるため、公共施設の量、市街地面積を縮小しようとしている。再び質よりも量を優先させる考えである。そうではなく、経済力にふさわしい公共施設の質、都市空間の質を優先させるべきである。人口減少を逆手にとれば可能であり、それを人口減少時代のまちづくりの基本方向にすべきである。

## 注

1　総務省統計局「人口推計」。

2　国立社会保障・人口問題研究所「日本の将来推計人口（令和五年推計）」。

3　文部科学省「学校基本調査」。

4　文部科学省「公立小学校・中学校の適正規模・適正配置等に関する手引」二〇一五年。

5　前掲「学校基本調査」。

6　OECD "Education at a glance 2021".

7　同前。

8　国土交通省「立地適正化計画作成の取組状況」。

9　国土交通省「都道府県別一人当たり都市公園等整備状況」二〇二〇年度。

10　国土交通省都市公園データーベース「都市公園等整備の現況等」二〇二一年三月。

11　国土交通省「道路統計年報二〇二〇」。

12　内閣府「令和四年版交通安全白書」。

13　国土交通省「まちづくりを巡る状況について」社会資本整備審議会住宅宅地分科会配付資料（二〇二〇年五月二八日）。

# 目次

地域居住とまちづくり

―多様性を尊重し協同する地域社会をめざして―

# I

# 参加型まちづくり

# 1

# 対話でつながり、共感で支え合う暮らしへ

斉田英子

## 私たちの暮らしはどこに向うのか

「住民参加」というキーワードが学会でも新鮮だった時期がある。当時を懐かしく振り返ること二〇数年、社会経済はめまぐるしく変化し、日常生活にも影響を与えている。近年では、コロナ禍の経験は、学校や職場における人間関係ばかりでなく、家族関係に関しても気づきと学びを得るきっかけではなかっただろうか。

便利で快適なツールが増え、SNS等からは情報が氾濫し、手軽に瞬時に情報にアクセスできる便利な暮らしを楽しむ一方で、私たちの心（感情）が置き去りにされていないかと心配になる。

チャットGPTに「まちづくりの住民参加について、簡潔に教えてください」とたずねてみると、ほんの数十秒で、「答え」がスラスラと示される。「まちづくりの住民参加とは、街に住む人々が自分たちの暮らしや環境に関心を持ち、行政や企業などと協力して、街の課題やニーズに応えるための活動です。住民参加のまちづくりには、以下のような効果が期待されます……（略）」。瞬時に出された教科書的な解説がキレイに整い過ぎていて、居心地の悪さも感じる。

改めて、まちづくりの住民参加とは何か。さまざまな研究調査、実践が進み、私たちの暮らしはどこに向かっているだろう。新しい時代の地域コミュニティはどのようなカタチになっていくのだろうかと思いを巡らせている。住民参加研究を通して辿り着いた視座とデンマーク研究とを重ねてまとめたい[1]。

## 住民参加研究から辿り着いた視座

「まちづくりの住民参加」を軸に、さまざまな地域調査を重ね、辿り着いたのは、巡り巡って「個人」であり、最小単位の「家族」のあり方である。まちを歩けば、空き家が増え、壊れかけた家屋や、ゴミ屋敷を見かけることもある。地域調査では、家族や親族間で揉めている相続問題、土地の使い方に対する家族内での意見の違い、絶縁、孤立して暮らす方々の言葉も少なからず聞いた。各家庭の問題は、プライベートのこととして表面化することはあまりない。老老介護、介護疲れの問題は身近にたくさんあり、「死ぬことも、死んだ後も大変な時代だ」とのコメントに出合った時、妙に納得もした。

わが国は、戦後、住宅の量的供給に注力し、持ち家政策を推進することで、多額のローン返済のために猛烈に仕事に邁進する人生のある意味での生き方のパターンを作り出してきた。そして、その政策は、意識せずとも私たちの家族と仕事の関係も作り上げた。パターン化された人生のレールとレースの中で得てきたものと失ったものがあるだろう。

ただ、誰もが幸せに生きたいと願っていることは間違いない。そして、多くの人は、一人ではなく、誰かのつながりの中で、面倒ではあるものの関わり合いながら暮らす大切さを感じているはずだ。

## デンマーク―幸せな国民と孤独な若者たち―

「ヒュッゲ（Hygge）」はデンマーク人、デンマークの暮らしを表現する大切な言葉である。ヒュッゲとは、「居心地がいい空間」や「楽しい時間」のことを指し、キャンドルを灯し、間接照明で照らされた自宅で食卓を囲みながら、家族や友人など大切な人と一緒に過ごす大切な時間。コーヒーや紅茶、アルコールを片手に暖炉のまわりでゆったり語り合ったり、晴れた日に公園で日向ぼっこをしたり。ヒュッゲは格好つけず、形式ばっておらず、とてもリラックスした状態である。

写真Ⅰ-1-1　カフェで寛ぐ人々

出所：筆者撮影、以下同じ。

デンマークでまちづくりの現場に出向くと、開催される会合（イベント）では、リラックスした場づくり、楽しい雰囲気を大事にする彼らの心が伝わってくる。生花を飾ったり、甘いお菓子に飲み物、椅子の配置ひとつにしても工夫がある。服装をはじめとした外見では、自由に思い思いの格好をしているため、上下関係はまるで分からず、穏やかな笑顔で「こんにちは」と握手やハグを交わせば、関係が一気に縮まっていく。

しかし、各種データ上では高い幸福度を実現しているデンマークでも、人々の日常生活に孤立や孤独の問題はすぐ傍にある。近年、孤独感がとくに若者の間に蔓延していると報告されている。自分ひとりで生きていけるほど社会が効率的になり、人間関係が希薄化しているという。さらに、太陽光が弱まり暗く長い冬の期間の精神的なダメージは想像以上に大きい。

## 地域に居場所をつくる—デンマークにおける教会堂の閉鎖とリノベーション—

コペンハーゲン市西部に位置するヴェスタブロ（Vesterbro）エリアにあるヴェスタブロ教区は、現在、七つの教会から成る。後述する（旧）アブサロン教会もかつてここにあり、同教会を含む二つの教会が閉鎖された。ヴェスタブロ教区では、教会は地域住民のニーズに応える場という意識のもと、従来の教会のあり方に固執することなく、柔軟な活動を行っている。

そのなかのひとつであるアブサロン教会堂の閉鎖とそのリノベーションは、地域のリビングルームとして見事に変身し、多くの人々の居場所になっている。誰でも、いつでも立ち寄ることができ、安価でやさしい各種プログラム、毎夜の食事サービスなど、参加者の声を聞きながら進化している。たまたま居合わせた偶然の、ちょっとしたきっかけから、思わぬ共通点が見つかって話が盛り上がり、身近な人たちとの何気ないお喋りが生活を豊かにしている。

アブサロン教会は、一九一九年に木造の教会として建てられた後、一九三三〜三四年に、建築家 Arthur Wittmack と Vilhelm Hvalsøe によって再建された。地域の教会として愛されてきたものの、利用者の減少のなか教区評議会で長年の議論の末、閉鎖が決定された。二〇一四年、フライングタイガーコペンハーゲン（flying tiger copenhagen）チェーンの創設者、レナート・ライボシッツ（Lennart Lajboschitz）らライボシッツ一家が教会堂を買い上げ、利活用に動き出した。

地域の人々の居場所として「アブサロン」は、二〇一五年八月にオープンした。「大規模なリビングルーム」と位置づけられ、建物一階のホールは、かつては天井の高い教会堂だった面影を残したデザインである。建物でもっとも目につくのはカラフルな壁の色であり、色基準を設けている。古い机、テーブル、椅子等はさまざまなサ

表Ⅰ-1-1　ヴェスタブロ教区内の7教会の特徴的な活動

| 教会 | 特徴的な活動 |
|---|---|
| アポステル教会<br>www.apostelkirken.dk | ・移民、元囚人等への日曜礼拝<br>・年齢性別国籍を超えた多様な社会に向けての活動 |
| エリアス教会<br>www.eliaskirken.dk | ・ゴスペル、ジャズ他、音楽コンサートの開催<br>・ナイトカフェの開催 |
| インヘウ教会<br>www.enghavekirken.dk | ・年齢別青少年合唱団を構成、定期的にコンサートを実施<br>・食事の提供 |
| キリスト教会<br>www.kristkirken.dk | ・子供や若者が自由に集えるよう常時開放しイベントを開催<br>・子供や大人の合唱団を構成 |
| マリア教会<br>wwww.mariakirken.dk | ・違法難民、麻薬中毒者、売春婦、ホームレス等のケアの場<br>・子のいる世帯への食事提供 |
| 聖マシュー教会<br>www.sctmatthaeus.dk | ・教区で最大、最古の教会<br>・合唱団を構成、音楽、文化、芸術の場、舞台を提供 |
| u-ゲッセマネ教会<br>www.uKirke.dk | ・多数の若者ボランティアによる若者に特化した居場所づくり、イベントを多数開催 |

出所：各ウェブサイトより筆者作成。

写真Ⅰ-1-2　アブサロン概観

イズや様式のものを館内のあちこちに配置し、自宅のリビングルームを想起させる。自宅のようにくつろぐ感覚という視点では、家具の配置や家具そのものが個人宅のリビングを思わせるもの、自分自身が歓迎されていると感じられる雰囲気作り等の工夫を施している。

活動内容の詳細や申込については、アブサロンのホームページ（https://absaloncph.dk/）、Facebookやインスタグラムを通して頻繁に発信されている。毎夜の食事、毎日のクラスの参加等はすべてオンラインで行われる。食事はリーズナブルで、オーガニック食材を豊富に使い、ベジタリアン対応食もある。

写真Ⅰ－1－3　アブサロン内の様子

## 気軽にお喋りを交わす暮らし

アブサロンは、「人々が一緒に何かをすることで新しいつながりが生れる場であること」を目指し、館内中央ホールの「卓球台」は、「見知らぬ者同士が一緒に活動することで交流を広げていこうとするアブサロンの象徴」として置かれている。年齢を超えた交流が頻繁にあり、高齢者と若者との卓球の試合等はよく見かける風景となっている。ダンス、ヨガ、ベビーヨガ、卓球、ランニング等の身体運動クラスや、チェスやゲーム、絵画や造形等の多様なクラスが、毎日、開かれている。参加者同士はFacebook等を通じて交流を続けることも多いという。

館内には、トイレやカフェ等の場所を示す看板、サインはなく、また、館内で使用できる無料のWi-Fiのパスワードもあえて表示しておらず、必要に応じてスタッフかその場に居合わせた周囲の誰かに聞く仕組みである。配置されている家具は中古品を利用する等、デンマークの一般家庭にある親しみやすい雰囲気づくりがされている。

毎夕食会では二〇〇名前後の参加者で活気に満ちている。夕食会では各テーブルの代表者二名がキッチンへ四～五種の大皿を取りに行き、各テーブル六～八名ほどでシェアをする。低価格で質のいい食事は何より人々の心の距離を縮めてくれる。

## 心をオープンにして話し合う

生き方、暮らしが多様化している。多様化したというよりむしろ、もともとあったさまざまな考え方を皆が自由に表現するようになったのだろう。多数決に流されず、声が大きい人に任せ過ぎず、自分の言葉で表現していくことがますます重要である。この点で言えば、ＩＴ関連を含め驚くほど革新を起こすデンマークが、その進化と同じくらい大切にしているのは、日常生活における普通の人びとの対話や知恵、生活の仕方から社会を豊かにする視座である。デンマークを含め世界トップレベルの幸福度を叶える国々は、「幸せとは、私たちの外側ではなく、自分自身の内側にある」というスタンスで生きているように感じる。

人生に勝ち負けはなく、人に優劣など、もちろんない。しかし当然、地位、名誉、業績、収入のようなはっきりとした成果を手にするために勝負に挑む幸せもあるだろう。緑豊かな地方でのんびり暮らしたい、都会的な暮らしが大好き、世界中を旅したい、大切な家族と健康に過ごしたいというのも、すべて幸せである。「私はどう生きたい？」「どんな暮らしがしたい？」「誰と過ごしていきたい？」と自問自答し続けよう。目の前のことに追われる日常から少しだけ離れ、立ち止まり考える時間、余白やムダと思えるような時間を取り入れると、きっと、穏やかで優しい気持ちが目を覚ます。少し先の未来を具体的に描いたとき、わくわく計画案が浮かび、行動に繋がるエネルギーを体感するだろう。

写真Ⅰ－1－4　日々の夕食会

デンマークの民主主義を方向づけたハル・コックは、多数が揃えば争いが起きるのは当然で、その解決のために、闘争ではなく、「話し合い」による解決を説いた。言い争いではなく、対話と共感でつながる大切さだ。

日常生活では、お喋りを面倒くさがらず、たまたま隣り合わせた人と共通点を見出して盛り上がる。言葉を交わせば、自分とはまるで違う他者の幸せや、悩みも葛藤もあることを知る。そんな小さな出来事が暮らしの中にあるならば、小さな幸せに満たされるだろう。

だからこそ、私たちが日々のなかでできることは、こういう暮らしがしたい、こういう社会をつくりたいと希望をもち、できるだけ具体的な言葉に落とし込み、行動していくことだ。そのために、互いの考えを聞き合い、知り合っていく。夫婦や親子でも答えはさまざまある。正解のない、マニュアルのないテーマだからこそ、対話を重ねながら見えてくることがある。

そして、日々の暮らしには、安心、安全、信頼関係が改めて大切である。考えの違う他人同士の暮らしのなかで、一人ひとりが実生活の中で感じる違和感や課題を、身近な友人、近隣住民たちとお喋りしよう。心をいつもより少しオープンに、自分の言葉で表現し、互いを聞き合い、話すことを諦めないで。

**注**

1　斉田英子『デンマークの対話が生まれる空間づくり—small gathering—』西山夘三記念すまいまちづくり文庫、二〇二一年。

# 2 地域活性化のための住民主体の「場」の形成

柳井妙子

## 住民を主体とした地域活性化のための「場」の必要性

わが国では、全国的な高齢化傾向にあるが、地方都市ではさらなる少子高齢化傾向が著しい。また山村だけでなく、郊外団地で空き家が増え、コミュニティが崩壊し、孤独な老人たちが置き去りにされ、子供たちの人間交流、世帯交流の機会が薄まり始めている。戦後の高度成長時代に郊外に住宅地が広がりスプロール化したため、交通弱者にとっては通勤・通学、買い物、病院などへ通うことが難しくなっている。また、中山間地域は国土の七割を占め、総人口は約一一％である。そこでの産業は農業や林業など第一次産業が主であるが、若者は高校卒業後、市外、県外へと移り、そのまま就職して後継者問題が大きな課題となっている。

現代社会では、それぞれの地域において課題が異なり、地域住民のニーズも多様化している。そのため、いかに、その地域に主体となる住民が関われるか、または話し合いや活動の拠点となる「場」が存在するかで、地域活性化を推進させられるかどうかが左右されると考える。

まちづくりの初動期では、専門家集団やＮＰＯが関わることで短期間に「場」の設定ができる。また、自治連合会や振興協議会が主体になった場合は、地域の課題解決のために話し合いの「場」が設定されやすい。これとは別に、常日頃から顔の見える関係により、住民同士がネットワーキングを構築するために目的のない話し合いの「場」の存在が不可欠であると考える。[1]

そこで、地域に交流拠点が創設されれば、近隣住民が気軽に集い、地域について話し合うことができると考えた。ただし、ただのおしゃべり会ではなく、毎回、テーマを掲げて幅広い年齢層や異なる地域の方たちとの交流によって、視野が広がり、仲間の輪も広がってくるような拠点である。そういう交流拠点としての「想う会」活動を二〇〇六年四月に岐阜市でスタートし、次いで二〇一九年五月から衰退しつつある地方都市である愛媛県今治市で再開し、さらに二〇二一年五月には中山間地域の縮小しつつある広島県庄原市で実施した。それぞれ異なった都市環境における「想う会」の交流プラットフォームとしての有用性について今回検討した。

今回の「想う会」の設立場所は、岐阜市、今治市、庄原市であり、人口、産業はかなり異なっている。人口面で見てみると、二〇二三年四月現在、岐阜市が約四〇万二〇〇〇人、今治市が約一五万一〇〇〇人、庄原市は約三万五〇〇〇人である。産業については、岐阜市は商業、金融・保険、サービス業があり、瀬戸内海に面した今治市は、造船業、タオル等の綿織物、水産物、卸小売が盛んである。そして中山間地域である庄原市は、第一次産業である農林業が中心となった高齢化がかなり進んだ地域である。

## 中核地方都市の岐阜市における「岐阜を想う会」

岐阜市は、岐阜県の県庁所在地で、戦国時代から栄えた中核都市である。「岐阜を想う会」は、二〇〇六年四月に岐阜市で設立した。

「岐阜を想う会」では、年間に四回、地域の現状を知るためにさまざまなテーマで、「地域について気軽に話し、仲間の輪を広げる会」を開催した。この会では、まず三〇分間テーマに関する専門家の講師が講演し、その後九〇分間小グループでの話し合いを実施し、互いの意見交換を行った。

初めての参加者も会に溶け込めるよう小グループでは、常に全員の自己紹介から始めていた。会の終了前には、参加者全員に当日の会の感想を簡潔に述べてもらい、ただ会に出席して傍観者になるのではなく、他の参加者と共に対話を行い、実質的な参加者になってもらう工夫を心掛けた。参加費は、大人五〇〇円、学生二〇〇円、小中生は無料とし、それらをお茶菓子代および講師の謝礼に充てた。また、毎回、参加者に簡単なアンケートを実施した。アンケート内容としては、講演会に対する満足度、小グループでの意見交換に対する満足度、当日のテーマに関する意見、会に参加した感想および今後参加したい分野などについてである。それらのアンケートや会当日の参加者の意見交換の内容は、年度ごとの報告書に記載し、図書館や市民広場などで配布資料として置いていた。「岐阜を想う会」は二〇一九年二月に筆者の転出により終了した。

また「岐阜を想う会」は、二〇〇九年五月から毎年「食といのちの感謝祭」という横断的なイベントの主催団体の一つとなった。このイベントは「食といのち」に関連し、岐阜大学獣医学科の教員と学生の有志、岐阜県獣医師会、農業高校、様々な食といのちに関連した団体との連携により、市民との交流を目指したイベントである。このイベントへの参画は、「岐阜を想う会」での、様々な背景をもった団体の構成者の参加と交流の中から生まれた協働的活動である。「岐阜を想う会」は、自分たちの主催する会への参加者を募るだけでなく、地域で活動しているさまざまな会にもできるだけ参加し、交流を行い、お互いのネットワーキング、信頼関係を構築し、点の活動を線に、線の活動が面になるよう努めていた。

「食といのちの感謝祭」にボランティアとして参加した高校生から、下記の感想文が寄せられた。

「食といのちの感謝祭のボランティアとして、今年で二回目の参加になります。ワークショップでは、『食といのち』について十人ほどのグループに分かれ、今回の講師の方や栄養学を学ぶ女子短大生の方達、岐大の先生、障害者センター勤務の方……と多様な立場から意見を交えることができました。話し合いの中で、私は自分たちが食べているものは本当に安全なのか、それをどうやって確かめるのか、といった食の安全性について話しました。また、ただ食べて空腹を満たすのではなく、食事によって免疫・代謝を高めることや、健康を考えてバランスの良い食事を摂る大切さも分かり、今の食生活を見直したいと思いました。そして、私たちが食事をして生きていけるのは、動物や植物のいのちをもらっているからだと、ワークショップを通して考えました。（中略）

岐阜農林高校生として勉強できる時間はもう一年も残っていませんが、専門的な分野を学んでいく中で、食といのちについてもっと考えていきたいと思いました。（高校三年生）」。

## 今治市における想う会活動、「伊予を想う会」

筆者は、二〇一九年五月に四国瀬戸内海の縮小しつつある小都市、愛媛県今治市において「伊予を想う会」を設立した。同会は今治市商店街振興組合所有の「ほんからどんどん」を会場に「場」の形成に努めた。同会では、「岐阜を想う会」と同様に毎回、テーマを掲げて、その専門家が三〇分間の講演を行い、その後五～六人ずつの小グループに分かれて自己紹介と話し合いを実施した。

これまで人の集う場のほとんどない地域に、地域活性化のための継続的な「場」の新たな確立には、次の要素が必要不可欠と考えた。①キーパーソンの存在、②参加しやすい場所の設定、③関心の持てるテーマの設定。

初年度の二〇一九年度は、次のテーマを掲げて四回話し合った。①気軽に話せる「場」の元気な地域づくり、②食品アレルギーを知って、元気なまちづくり、③成人病予防、食生活改善とウォーキングで、④歩いて知ろう、今治のまち。一年目の参加者は十～二五人であった。翌年の二〇二〇年度は、コロナ禍のため一二月と二月に「まち歩き」のみを実施した。テーマは、一二月が「今治城の二の堀（中堀）散策」。二月が「今治のまちづくりの原点、城下町六町を歩く」。「日頃、車や自転車で何気なく通過している場所を、解説を聞きながら歩くと、地域がより関心のもてる所になった」と同様の感想が多くの参加者から聞けた。

一年目の計四回のアンケート結果は以下の通りである。テーマを設定した講演では「大変興味がもてた」と「まあまあ興味がもてた」の回答が七〇％以上であった。また、小グループでの話し合いでは、「十分話せて満足した」と「まあまあ満足できた」の回答が七〇～八〇％であった。「伊予を想う会」の活動は二年間で終了したが、二年目のまち歩きへの参加者が一回目は二八名、二回目は三二名であることから、人々は地域をより知り、人とのつながりを求めていると考える。

## 庄原市における想う会活動、「庄原を想う会」

岐阜市や今治市と同様に、中山間地域である庄原市でも元気な地域生活を送るには、以下のことが必要であると考えた。「身体を動かす」「人と交流する」「自分の居場所をつくる」「地域活動に参加する」。そうすることで仲間の輪が広がっていく。

筆者はそこで二〇二一年五月、庄原市でも「想う会」の設立が必要と考え、仲間を募って、「庄原を想う会」を設立した。二〇二一年度の第一回目の会合は、「中山間地域で豊かな生活を過ごすには」をテーマに実施した。講師（辻駒氏）が居住されている安芸高田市川根地区では、住民が地域を元気にするための方策を川根地区内で話し合い、それを行政に提案して、少しでも住みやすい地域にするために住民自身が汗を流すようにしている。また、住民同士が「おかげさま、おたがいさま、もったいない」精神で生活するようにしている話を聞いた。コロナ禍で人が集まれない状況下が続いた後だったため、多くの方々から「久しぶりに沢山の人と会うことができて楽しかった」というコメントを寄せられた。また、「田舎には田舎の良さがあるので、それなりの楽しみ方を見つけて暮らしていきたい。特に都会にあるような店も娯楽もないので、少しでも若者が住みたいと思える地域であることが大切だと思う」という意見もあった。

また、二〇二三年度第二回目の会合では「竹チップを活用した地域ブランド米」をテーマに講演を聞き、小グループで話し合いを実施した。これは、山内という自治振興区内の米作りの取り組みの話であり、時間をかけて取り組んできた地域の成果を披露してもらった。竹林が繁茂し、住民の悩みになっている厄介者の竹を樹木破砕機で粉にし、竹の繁茂を防ぎ、この竹の粉を施肥にすることで田や畑の土づくりをして米や野菜などの品質の向上を図っていることなどである。成果としては、二〇一二年に大阪で山内の米が日本一になり、二〇一四年にはお米番付で日本一になり、そして二〇一六年にはすし米で日本一になっている。竹林の繁茂は庄原市全域にいえることである。庄原市には他に自治振興区が二一あり、参加者はそれぞれの地域にある竹などを地域資源と認定し、活用して地域の特産品に結び付けたらどうか、と大いに刺激を受けていた。各自の感想として、「農村での幅広い活動に感銘を受けました。私の地域の米作りをしている農家では、稲刈り後の藁を堆肥センターに集め、牛糞等と混合して堆肥を作っているようです。その堆肥は作付面積に応じて田に散布しています。各家庭でも野菜作り用に自家堆肥を作っており、私自身も教えてもらいながら作ってみましたが失敗でした。上手く発酵できませんでした」。「何をやるにもリーダーの存在が大切だと考える。講師の方は年取ってから農業大学に行かれており素晴らしい。地域の中で、皆で知恵を出し合い、自力本願でやっていることも重要である。山内の組織図を見るとしっかりしていて、庄原市全体でも同様なことをしていければ良いのではないか」。「『農業の楽しみ』について話し合う機会となった。形にとらわれない新しい発想で農業に取り組む必要があること。また、定年後の年金生活の中で自分と自分の家族のために安全な食材を自ら作る楽しみがあることなど、農業への思いをグループ内で披露しあった」。

以上のように毎回、「想う会」では小グループでの話し合い後、参加者全員が感想、さらにテーマに関する意見を皆の前で述べる。これにより、他のグループではどの様な参加者がいるのか、或いはどの様な意見があったのかを共有でき、仲間の輪を広げる一助になると考えた。

参加者の中には、「友達同士ではよくしゃべるけど、日頃、知らない人の前で自分の意見を発言することがないため緊張した」という意見も複数あった。

## 三地域の「想う会」から見えてくるもの

日本は少子高齢化時代に突入し、コミュニティが崩壊していると言われて久しい。仲の良い友人はいても、地域を元気にするために一緒に何かをしてみようという人は少ない。日頃の生活圏の中の人間関係以外で、新たなネットワーキングを誕生させるためにも、幅広い年齢、職業、地域の人が集える「場」の存在が必要である。

今回の三地域の「想う会」は、上記のようなまちづくりに興味関心のない人を巻き込むことを前提としており、主催者側としては、参加してよかったと思ってもらえるような、参加者の気持ちを解きほぐす必要がある。特に初参加者、あるいは地域活動をやっていなくて、人前で発表することに慣れていない人のために、これらの「想う会」が参加者自身の居場所になるように工夫する必要がある。

「庄原を想う会」の活動はまだ緒に就いたばかりであるが、「岐阜を想う会」は一三年間活動してきた。一三年目に実施したアンケートの結果を見てみると、「会に参加したことによる参加者自身の変化」については下記の通りの回答があった（八〇％以上のものを示す）。

・年齢・職業の異なる人との交流の大切さを感じた（九六％）
・地域についての学びが楽しい（九二％）

写真Ⅰ－2－1　小グループでの話し合い風景（2023年12月16日）
出所：筆者撮影。

・関心のもてるテーマが広がった（八八％）
・地域貢献について関心が高まった（八三％）
・外に目が向くようになった（八三％）

三つの「想う会」を主催してみて、向こう三軒両隣の近場ではなく、もう少し広範囲でのネットワークづくりにより、個人では気が付かなかった視点により、地域活性化を図るヒントが見えてきたと思われる。スタートしたばかりの「庄原を想う会」の活動であるが、継続して仲間の輪が広がっていければ、中山間地域の中で心豊かに人生を過ごせる人たちが増えてくるのではないかと考える。

注

1　柳井妙子・中山徹「まちづくりにつながる特定プロジェクトを持たない『対話の場』の一考察」『人間と生活環境』二二巻一号、二〇一五年。

# 3 地域運営組織の持続可能性

山田知子

## 地域運営組織の定義と設立経緯

地域運営組織とは総務省が「地域の生活や暮らしを守るため、地域で暮らす人々が中心となって形成され、地域内の様々な関係主体が参加する協議組織が定めた地域経営の指針に基づき、地域課題の解決に向けた取組を持続的に実践する組織」[1]と定義している。住民の主体的自治組織として、既存団体間連携機能、意思決定機能、合意形成機能、実行機能、まちづくり代表機能を有し、補助金等の一本化した交付機関であることが必要要件と捉えられた組織である。

地域運営組織は、「平成の大合併」と称される市町村再編時に想定された多くの地域課題解決の受け皿として全国展開された。その誕生は二〇〇三年総務省「第二七次地方制度調査会」の「今後の地方自治制度のあり方に関する答申」において、「基礎自治体における住民自治充実や行政と住民との協働推進のための新しい仕組み」として「地域自治組織の制度化」が盛り込まれたことを契機としている。行政上の組織（公法人）である「地域自治区」「合併特例区」がそれに該当する。しかし実際には、市町村合併後の地域において、その特性を柔軟に発揮・

運用するために独自の自治体条例等に基づいた、任意の地域自治組織（＝地域運営組織）の設置が拡がりを見せた。地方分権改革の意義が地域自治の確立及び強化だったことから、合併再編後の基礎自治体に求められる課題は、住民自治の振興・住民主体となった地域づくりを図るための身近な範域での地域コミュニティの強化であり、地域運営組織の設置は私的組織といえどもその狭域自治の充実をはかるための有効手段として進められたのである。多くの地域運営組織が政策誘導により行政主導のもと設置された所以である。それゆえに合併後の地域内分権を担うべく地域運営組織が、地域の自己決定と自己責任の原則のもとで、真に住民自治を保障するためにはどのように組織化され運営されるべきなのか、今日においてもなお評価・検証され続けることが必要だと考えている。

## 引き継がれる解決困難な課題

地域運営組織の評価・検証については、市町村合併時期と重なる二〇〇五～二〇〇六年を設置のピークとしていることから、それより五年近く経過した二〇一一年以降に全国レベルでの調査結果報告がなされている。この時点において、地域内諸団体の連携強化、市民参加やパートナーシップ関係といった住民意識の変化、まちづくりへの自主的・主体的参画に関する基盤整備などが成果として挙げられた一方で、事務局員など一部への負担偏重と後継者不足による担い手育成、また組織間での温度差に伴う行政支援の偏重、行政支援と住民主体とのバランス、自主財源確保の困難性が課題として挙げられていた[2]。

設立時より約二〇年経過した今日においても課題解決には至らず、より深刻化する状況がうかがえる。二〇二三年の総務省による調査[3]では、継続していく上での課題として「活動の担い手となる人材の不足」（七六％）、「団体の役員・スタッフの高齢化」（五七％）、「次のリーダーとなる人材の不足」（五六％）が過半数を超え、その解決に当たって期待する支援は「活動資金」（三一％）、「活動の担い手となる人材」（三〇％）、「事務局運営を担う人材」（二一％）だったと報告されている。

本節では、このような状況において、広島県内における広島市（都市部）、三次市（中山間地域）に見られる最新の動きについて紹介する。

## 広島市における「ひろしまLMO」設置を巡って

広島市は中四国地方最多の人口（約一一九万人、二〇二三年八月時点）を有する地方中枢都市であるが、二〇二〇年をピークに人口減少に転じると同時に高齢化（二六％、二〇二三年）も進んでいる。町内会への加入率は年々減少傾向にあり、二〇二二年度は五四％（八区平均）、中心市街地では二〇％を下回り解散を検討する団体も報告されている。市町村合併時に県内市町で見られた地域運営組織設置の動きには同調せず、これまで小学校区単位に存在した地区社会福祉協議会（一三九団体）が福祉のまちづくりを担ってきた。しかし昨今の地域課題の複雑・多様化に対応すべく、二〇二二年に「広島市地域コミュニティ活性化ビジョン」を策定し、今後の地域を支える新たな協力体制づくりとして、二〇二三年より広島型地域運営組織「ひろしまLMO（エルモ）」[4]（Local Management Organization）の設置に着手した。小学校区単位に地区社会福祉協議会と連合町内会が中心となり多様な地域団体を包括する組織である。同年七月現在で一一団体が認定されている。同時に、例えば地区社協・自治会公民会・公民館・ひろしまLMOなど小学校区単位での類似団体の林立による重層構造、それに伴う補助金・交付金の混線など、それぞれのビジョンの整合性も含めて、地域代表性を問う等の懸念はある。しかしここではとくに注目すべき点を以下二点挙げたい。

一つめは、行政による財源的支援体制の整備である。設立時助成金（拠点整備等に上限額五〇万円）、運営助成

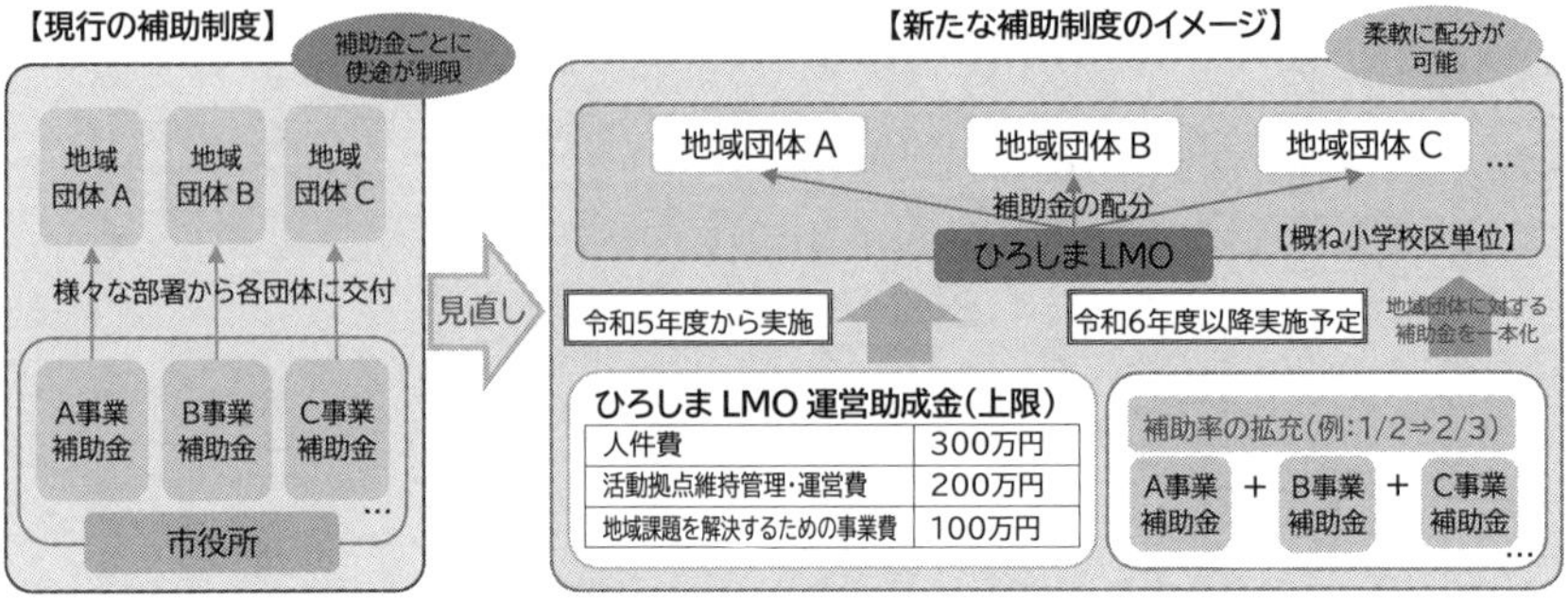


図Ⅰ－3－1　広島市「ひろしまLMO」に対する新たな補助制度

出所：広島市「ひろしまLMO」募集案内。

金として人件費（事務局員の雇用経費に年度上限額二〇〇万円）、活動拠点維持管理運営費（活動拠点の借上料、光熱水費等に年度上限二〇〇万円）、地域課題を解決するための事業への支援（事業計画に基づく事業経費に年度上限額一〇〇万円）の計六〇〇万円（いずれも補助率一〇〇％）、またこれまでの各種地域団体への補助額を上乗せし一本化を図るなど重点的に支援制度を整備している。加えて地域団体連携支援基金事業費助成金として地区社会協議会と他の地域団体等が連携して地域課題解決に向けた取組に対する助成金、自主財源の確保支援として、ふるさと納税を活用した支援（地域の特産品をふるさと納税の返礼品に設定し、集まった寄付金をひろしまＬＭＯに還元する仕組み）やエリアマネジメント制度を活用した支援（身近な街区公園での活動による収益を活動財源とする場合において公園利用の規制緩和）等も挙がっている。いずれも「ひろしまＬＭＯ」の設置普及と活動の持続性を目的とした行政支援であり、新組織のマネジメントによって地域特性に応じた柔軟な活動が展開できるよう意図されている。常駐事務局員を雇用し配置することは、役員の負担軽減はもとより、新たな年齢層の人材確保への期待も寄せられている。

二つめは、地縁型地域団体を越えた団体との連携強化による人材確保支援である。そもそも地域運営組織は、小学校区の町内会・自治会等従来の地縁組織を母体に、広域合併後の狭域自治の充実を図る有効手段として設置されたため、「生活感情が共有できる顔が判る関係性」が原則であった。

しかし広島市のような都市部においては、地域自治や住民参加に対する住民の関心度は低く組織化が難しい（ゆえにむしろ地域自治の必需性は高い）。ひろしまＬＭＯとの新たな連携先として期待されている団体が、企業と協同労働団体である。

企業等で働く現役世代が地域貢献活動に参画しやすい環境づくりを促進するための取組として、「ひろしま型地域貢献企業認定制度」（地域団体が実施する環境美化活動・防犯・防災・交通安全などの地域課題解決活動への参画、各種地域団体の運営援助を目的とした活動に積極的な企業に対する認定。認定メリットとしては広島市ＨＰへの掲載や広島市入札制度における優遇措置）、「地域貢献活動休暇制度整備促進事業」（地域貢献活動を行う際に休暇取得制度を整備し促進する企業の公表）の二つが挙げられる。地域課題に応じた専門知識を有する従業員の派遣等、会議室・避難場所等の提供協定、現役世代の地域役員への就任や活動への参画を促すことを目的としている。懸念もあり、従来のＣＳＲと差別化が可能か、従業員の地域活動による短期的労務コストと中長期的ベネフィットとのバランス、本来業務とは異なる公的活動に取組む余裕が中小企業にあるのか等、浸透するまでには高い壁がある。

一方、協同労働とは「働く人が自ら出資し組合を組織し、組合の出資・経営・労働の全てを担いながら地域の多様な需要に応じながら持続可能な地域社会づくりに向けて事業実施を行う働き方」である。二〇二二年に労働者協同組合法が施行されたことで、労働者協同組合として法人格が容易に取得できるようになり、今後の多様な働き方の一つとして普及が期待されている。広島市では全国に先駆けて二〇一四年度より「協同労働モデル事業」を実施し、生活困りごと支援をはじめ高齢者サロン開設や子供の学習支援など、三二団体（二〇二三年五月時点）が登録され活動している。「協同労働」個別プロジェクト立ち上げ支援事業補助金（補助率五〇％、限度額一〇〇万円）を交付する等の支援制度もある。当初は意欲ある高齢者による地域課題の解決に資する起業を促し、地域における高齢者の働く場の創出と課題解決、地域コミュニティの再生を図ることを目的としていたが、二〇二二年からは「構成員の半数以上が六〇歳以上」という年齢要件を撤廃し、幅広い世代の参入を期待している。

企業や協同労働団体に目を向けることは、地域内において主体的意欲のある多様な人材が活躍できる機会創出に繋がる。就業しながら副業・兼業の一環として「協同労働」に係り地域課題解決に貢献するという働き方が現役世代の選択肢になればと期待したい。

## 三次市における補助金・交付金制度の見直し

三次市は広島県北部に位置する中山間地域である。人口四万九〇〇〇人（二〇二三年九月時点）高齢化率三七％（二〇二三年）の人口減少・少子高齢化が続く過疎指定地域でもある。三次市では一市四町三村による合併時（二〇〇四年）に、小学校単位（合併町村は旧町村単位）に一九のまちづくり協議会（地域運営組織）を設置している。当初よりまちづくり条例が制定され、「地域まちづくりビジョン」策定を実現し、コミュニティセンターの指定管理者になることで住民にコスト意識が生まれるなど、県内でも先進事例として捉えられることも多かった。その一方で、「担い手の高齢化・固定化」「地域団体以外のテーマ型団体やNPOとは連携が乏しい」などの課題が挙がっていた。二〇二三年より主に補助金・交付金制度を以下のように二点見直している。

一つめは、若手の担い手確保のために事務局等の人件費を増額したことである。人件費基準額として、事務局長は月額二〇万円と賞与二か月、事務局職員は月額一七万五〇〇〇円と賞与二か月（二五〇〇世帯以上の地区は二名）、役員手当として会長月額二万円、副会長月額一万円とし、各種手当や社会保険料が加わるものとした。

二つめは、補助金・交付金制度の見直しである。「地域資源活用支援補助金」から「選択事業交付金」に変更し、これまでの事業ごとに補助金を申請（総額上限一〇〇万円）する仕組みから、事前に策定された次年度事業計画に基づいて交付（安全安心のまちづくり事業、定住・交流促進事業、自治活動参画事業、次代を担う人材育成事業、まちの魅力づくり推進事業の五事業を示し総額上限一六〇万円）する仕組みとした。設立から二〇年近く経過し、活動事業のマンネリ化等に対する対策として、使途の透明性・成果の見える化を図り、住民への新たな刺激と意識啓発が目的である。

この他に三次市では課題解決に向けて、ジモティーの活用によるマッチング事業や関係人口の取り込みなどの外部人材・外部組織の活用、協議会構成員の有志が出資し地域拠点のための有限会社・株式会社等を設立し、協議会との連携しながら生活支援等に関する多様な事業展開を図る地区が生まれている。

## 持続可能な地域運営組織に向けて

総務省によれば、二〇二二年度の組織数は全国で七二〇七団体あり[5]、「第二期まち・ひと・しごと創生総合戦略」（二〇一九年）で重要業績評価指標（ＫＰＩ）に設定された「二〇二四年度の組織数七〇〇〇団体」を既に超えている。その一方で「自主事業の実施等による収入の確保に取組む地域運営組織」[6]の割合は二〇二二年度で四四・二％、ＫＰＩの設定値六〇％には現時点で達成していない。また法人格を取得した団体も八・四％に留まっている。量的拡大自体は喜ばしいことではあるが、質的拡大（持続可能な組織運営）を伴わなければ機能の衰退を招き形骸化していく。

広島市と三次市の事例には、質的拡大に向けての幾つかの示唆を見出すことができる。まずは事務局体制の構築である。事務作業などを簡素化することはもちろんであるが、常設の事務局を設け専従職員を雇用し、役員の職務を明確化し、負担軽減を図ることは重要であろう。そのための行政による財源的支援は欠かせない。次に自主事業等による資金確保とその安定化を図ることである。協同労働等のコミュニティビジネスにより事業収益を取り組むことも検討課題である。さらに活動の担い手不足、役員・リーダーの人材不足については、地域の実情に詳しい集落支援員・地域おこし協力隊を、事務局機能を担う中核的人材に配置すること、地域居住者とは限らない外部の（専門）人材の活用に活路を見出すべきである。企業や協同労働団体をはじめ、UIJターン者など熱意ある個人の呼び込みもあってよいだろう。開放的な組織運営への期待と同時に、関係人口獲得策にも連動しよう。言うまでもなく地域運営組織は「地域住民」が基盤であり、コミュニティ組織としての形成はそれを担う地域住民の主体形成の強化プロセスなくしては達成できない。しかしその使命はヒト・カネをマネジメント出来る自治機能の養成と地域課題解決である。そのためには従来の地域運営では限界があることを自覚・共有し危機感を抱くことで、既存の垂直的（行政と住民組織の縦割り関係）、かつ水平的（集落間や住民組織間の閉鎖的関係）集落構造に固執することなく、地域の現状と将来推計に立ち地域課題解決に向けて多様な人材・団体との徹底した議論が進むことを期待したい。

**注**

1 総務省「暮らしを支える地域運営組織に関する調査研究事業報告書」二〇一五年。

2 （財）地域活性化センター「『地域自治組織』の現状と課題―住民主体のまちづくり―」調査結果、二〇一一年。

3 総務省地域力創造グループ地域振興室「地域運営組織の形成及び持続的な運営に関する調査研究事業報告書」二〇二三年。

4 「地域の関係者が、楽しさややりがいを感じながら、市民主体のまちづくりを進めることができるよう、概ね小学校区を活動範囲とした地域を代表する組織として、地域の実情に応じて、地区社会福祉協議会や連合町内会・自治会等が中心となって、地域団体やＮＰＯ、協同労働団体、企業、商工会、住民有志など、多様な主体と連携しながら、地域の情報・将来像の共有や、地域課題の解決に向けたさまざまな活動の企画・検討、広報等に取り組む体制を有する組織」。

5 注3参照。

6 注3参照。

# 4 英国における自然環境保全に関する市民活動

辻本乃理子

## 英国における市民団体による自然環境保全活動

英国社会では、とくに環境分野において、市民の強い支援を受けて活動を行っている市民団体が多く存在する。また、チャリティー団体として歴史が長い団体もある。英国社会ではなぜ市民団体の活動が活発なのか。日本において市民を巻き込んだ自然環境保全活動を推進していくためには、各地において市民の支持を得て、長年継続した活動を実施できる市民活動団体を増加させる必要があると考える。わが国においては一九九八年ＮＰＯ法制定以降、市民主体による活動が期待されている。しかし、わが国における市民団体の活動は運営資金面など課題が多い団体も少なくない。本稿では、英国 The Wildlife Trusts の活動からわが国における市民とともに活動する自然環境保全のありかたを考察する。

## The Wildlife Trusts の活動について

### The Wildlife Trusts 運動の始まりと変遷

The Wildlife Trusts はチャリティーにより運営されている民間団体である。ナショナルトラスト、RSPB（英国王立鳥類保護協会）につぐ団体である。一九一二年、銀行家であり博物学者のチャールズ・ロスチャイルドのアイデアにより、土地を買い上げて野生生物を保護する運動としてスタートした。運動の背景には、急速に進みつつあった景観の変化があった。当時、農業の集約化が進み、伝統的な牧草地が耕起され、森が伐採され、湿地が乾地化した。また、新しい道路が建設され、産業化も進行した。野生生物の種の個体の保護よりも、それらの生息地を保護するというチャールズ・ロスチャイルドのアイデアは、その当時重要ではないものだった。彼は、自然にとって重要な場所である二〇〇か所ほどを特定し、それをマップ化し、さらに自身の資金でこうした土地のいくつかを購入した。その後、自らが購入した土地を将来のために保全してくれる団体に寄付したいと考えていたが、氏の考えに興味を示してくれる団体がなく、自ら団体を設立した。これがのちの The Wildlife Trusts となった。

また、そのころ全国各地で、草原豊かな牧草地が耕作され、森が消滅する状況に直面した市民が、環境破壊を防止するための草の根キャンペーンを始めた。これが地域の Wildlife Trust（支部）として組織化された。

The Wildlife Trusts は、全国的な団体が最初に設立され、全国各地で市民運動が発生した際に、地域の市民を支援し、Wildlife Trust として設立するためのガイダンスを提供した。各地のトラストは、それぞれの地域の状況に合わせ、地域住民主導のもとに、個性的な団体として設立された。現在でも、地域トラストと全国団体の関係は変わらない。つまり、底辺にローカルトラストがあり、その上に本部が存在するというピラミッド構造となっている。

## 現在の The Wildlife Trust

現在の The Wildlife Trust は、本部と英国全土で四六支部、会員は九一万一〇〇〇人以上の自然環境保全活動を行う民間慈善団体になっている。支部はそれぞれ独立し、独自の活動を展開し活動している。自ら所有する Nature Reserve（自然保護区）は二三〇〇か所、総面積一〇万ha、三万九〇〇〇人以上のボランティアが Nature Reserve の維持管理や教育プログラムなど、多様な形で活動を支援している。また、有給スタッフは本部で四〇〜五〇人、全国各地で三六〇〇人のスタッフと六〇〇人の理事を擁している。

The Wildlife Trusts は土地を購入し、それぞれの地域が維持管理を行っている。それぞれの現場で長期間の活動を実施してきた歴史があり、地域住民、地域農家や土地所有者、政府や自治体のスタッフ、地域企業などと長いつきあい関係を醸成している。

## Living Landscapes 誕生の背景と経緯

二〇〇六年、気候変動や生物多様性、持続可能性を視点に都市および都市郊外農業地域における自然環境保護活動に対する新たな戦略的ビジョンを示すものとして Living Landscapes（生きた風景）を掲げた。これは、各地のトラストで沸き上がりつつあった新しい考え方や活動を踏まえたものである。活動内容は、重要な生息地のポケットを地上でつなげ、より大きく、より強靭なランドスケープを作り出すというビジョンに基づいている。これは、The Wildlife Trusts が維持管理している自然保護区の枠を超えたすべての場所で、人間と野生生物が共生できる環境づくりを目指して活動している。

Living Landscapes の誕生については、一九九〇年終わりから二〇〇〇年代初めにかけてランドスケープ・スケール・アプローチの検討を開始したことによる。その背景には、英国内での継続的な自然の喪失による自然植生の分断化の進行により、失われた空間に自然を復旧させ、ランドスケープ全体を変える必要性を感じたためであった。

英国全土で一五〇の保全する地区をLiving Landscapesと指定している。それらは各地のトラストが開発したもので、地区の指定には、それぞれの地域の自然状態やパートナーとなる団体との関係が影響している。

Living Landscapesによる保全手法は、それぞれ個別に野生動物の保護や、それらの生息する地域を保全・保護しつつ、新たに創造した自然保護区をつなげネットワーク化していく。自然保護区ではない住民の居住地域も保全の対象地域としており、地域コミュニティの参加も不可欠になっている。

ランドスケープ・アプローチを導入するためには、さまざまな障害に直面するが、その一つが政府の政策であった。そこで、とくに環境省や計画担当の部局などを中心に、政府のさまざまな省庁や首相官邸アドバイザーなどに対して、積極的なアドボカシー活動を行い、ランドスケープ・アプローチは単に自然だけでなく、地域コミュニティ、一般市民、地域経済などにも等しくメリットとなること、Living Landscapes活動をより広く深く実践するためには、政府による正しい政策の導入が不可欠であることを伝えた。二〇〇八年一〇月、英国議会におけるLiving Landscapesの発表会で、Trustsが全英国で一〇〇以上の計画を主導していることを発表している。The Wildlife Trustsの活動は、地域住民だけでなく、英国政府に対しても自然環境保全に関する重要性を説明し、社会的な影響を及ぼしている。

## Worcestershire Wildlife Trustによる地域活動

### Worcestershire Wildlife Trustについて

Worcestershire Wildlife Trust は一九七八年に設立された四九支部の一つである。その前身は、一九五七年にナチュラリストグループが West Midlands Nature Conservation Trust を設立し、Birmingham、Staffordshire、Warwickshire、Worcestershire 地域で活動を開始した。活動開始から一〇年後に Worcestershire のみを対象とする Worcestershire Nature Conservation Trust が設立され、のちに Worcestershire Wildlife Trust と改名した。

現在、スタッフ数は三五〜四〇人である。ボランティアは約五〇〇人で、このうち恒常的に活動しているボランティアは約三五〇人である。ボランティア活動の内容は、Nature Reserves の維持管理、WWT理事、Local Group の委員、イベントの運営など多岐にわたる。

Worcestershire Wildlife Trust は八〇以上、約一二〇〇 ha の自然保護区を保有・管理している。自然保護区の取得とマネジメント、教育活動をチャリティー活動の目的としているため、積極的に自然保護区となる土地の購入を行っている。とくに Living Landscapes 活動を推進する上で、Living Landscapes 地区の自然保護区を保有・管理することを最優先としており、指定している Living Landscape 地区内の土地を自然保護区として購入する活動を積極的に行っている。

## The Devil's Spittleful and Blackstone Farm Fields

The Devil's Spittleful and Blackstone Farm Fields は郡内最大のヒースランド（ヒースとよばれる伝統的な植物の草原）とヒースランドのレクリエーションエリアの一つである。Birmingham 郊外にある Bewdley と Kidderminster にまたがって位置し、一九七三年に開業したウエストミッドランド・サファリパークに隣接する。

ヒースは伝統的に家畜の放牧場として、また寝具用のワラビ、ほうき用の樺、焚き付けや薪などの多くの有用な資材を提供するために管理されてきた。しかし、農業形態が変化すると、ヒースランドは現代の農業基準では生産性が低いため、放棄されはじめ一九五〇年代以降、徐々に低木と若い木が優勢になった。これを逆転させ、従

図Ⅰ－4－1　The Devil's Spittleful and Blackstone Farm Fieldsの様子
出所：筆者撮影。

来の植生を復活させるために、現在は敷地内に放牧を行い、低木と樹木被覆を管理している。

Blackstone Farm FieldsはWorcestershire Wildlife Trustが二〇〇七年に購入した。これに隣接する既存の自然保護区であるDevil's Spittlefulは約四〇年前に購入されている。この地域では、ヒースランドを復旧させる活動が長期間行われてきた。Blackstone Fieldsを購入するチャンスがやってきたとき、既存の自然保護区であるDevil's Spittlefulに隣接することもあって購入された。

ヒースランドの復旧は新しいテーマであり、全国的に見てもその実践事例はまだ少なく、これまで一、二団体が実施しているのみで、Worcestershire Wildlife Trustにとっては初めての試みであった。これまでいくつかのアイデアにトライし、失敗も経験してきた。さらに、今回隣接するDropping Well Farmを購入することになり、Worcestershire Wildlife Trustで所有する三つの場所、加えて地元自治体が所有するRifle RangeとBurish Topという二つの自然保護区を合わせると、将来的には約二〇

○ヘクタールとなり、Worcestershire 内で最大規模のヒースランドが実現できることになる。

土地の購入にあたっては、宝くじによる基金、寄付が活用され、専門のスタッフも雇用され、土地購入のための活動や地域コミュニティとの関係性を強める活動を行っている。そして、維持管理には、有給スタッフの他、ボランティアによる維持管理活動が行われている。

## 先駆的な活動を行う英国の自然環境保全に関する市民活動

The Wildlife Trusts の活動をもとに英国の自然環境保全の市民活動について考察した。英国では、長年にわたる歴史や文化を継承する活動であるとともに、政治家や行政に対する不信感（mistrust）が存在するとも言われていた。しかしそれ以上に、英国人は「これをやるべきだ」と誰かに言われるのを待つのではなく、これをやるべきだ、と感じたらすぐに自分で行動を起こし、まずはやってみる。そして、そのことに対して主体性と責任をもつという国民性をもっている。現代社会は多くの面でトップダウンが一般的なスタイルになっているが、英国では市民が住むそれぞれの地域において、市民が独自に何かを起こし、イノベーションをするというスペースが常に存在していると言われていた。

また、チャリティー団体の活動が自然環境保全のための法律の成立につながり、政策になっている。

英国の自然環境保全に関する市民活動は、政府や行政とは一線を画し、チャリティー団体として地域に根付いた活動を展開している。また、専門的な知識を有する多くのスタッフが有給スタッフとして雇用され、このような団体を市民が強く支援している。地域住民は会員として団体を支援するだけでなく、自らボランティアとして参加し、地域の自然環境保全活動を行っている。

英国市民が会員になってまで市民団体を応援する理由について、常に考えて訪問してきた。英国では当たり前のことであり、明確な回答は得られなかった。日本の風土・歴史・文化に根差した、市民による自然環境保全の活動のあり方を作り上げていく必要があるだろう。

## 参考文献


・早尻正宏・守友裕一編著『地域の再生と多元的経済―イギリスのサードセクターと社会的企業に学ぶ―』北海学園大学出版会、二〇二一年一月。

・Tim Sands, *Wildlife in Trust: A Hundred Years of Nature Conservation*, Elliott & Thompson Limited, 2012.

・The Wildlife Trusts, *A Living Landscape: A Call to Restore the UK's Battered Ecosystems, for Wildlife and People*, 2008.

・The Wildlife Trusts 'our Story'（https://www.wildlifetrusts.org/about-us/our-history.）

・Worcestershire Wildlife Trust 'our Story'（https://www.worcswildlifetrust.co.uk/about-us.）

・Worcestershire Wildlife Trust 'The Devil's Spittleful and Blackstone Farm Fields'（https://www.worcswildlifetrust.co.uk/nature-reserves/devils-spittleful-and-blackstone-farm-fields.）

# 5

# コミュニティを形成する商店街における次世代の担い手育成

井上芳恵

## 商店街の衰退と学びの場としての可能性

日本では、全国的に中心市街地や商店街の衰退、シャッター通り化が地域の課題として取り上げられて久しい。多くの商店街は、戦後の復興期から駅前や住宅地など人が集まる場所に商店が集積して形成されているが、高度経済成長期には、町中に出店する百貨店や大型総合スーパーとの対抗、さらにその後は郊外に立地する大型専門店やショッピングセンターとの対抗の中で、年々厳しい状況に置かれている。「令和三年度商店街実態調査」（以下「全国調査」[1]と略す）では、回答の得られた商店街約五〇〇〇団体のうち約七割が衰退している、衰退の恐れがある、としており、商店街のうち約六割を占める近隣型商店街（徒歩や自転車を利用して訪れる近隣住民を対象とした日用品、生鮮食品を扱う店舗の多い商店街）では、店主の高齢化や後継ぎのなさから空き店舗が増加、商店街全体として商業機能が低下し、時代に見合った商品やサービス・品揃えの不足が見られる商店街も多い。

日本では、高度経済成長期以降、アーケードや街路整備のハード事業や、イベント・販促のソフト事業など、これまでに数多くの活性化事業が展開されてきた。二〇〇〇年以降は、中心市街地活性化に向けて市街地の整備や商業の活性化といったさまざまな事業が各地で進められたが、郊外への公共施設等の移転や大型商業施設の出店が進み、空洞化を食い止めることができなかった。二〇〇六年に原則郊外の大規模開発を規制する方針が示され、コンパクトシティの実現が目指されているが、十分な成果が得られているとは言い難い。二〇〇九年には地域商店街活性化法が施行され、地域と一体となったコミュニティづくりを促進し、商店街の活性化や、商店街を担う人材育成支援、空き店舗利活用の支援など、多くの取り組みが展開されてきたが、成果が出ていない。

一方、教育機関では、主体的で協働的な学びが重視されており、地域をフィールドに学習や体験・実践活動の機会が増えている。居住地や学びの一環で関わる地域に対して、何らかの帰属意識や愛着を持って多様な人間関係を築きながら子どもたちや高校生、大学生らが成長していくことは、将来の地域社会の担い手として期待でき、空洞化の進む中心市街地や商店街に新たな変革をもたらす可能性を秘めていると考える。

ここでは、全国の現状と、筆者の研究室で取り組み実績のある、京都市内の近隣型商店街の事例を取り上げ、ライフスタイルの変化に伴う衰退や後継者不足、住宅地化の一方で、多様な主体や教育機関の関わりによる商店街での取り組みの効果や今後への期待について取り上げる。

## 京都市伏見区内の商店街概要

京都市伏見区は、人口は約二七万二〇〇〇人で（二〇二四年一月時点）、政令指定都市の行政区の中でも多くの人口を有している。伏見区内には大小一〇団体以上の商店街があり、近隣型商店街が五団体ある。地域には明治初期に創設された小学校もあり、地域団体とも密なつながりを有しており、地域コミュニティの拠点といえる商店街もある。ここでは、研究室で連携している二つの近隣型商店街について取り上げる。

一つ目の深草商店街振興組合は、京阪電鉄藤森駅に隣接し、江戸時代には参勤交代に使われた伏見街道沿いに位置する南北に一・二㎞ほど続く商店街である。戦時中は深草地域に旧陸軍が駐屯しており、戦後、軍人やその家族を対象とした商店が立ち並んでいたところから、深草商店街が結成された。一九六三年に商店街振興組合が結成されたころは約一〇〇店舗ほどの店舗があったが、その後近隣への大型スーパーの出店や店主の高齢化もあり、現在の組合加盟店は約四〇店舗程度である。二〇一〇年には地域住民や各種団体と会議を重ね「地域のまんなか　暮らしのまんなか　深草商店街」をキャッチフレーズに、商店街活性化ビジョンを策定した。ビジョンに基づき、年一回地域の各種団体や小学校とも連携した「ふかくさ一〇〇円商店街」の開催や、地域商店街活性化法の認定を受け、空き店舗を改修した暮らしの交流サロン「ふかふか家」を開設している。さらに、コロナ禍にも各種支援を受けながら商店街の魅力を伝える動画を制作したり、月一回の商店街朝市をスタートし、近隣型商店街の中でも比較的活発な活動を展開している。研究室では、学生が店主や地域団体を取材しＭＡＰやガイドブックを制作するほか、地域の小学校と連携したイベントを実施し、小学生や保護者が商店街の店舗や店主と交流できる機会の創出に取り組んできた。

二つ目の淀本町商店街振興組合は、京阪電鉄淀駅や淀城跡に隣接した南北約一〇〇ｍに約四〇店舗が立地し、かつては通勤通学者や、隣接する京都競馬場の利用者も立ち寄り、駅前商店街としてにぎわっていた。二〇一一年に地域からの要望もあり地域を南北に分断していた京阪電鉄の高架切替事業が整備され、駅ロータリーが数十メートル東に移動し、京都競馬場へは駅から専用ゲートでアクセスできるようになったため、商店街の人通りは激減した。近隣に與杼《よど》神社があり、秋季大祭時には多くの人が訪れる他、明親小学校は、淀藩の藩校を前身としており、一八七二年創設以降一五〇年以上経ており、地域とのつながりも深い。淀本町商店街では、駅が高架化された二〇一一年以降も、春や年末の売り出しセールや、地域商店街活性化事業の一環として、ＭＡＰやウェブサイトによる情報発信、京都府等の補助も得ながら、外部からの出店者やステージイベント等も交えた七夕まつりが盛大に実施されていたが、担い手不足もあり現在は実施できていない。また店主の高齢化やコロナ禍の影響もあり、現在商店街加盟店は約二〇店舗程度となり、さらに駅前のスーパーが一時期撤退し、商業機能の低下と住宅地化がみられる。そのような中で、研究室では、地域のニーズを踏まえて空き店舗を活用した定期的なイベントを実施しており、地域の小学校の総合的な学習の時間との連携実績がある。

## 多様な主体による空き店舗利活用

商店街の平均空き店舗率は、二〇一二年度の全国調査では四・六％で、その後一三％台を推移しており、商店街の規模に関わらず、八割近くの商店街で空き店舗がある。近隣型商店街では、とくに店主の高齢化や後継者不足により空き店舗が増加し、シャッター通り化したり、仕舞屋《しもたや》として住宅地化していく商店街も多い。また、建物が更新される際にも、駐車場や、戸建て住宅、集合住宅に転換していく事例も多く、商業機能の低下が見られる。しかし、空き店舗の発生に対して、とくに関与していない商店街が約六割、家主に対する賃貸の要請、業種・業態を考慮したうえで積極的に誘致、空き店舗情報の発信による新規出店促進等が約一割、NPOや産官学連携の場として提供、コミュニティ施設として活用、創業者支援はいずれも一割未満である。

深草商店街では、二〇一二年に地域商店街活性化法の認定を受け、国や京都府、京都市の支援も得て、商店街で空き店舗を改修し、暮らしの交流サロン「ふかふか家」を開設している。そこに障がい者の就労支援等を行う福祉法人と、子育て支援NPOが入居し、それぞれカフェと親子のための交流広場を開設している。ともに既存の商店街にはなかった業種・団体であったが、カフェや子育て支援を利用する新たな客層の商店街への取り込みにつながるほか、商店街イベントへの参加や、商店街内の他店舗との連携も広がっている。さらに地域団体の話し合いの場としての利用も定着している。また、近年空き店舗となった場所も、チャレンジショップや地域団体による利活用を模索し、ニーズや条件等の調査が実施されており、今後の新たな利活用が期待されている。

淀本町商店街では、かつて本屋があったものの、五年以上前に閉店しており、また地域に公立図書館がないことから、本や図書館に対する地域ニーズが見られた。それに対して、研究室の活動として、二〇一八年から月に一回、空き店舗を借りて、地域から寄付で募った本を貸し出せるようにし、ふれあいライブラリーとして開設している。その他、商店街内の空きスペースも活用して季節に応じたイベントも開催しており、地域の賑わいや交流の場づくりに寄与している。

全国的にも大学生による商店街活性化に向けた取り組み事例は数多く、空き店舗を利活用したサテライト教室や研究室の開設事例は多く見られた。近年は、既存の店舗や施設と協力して子ども食堂や高齢者・障がい者の居場所づくりの運営に、大学や学生が関わる機会が増えている。さらに、地域の課題解決に関わる起業にチャレンジする学生も出てきており、若者の新たなビジネスの場としての可能性も期待できる。

## 外部の組織と連携し変化する商店街

組合を結成している商店街では、商店街の事業に関する意思決定は組合の会合などで行われ、補助金を活用したイベント実施やMAPを作成する際にも加盟店のみを対象とした事業が一般的である。しかし、近年組合費や役職、またイベント協力への負担、組合に入るメリットを問う声もあり、加盟店が減少傾向にある近隣商店街は全国でも約六割を占める。また、商店街の将来の展望として商店街組織の解散を考えているという近隣商店街は二五・七％あり、今後の商店街組織のあり方も問われてきている。

深草商店街では、「ふかふか家」で、大学生と地域の社会福祉協議会メンバーが連携し、季節メニューの開発や試食会を実施した実績がある。その後、開発したメニューがカフェで採用されたことに加えて、社会福祉協議会で開催されている高齢者サロンの一環として、月一回の食事会が「ふかふか家」で開催されることとなり、地域の新たな拠点と地域団体との連携事業に発展した。淀本町商店街では、空き店舗を活用した月一回のイベント開催時に、地域の歴史をまとめた紙芝居を作成する団体に紙芝居の披露をしてもらったり、小学校で読み聞かせをするグループと協力し、小学校での行事と連続的なイベントを企画・実施したこともある。

このように、大学生は既存の取り組みや組織間の関係性にとらわれず、地域に学ぶ第三者の若い世代として、新たな試みに挑戦することが可能で、商店街への新たな主体の参画や、そこから商店街利用者の幅の広がりや商店街の変革へとつながる可能性がある。

## 地域との接点が生まれる共有財産の設置と活用

全国調査で、商店街が実際に地域の期待に応えられていると思うものについて、治安や防犯への寄与が六割で、地域住民への身近な購買機会の提供以上に高い割合を占めている。具体的にハード事業では、近年各種補助金も活用した街路灯の設置（ＬＥＤ化）は六割近くの商店街で取り組まれており、防犯カメラの設置は、約三割の商店街で取り組まれている。

深草商店街では、当初から高齢者への買い物支援策を模索していたが、二〇一五年頃から地域資源である竹を活用した「おでかけベンチ」制作に取り組み始めた。竹灯籠《たけとうろう》や竹細工等を指導、普及する地元のＮＰＯ、大学、地域包括支援センターと連携し、組織を立ち上げ、大工作業等が得意な地域の中高年らの協力も得て、ベンチを制作している。また、作ったベンチを店舗や公共施設、民家の軒先に設置し、ＭＡＰを作成した上で、ベンチをめぐるツアーや定期的なメンテナンスを行うなど、ベンチ作りを通じた活動の発展が見られる。

淀本町商店街では、前述の月一回の空き店舗を活用したふれあいライブラリーの常設化のために、商店街内の七店舗と地域の自治会館、児童館の協力も得て、本棚を設置し、日常的に本の貸し借りができる「図書館化計画」

を二〇一九年から展開している。自由に貸し借りができる本棚を設置し、店舗の利用や再訪のきっかけづくりを目指している。

今後、商店街の店舗内や空き店舗・空きスペースを、地域住民との接点が生まれる場として、また、商業者だけではなく、市民や子どもたちの地域に向けた活動やチャレンジの場として利活用されることが期待される。

## 学びの場としての商店街

全国調査で、地域の各種団体と連携して地域活動を行っている商店街（三〇六一団体）の中で、教育機関（大学・学校）と連携した活動を行っている商店街は二割弱である。具体的な活動内容として、子どもの職場体験受け入れは二割程度であるが、大学等との研究協力は約一割にとどまっている。

二〇〇二年の学習指導要領の改訂で、総合的な学習の時間が小学校から高等学校まで順次導入され、二〇二二年から高校では総合的な探究の時間と名称を変えて、各学校では日常生活や社会との関わりを重視した主体的、協働的な学びが展開されている。総合的な学習（探究）の時間を活用した地域学習の機会も定着してきており、京都市内の小学校中学年では地域の企業について学ぶなかで、近隣に商店街が立地する地域では店主から現状を聞き、賑わいが減った商店街に対して、自分たちなりの取り組みを考え、ポスターを作成して魅力を伝えるなどの取り組み事例が見られる。中学校では、キャリア教育の一環として地域内の各種事業所で職場体験が実施されている。商店街での職場体験に加えて、高校生や大学生でも地域の課題探究や解決に取り組む中で、商品開発や物販に携わる機会が増えており、空き店舗でのチャレンジショップなども今後学びの場として期待される。

近年、学生が買い物で商店街を利用する機会は減少しているが、地域学習や体験の一環として、また活性化に向けての提案や具体的な活動で関係する機会は増えている。利便性だけではない魅力や地域コミュニティにおける役割を知り、地域での顔が見える関係づくりの場として、また、将来の地域社会の担い手育成の場として、商店街の可能性が見出せると考える。

## コミュニティの拠点としての商店街

経済産業省の「地域の持続可能な発展に向けた政策の在り方研究会」の中間とりまとめ（二〇二〇年六月）では、地域コミュニティにおける商店街へのニーズの変化や商店街に期待される新たな役割に言及されており、高齢者や子育て支援など、商業機能以外の面で、商店街に求められる役割も増えているとされている。

幹線道路沿いに画一的な大型専門店やショッピングセンターが立ち並ぶ風景、また、近年では駅前や中心市街地でも、チェーン店の出店が多く見られるが、各地の中心市街地や商店街は、地域の歴史的な資源や街並み、記憶、公共交通や施設といったストックを有している。また近隣型商店街は地域コミュニティとのつながりも深く、顔が見える関係性を築くことができるため、今後も時代の流れにあわせた更新をしつつ、地域住民が愛着を持って訪れ、育てる街であってほしい。そのために、商店街が地域に果たす公共的な役割を改めて見つめなおし、地域に住み、学び、働く者が出会い、場づくりに参画し、ともにコミュニティを作り上げていく活躍の舞台としての可能性に期待したい。

**注**

1　以降、中小企業庁「令和三年度商店街実態調査」報告書資料編をもとに算出。

# 6

## コロナ禍で機能した理念条例
## 「広陵町中小企業・小規模企業振興条例」

清水裕子

### 中小企業振興基本条例の可能性

「二〇二二年版中小企業白書　小規模企業白書」によると、わが国における全事業者のうち、九九・七％を中小企業や小規模企業（以下、中小企業等）が占めている。生み出す利益は、経済的にも、地域コミュニティや生活基盤としても重要な役割を果たしている。また、中小企業基本法の改正（一九九九年）や、小規模企業振興基本法の制定（二〇一四年）により、自治体の中小企業振興に対する役割は、国の施策に準じる施策の実施から、地域の実情に応じた施策の策定及び実施へと変化している。これらの動向を受け、中小企業等を中心に据えたまちづくりの理念を規定する「中小企業振興条例」が各地で制定されている。中小企業等の役割や重要性を明記し、中小企業振興を施策の柱とするだけではなく、中小企業等や住民の役割が記載されることも多く、地域活性化に向け、地域全体で取り組む後ろ盾として制定されるものである。これらは、中小企業団体による自治体への積極的な働きかけも相まって、自治体と中小企業者・業者等が協同しながら条例を制定する事例も多くみられる。

本稿では、中小企業団体が行政に働きかけ、大学と連携しながら、条例を制定し、産業を中心としたまちづくりの実現に向けて展開していく事例を紹介しつつ、今後の可能性や課題について考える。

## 地域振興の理念条例を自分たちの手で

奈良県では、二〇〇八年年、中小企業団体である奈良県中小企業家同友会（以下、同友会）の協力の元、「奈良県中小企業振興基本条例」が制定された。しかし、市町村での条例制定には至らなかった。実効性を持たせるためにも、市町村での制定を目指した同友会は、政策委員会を立ち上げ、奈良県内の市町村に対し、共に条例を制定し、中小企業等を中心に据えたまちづくりの実現に動く自治体を探し求めた。多くの市町村が、既存の振興策で十分であるとする中、広陵町が動いた。

奈良県北葛城郡広陵町は、奈良盆地の中西部に位置し、近畿大都市圏の中心、大阪市へは、直線距離で約三〇キロメートルと、交通の利便性も高いことから、近年は、真美ヶ丘地区をはじめとする住宅地開発を中心にベッドタウンとして発展してきた。また、古くから靴下の生産が盛んで、靴下製造業は、高度な生産技術が受け継がれ、国内生産高日本一を誇る産地として、大きく成長してきた。農業閑散期の内職として広まった靴下の製造であったが、自宅に併設した靴下工場を、それぞれ徐々に拡大させ、町全体が靴下製造で潤う町に成長していった。しかし、近年、海外製の安価な製品に押され、廃業する事業者が増加した。プラスチック産業と共に広陵町の地域経済を牽引してきたが、町内の九九％を占める中小企業は社会情勢の変化から、厳しい状況に直面している。

広陵町に、同友会の条例制定の働きかけが、快く受け入れられた背景には、舞台裏の綿密なやりとりがあった。同友会は、広陵町への提案の前に、同友会の会員でもある地元事業者を介して、広陵町商工会（以下、商工会）に相談を持ちかけた。同友会も商工会も、経営者に寄り添い支援する組織であるが、これまで協働する機会は皆無だった。しかし、政策提言を得意とする同友会と地域とのつながりが深い商工会が先に協力体制を構築したことで、広陵町へのアプローチはスムーズに進んだ。のちに、広陵町職員の一人はこう語っている。「同友会さんが相談に来られると聞いたとき、同じく企業を支援する商工会さんとの関係が頭によぎった。でも、商工会さんも了承の上だと聞いて、懸念事項はなくなった」。

ほぼ、同時期に、同友会は、以前から交流のあった奈良女子大学・中山徹先生に協力を仰いだ。

こうして、二〇一六年一月、「同友会」「広陵町」「商工会」「地元事業者」「大学」の五団体が結束し、条例制定に向け検討会が始動した。

## 視察と副産物

検討会がまず始めに行ったのは、条例制定の先進事例である愛媛県松山市・東温市への視察である。同友会は、検討部会発足の四か月前、すでに一度視察に行っていた。しかし、視察で得た熱意を検討会で共有したいと考え、もう一度、検討会のメンバーを含めた視察を実施した。検討会メンバーの中には、「条例を作れば国や県がなんかしてくれるんだろう」と見立てている者もいた。しかし、その考えは、視察後すぐに間違いだと気付かされた。先進地域では、条例で定められた理念のもと、関わるすべての人々が主体的に行動し課題をクリアしていた。検討会メンバーは、それぞれの立場で、あらためて、条例を作って誰かに任せるのではなく、条例で掲げた理念の元、自分たちがやらなければならないのだということ痛感したという。取り組むための結束力が芽生えた瞬間であった。

その後一年半で、宮城県南三陸町・岩手県陸前高田市・北海道別海町・北海道釧路市と合計六か所の先進事例の視察を実施した。検討会が発足するまで、検討会メンバー間の関わりは、ほとんどなかったが、視察を通して、各地の熱意あふれる関係者と出会い、共に刺激を受ける中で、信頼が育まれた。視察に行くと、食事を共にする場面も増える。さまざまな会話を通して、仕事のことだけでなく、ひととなりを知ることになる。そうした中で、自然と人間関係が構築された。立場が違うと考え方も違う場合がある。それぞれの立場を尊重しつつ、議論を重ねることで、地域振興に向けたビジョンの共有ができ、その先の行動を後押しした。当時の商工会事務局長は、この頃のことを振り返り、同友会のメンバーが積極的に活動を牽引してくれたことが印象的だったと語った。一方、同友会のメンバーは、商工会事務局長の地域の実情にあったアドバイスが役に立ったと振り返る。

## 毎月行われた検討会

二〇一六年五月には、検討会メンバー五団体による条例制定に向けた会議が始まった。条例制定は、「同友会」「商工会」「地元事業者」にとって初めての経験であったことから、丁寧に学習の場を重ね、認識の共有から始めることとした。広陵町の振興のために何が必要か、条例を制定することで広陵町の将来をどのように描くのか、条例制定後も実動として運用するためにはどのような支援が必要かなどの点について議論され、互いの認識のすり合わせを図った。検討会の定例会議は、条例制定までの三年間、ほぼ毎月行われた。

先進事例から、地域事業者の実態調査の重要性は共有していた。そのため、比較的早い段階で、アンケート方式による悉皆調査に向けた話し合いが行われた。同友会が作成した調査項目のたたき台を基に、アンケート内容の活発な議論が交わされた。半年近くの時間をかけて練り上げられた調査票の作成も大詰めを迎えた頃、広陵町内唯一の大学でもある畿央大学に勤めていた産休明けの私の元に、中山先生からお誘いがあった。これを機に、学生と共に仲間に加わらせていただけることとなった。研究室のゼミ生の有志で結成された即席コールセンターを、広陵町役場内に構え、実態調査のアンケート票の回収活動を請負った。電話でアンケートへの回答の有無を確認し促すほか、地元事業者とタッグを組んで、地域企業をまわる「足で稼ぐローラー回収作戦」を行った。その甲斐があってか最終的には回収率六五％の高回収率となった。一方、奈良女子大学の中山研究室では、回収した調査票の分析が行われた。その後、単純集計やクロス集計したものを、検討会メンバーそれぞれの立場で分析し、意見を交わした。同じ数字を見ていても、分析の視点は異なる。立場によって見方が違うということを共有することも、また、互いを知る役割を果たした。

検討会発足後、二年半が過ぎた二〇一八年六月、一般の地域事業者向けのワークショップが初めて開催された。ワークショップ開催にあたっては、初回から事業者の理解を求めることは難しく地道な呼びかけから始まった。しかし、「ワークショップへの参加を誘うと『行ったら何をしてくれるの?』という返事が来た」とショックを隠せない声も聞かれた。しかし、立ち止まることはなかった。ワークショップで、地域の課題を出し、その後すぐに、シンポジウムを開催し、先進事例先から講師を呼び生の声に触れる。さらに、間をおかずに開催した次のワークショップで、今の広陵町の企業振興に必要なことを議論する。この矢継ぎ早に行った活動で、徐々に心動かされる地域事業者が現れるようになった。「広陵町役場と一緒に、地域貢献できることはないか?」そんな言葉を同友会メンバーが事業者から聞いたのもこの頃である。当初は、何かしてくれるのかと受け身だった事業者らも、立場の垣根を超えて、熱心に地域のために活動する検討会メンバーを目の当たりにし、主体的に地域の企業振興を捉えるような者が見られるようになった。

## 二年一〇か月越しの条例制定

二〇一八年一〇月、検討会発足からおよそ二年一〇か月の時を経て、「広陵町中小企業・小規模企業振興基本条例」が制定された。この約三年間をそれぞれ、こう振り返る。当初から関わっている地元事業者は、「条例制定に携わる前は、こんな近くにいながらほとんど、役所に訪れることはなかった。期待もしていなかったんだと思う。今は、共に広陵町の産業振興に協力し合いたいと考えている。自分自身の考えも変わった」と語った。当初から関わっていた広陵町の職員は、「地域事業者との関係性が近くなった。距離が縮まった分、なんでも言い合える仲になって、互いに助け合う機会も増えた」と話す。また、現在の商工会事務局長は、「条例の内容は理念が書かれているだけ。それを動かす人間が重要であるということを改めて感じた。今までは、役場にはなかなか話しづらいことも多くあったが、今回の条例制定を経て、お互いに相談しやすく助け合える関係性が築かれた」と語った。現在の同友会の事務局長は、「この三年間、条令制定をきっかけに、立場は違えど、一緒に地域をつくっていくパートナーのような関係性を構築できたと実感している」と心境を答えた。

理念条例を動かすには、振興計画が重要であることは、すでに先進事例から学び取っていた。そこで、制定後すぐに振興計画の策定に向けたワークショップを実施した。これまで関わってこなかった一般の地元事業者を中心に合計五回実施し、毎回二〇名から三〇名ほどの地域事業者が参加した。こうしてワークショップで議論した内容を取りまとめ、①人材の確保・育成に関する支援、②経営基盤の強化、③地域間連携の強化、④ブランド力の強化、⑤情報発信力の強化の五つの基本方針を柱とした、振興計画を完成させた。

さらに、これらの実現に向けて人材・経営基盤の強化を考える「キャリアアップ部会」と地域間連携・ブランド強化・情報発信を考える「イメージアップ部会」の二つの課題別小委員会を立ち上げた。構成メンバーは、運営部会やワークショップに参加した事業者を中心とし、ワークショップで明らかになった課題に対する行政、地域事業者の双方に必要な取り組みを議論した。例えば、広陵町では、ブランド力強化の支援策として、新商品開発に向けた試作品製作や店舗の創業を行うための補助金を用意していた。しかし、これまでほとんど申請者がいなかった。そこで、「イメージアップ部会」では、今ある支援の課題を議論した。その結果、申請にかかる事務手続きの負担が大きい割に、補助率が低い点や、機器類の導入にあたり、経済的な負担を考慮し、リユース品を購入する企業が多い中、補助対象が新品にかぎっている点などの課題が洗い出された。二つの課題別小委員会により、施策の検討が行われ、二〇一九年一一月、提言書が完成した。

## 真価が問われたコロナ禍

振興計画が承認されて三か月後、世の中は、新型コロナ感染症の蔓延によって、大きく翻弄された。広陵町内の経済活動は停滞し、当初予定していた中小企業振興計画を進めることはおろか、事業者が何に困り、何を求めているのかすら想像がつかず、何から手をつけたらよいのかさえ分からなかった。そこで二〇二〇年三月、振興会議メンバーは、誰ともなく現状の課題を明らかにする必要性を訴え、近況の情報交換のため集まった。その結果、業態によってその影響はまちまちで、支援の必要性やあり方も複数の可能性があることが示唆された。また、新型コロナ感染症が一過性のものだろうと安易に考え、特段対策を練っていない事業者も少なくないのではないかといった話も聞かれた。事業者の現状を正しく理解し、支援のあり方や互いにできる助け合いを把握するために、事業者の現状等を把握するアンケート調査を即時実施することを決定した。緊急アンケートに回答した一三七社のうち、およそ九五％の事業者が新型コロナ感染症の影響により、マイナスの影響が出ている、今後マイナスの影響が懸念されるとしていることが分かった。傾向を分析し、減産を余儀なくされた靴下産業や大打撃を受けた飲食業者等への支援措置を、町役場と事業者が一体となって考え、実施した。

その後も人々の想像以上にコロナ禍の混沌とした数年を経験したが、毎年、状況が変わるごとに、町・事業者それぞれが取り組むべきもの及び協働で取り組むべきものをまとめ提言書を提出した。

## 誰も止めなかった歩み

新型コロナ感染症の影響により、世の中の多くの事柄が停滞した中、広陵町の地域振興計画は一度も止まることなく進み続けた。主な勝因は二点あると考える。一つめは、現状を調査し把握した上で、実現に向けて取り組み、計画に不都合が生じた場合は見直すといったアジャイル型の運営が行えた点である。これらの一連の流れは、一度、条例制定過程で通った道である。やり方がわかっていたからこそ、そして何よりも、互いの立場を理解し、主体的に物事を議論できる垣根を越えた仲間がいたからこそ、先行き不透明な世の中で、一度も立ち止まることなく条例の理念を胸に前に進んでいけたのではないかと考える。二つめは、重ねシロを持った人材配置である。複数の組織が持続的に協働することは困難である。先進事例地でさえ、担当者が変わるとトーンダウンしている事例が散見された。広陵町では、どの組織も複数名で担当しており、担当者の交代に際しても、必ず一年以上の重なりシロを設けていた。これらのことが、活動に対する方向性や熱量を直に感じ、円滑な引き継ぎに繋がっているのではないかと考える。

核となるメンバーの結束力は高まり、その周りを囲む人々の層も厚くなりつつある。しかし、まだ十分とは言い切れない。課題は事業者ごとに大きく異なる。今後ますます見通しが立たない世の中で、いかに多くの方々の共感を得ることができる活動に成長できるかが、今後の鍵である。

**注**

1　本稿をまとめるにあたり、奥野皓晴（二〇二二年）「中小企業振興条例の取り組みの系譜―広陵町を事例として―」畿央大学卒業論文を基にした。ヒアリング調査にご協力くださった奈良県中小企業家同友会、広陵町商工会、広陵町役場の皆様に厚くお礼申し上げます。また、丁寧にまとめあげた奥野氏に感謝を申し上げます。

# Ⅱ

# 子育てしやすいまちづくり

# 1 地域における子ども主体の生活づくり・まちづくり

松本歩子

## 「子育て支援」から「子ども支援」へ

「こどもまんなか」社会を実現することを目標に掲げ、二〇二三年四月、こども家庭庁が発足した。これまでわが国の子ども施策は、仕事と家庭の両立支援など親（大人）への「子育て支援」の観点から検討がなされる傾向が強かった。しかし子どもの権利保障の観点から、子どもを主体として認識し、当事者である子どもの意見を聴き、政策に反映することを目指す「子ども支援」の視点が今、加えられ始めている。

筆者はこれまで、女性の社会進出や核家族化の進行、子どもを狙った犯罪の増加や三間（時間・空間・仲間）の喪失など、子どもの生活環境が変化する中で、学校でも家庭でもない「放課後（＝課業から解き放たれた時として夏休み等含む）」の時間に、子ども（主に小学生）の豊かな生活環境を地域でいかに保障していくかについて、国内外の学童保育やその他の放課後環境に関する調査研究を行ってきた。その中でも、子どもの権利条約の一般原則（とくに「子どもの意見表明権」）が根付いていることと、放課後の豊かさには関連性があることを感じてきた。それは、子どもが主体となり「市民参画」できることと、地域の豊かさとが関係するとも言いかえられる。

本稿では、日本の子どもの権利保障の視点と課題を子ども家庭庁の方針から整理するとともに、意見表明権等が保障された子ども主体の放課後環境の事例を把握・検討することを踏まえ、今後の子ども主体の生活づくり、まちづくりの展望を探りたい[1]。

## 子どもの権利と日本の現状

### 子どもの権利条約とは

国連子どもの権利条約（児童の権利に関する条約）は、一九八九年に国連総会にて採択された国際条約であり、子どもを「『権利の主体』だという考え方に大きく転換させた条約[2]」である。五四ある条約の中でも、とくに子どもの権利を尊重し実践していく上で、第二条「差別の禁止」、第三条「子どもの最善の利益」、第六条「生命への権利、生存・発達の確保」、第一二条「子どもの意見表明権」は、常に忘れてはならない「一般原則」として位置づけられている[3・4]。

日本政府は本条約に一九九四年に批准したものの、その後、国連からの指摘を受けながらも、長らく国内法は制定してこなかった。その背景には、この条約が紛争国や途上国のためのもので日本には必要ないという感覚があったこと、そして当時の荒れる学校の現場において子どもに権利を教えることへの不安の声等があったと言われている[5]。

二〇一六年にようやく改正児童福祉法に「子どもの権利条約」を基本理念とすることが明記され、二〇二三年施行の子ども基本法の基本理念にも位置づけられた。

## こども家庭庁が描く子どもの権利保障の視点と課題

二〇二三年一二月、こども家庭庁こども家庭審議会「こどもの居場所づくり部会」では主に小学校就学以降のこども・若者を対象とした「こどもの居場所づくりに関する指針（答申）」（以下「指針」）が、こどもや若者等の意見も聴き作成された。

その中ではこども・若者が「できるだけ多様な居場所を持てるよう支援」することが必要であるとされ、「居場所はこども・若者本人が決めるものである」こと、「こども・若者が分かりやすく選べるよう情報が整理され、自分のニーズに適した場を探せるようにする」ことなどが目指されている。

これらは、子どもの権利条約の一般原則のとくに第一二条「子どもの意見表明権」を踏まえた内容であると考えられる。しかし、大人が用意した多様な選択肢の中から、子どもが探したり、選んだりすることが本当に子どもの意見表明権を保障した居場所になるのだろうか。

なお、学童保育（放課後児童クラブ）も、この「居場所づくり部会」に、児童館や、青少年センター、子ども食堂、学習支援の場などのさまざまな居場所とともに位置づけられ検討することが求められている。しかし、指針においては、「遊びの重要性」と、「多種多様な体験の機会の充実」が強調され、学童保育で大切にされている子どもの「生活」という要素は出てこない。子ども一人ひとりがやりたい遊びや体験を「選ぶ」ことばかりが重視され、多様な子どもたちが、ともに地域で継続した生活を営み、生活を創るという視点はみられない。

加藤[6]は、Peter Mossらの研究を踏まえ、乳幼児の子どもの声を保育者が聴く場合について「子どもを中心に置き、子どもの権利を保障するという見せかけの仮面の裏で、大人の注視の下に子どもを置き、より効果的に子どもを統制する手段としてリスニングが機能させられる危険性がある」と指摘している。今回の指針の、多様な居場所から子どもが選び決められるようにという方針も、この大人の管理・統制を強めることを意味しないかが懸念される。

加藤はそれらを脱する方法として、一つの正解を求めて展開される「閉じられた話し合い」ではなく、子どもたちが話せば話すほどイメージが広がるような「開かれた話し合い」を行うよう大人が意識すべきだと、子どもの参画のあり方について提案している。

## 子どもが参画する学童保育実践

特定非営利活動法人学童保育協会編『遊びをつくる、生活をつくる。―学童保育にできること―』[7]では、子どもが主体となって学童保育をつくる実践事例が多数紹介されている。子ども同士がお互い気持ちよく生活していけるように、掃除や片付けのルールづくりや変更を子どもたちで行ったり、話し合いの場面で落ち着けない子の事情を踏まえた特別ルールを検討したり、いろんな人とのかかわりの中でお互い心地よく生活していけるように、地域の人から出た意見（苦情）を踏まえて、公園での遊び方を考えたりなどの実践がみられる。大人が意図して管理・統制した話し合いではないため、「片付けていない部屋は使えない」というルールの結果、すべての部屋が使えなくなり、廊下に子どもがひしめき合う日ができたり、心を落ち着けるために氷を舐める文化ができたり、大人の想定を超える内容で子どもたちが楽しみながら自治を組織している姿がうかがわれる。話し合いの文化が根付くこの実践には、「話し合いをしながら自分たちの手で生活を創りだしていくことが、自分も他者もみんなを大切にすることだと感じてほしい」という指導員の願いが添えられている。

## 子どもが選ぶ放課後生活をどう考えるか

子どもの権利を保障する上で、上述の学童保育実践のように、大人が生活を管理するのではなく自分たちで生

**写真Ⅱ-1-1　スウェーデンの学童保育**（左：低学年用、右：高学年用）
出所：筆者撮影、以下同じ。

**表Ⅱ-1-1　スウェーデンの放課後施策における生活拠点**

| 年　齢 | 学　校 | | 放課後の生活拠点 |
|---|---|---|---|
| 6歳 | 基礎学校 | 就学前クラス | 学童保育 Fritidshem |
| 7-9歳 | | 1-3年 | |
| 10-12歳 | | 4-6年 | 高学年用学童保育 Fritidshem 又は、公開余暇センターÖppen Fritidsverksamhet |
| 13歳以上 | | 7-9年 | 余暇ガーデン Fritidsgörd |
| | 中等教育 | | |

出所：筆者作成。

活を創りだしていく環境を放課後に保障することの意義は大きい。ただし一方で、文化芸術活動やスポーツ活動を楽しむ機会がほしいという子どもの願いがあるのもまた事実である。

　子どもの権利への認識が高く、女性の就労率が高い北欧の国スウェーデンでは、それら二種の子どもたちの想いを踏まえた、まちづくりがなされている。自治体において各小学校内に子どもたちが生活主体となる「学童保育」（低学年用と高学年用がある。高学年用は中・高校性の居場所とともに地域に位置づいている場合もある。**表Ⅱ-1-1**、**写真Ⅱ-1-1**）が整備されるとともに、文化芸術活動やスポーツの場が地域に整備されている（**表Ⅱ-1-2**、**写真Ⅱ-1-2**）。

　「文化芸術活動」は、地域のカルチャースクールがプロから本格的な文化芸術活動（各種楽器・歌・ダンス・演劇）を学べる場として機能している。公設公営であるため、

写真Ⅱ－1－2　公立カルチャースクールの貸出楽器と舞台

表Ⅱ－1－2　スウェーデン・ストックホルム市の文化芸術・スポーツ活動施設

| | |
|---|---|
| 文化芸術活動 | 公立カルチャースクールが8か所。本格的な舞台あり。レッスン時に貸し出す各種楽器、演劇衣装などが揃う。 |
| スポーツ活動 | 公立施設数：サッカー場200、体育館200、屋内プール30、屋外プール5、陸上競技場1、アリーナ1 |

出所：筆者作成。

安価な利用料で六～二二歳までが利用できるようになっている。カルチャースクールから遠方のエリアでは、小学校に講師が派遣され教室が開校される例もある。

「スポーツ活動」は、父母など地域住民がフレキシブルな働き方を活用し、平日にボランティアでコーチをしながら運営しているものが多い。スポーツのための公設施設（体育館、屋内プール、屋外プール、陸上競技場、アリーナなど）が地域に充実しており、施設を個人で利用する際は有料であるが、子どもが対象のスポーツクラブは無料で借りることができるため、無料か安価で子どもたちも参加できる。

現地で話をうかがうと、低学年の間は基本、毎日を「学童保育」で過ごす子どもが多いが、学年が上がるにつれ、興味関心によって、より専門性の高い文化芸術活動やスポーツクラブにも参加する子どもが増えるようである。

自治体が各地域の文化芸術活動やスポーツ活動を支えることにより、子どもたちが参加することも辞めることも、経済的な制約を受けずに自分の意思によって行える環境は、家庭の経済格差や地域格差が放課後の体験格差につながっているとと指摘されているわが国において学ぶ点が多いだろう。

なお、ヨーロッパ諸国では、文化芸術活動については、子どもの頃からプロによる本物に触れることで、それを楽しめる大人となり、守り支える存在となるという考え方がある。またスポーツ活動については、生涯スポーツとして地域の大人も子ども気楽に楽しめるものとして地域に位置づいているようである。生活の豊かさとしての「余暇」（多様な体験の機会）を子どもにも大人にも保障していくための地域の選択肢は、わが国の各種対策としての「居場所づくり」の選択肢とは少し位置づけが異なっている。児童福祉・子どもの権利の観点から必要な環境を確実に保障することを軸にしながら、個々の生活の豊かさを広げる多様な選択肢を整備する検討が求められる。

## 子ども主体の生活づくり・まちづくりの展望

近年、わが国では新自由主義による民営化の流れが強まる中で、子どもたちの放課後環境においてもサービス産業化＝住民のお客様化が進み市民参画の機会が減少している。学童保育等の「運営を共同ですることは、多くの保護者にとっては強い負担感が先立つようになっている」と西川[8]も指摘するよう、ＰＴＡや自治会等を含め、子育て中の保護者や若者が地域に参画する機会が失われてきているところが多い。このような子どもや保護者がサービスの受け手でしかない社会は、「苦情というものの言い方を増やし、それぞれが一人で頑張ってしまう暮らしになってしまう」ことにもつながると懸念されている。

紙幅の関係で深くは検討できないが、「孤独・孤立対策推進法」が二〇二四年四月に施行されるなど、孤独・孤立の問題が若者にも広がる今の日本社会において「相互に支え合い、人と人との『つながり』が生まれる社会[8]」を構築していく上でも、本節で取り上げた真に子どもの権利を保障した居場所として、学童保育のように、子どもが参画する、子どもが主体となった生活づくり・まちづくりが行われる場が持つ意義は大きい。自治のあり方を子どもたちが経験し学ぶことは、地域において多様な人々と共生する未来を紡ぐことへと確実につながるだろう。子どもの権利を大切にする社会は、私たち一人ひとりの権利も大切にする社会へとつながる。こども家庭庁ができた今こそ、人々が主体的に生活することや生活の豊かさについて改めて社会全体で考えていきたい。

**注**

1 本稿は、松本歩子「学童保育における公共性の確保と自治体の責任」『おおさかの住民と自治』二〇二四年二月号、大阪自治体問題研究所に加筆したものである。
2 ユニセフウェブサイト「子どもの権利条約」https://www.unicef.or.jp/crc/。
3 安部芳絵「子どもの権利条約と学童保育」『日本の学童ほいく』二〇二三年一一月号。
4 安部芳絵『子どもの権利条約を学童保育に活かす』高文研、二〇二〇年。
5 大谷美紀子「世界と日本における子どもの権利をめぐる動き」『JRIレビュー』七巻、七九号、二〇二〇年。
6 加藤繁美『保育の中の子どもの声―自分の声を聴きとられる心地よさ、多様な声を響き合わせるおもしろさ―』ひとなる書房、二〇二三年。
7 楠凡之・岡花祈一郎・特定非営利活動法人学童保育協会編『遊びをつくる、生活をつくる。学童保育にできること』かもがわ出版、二〇一七年。
8 西川正『あそびの生まれる場所―「お客様」時代の公共マネジメント』ころから、二〇一七年。
9 内閣官房「孤独・孤立対策推進法」(二〇二三年五月三一日成立、二〇二三年六月七日公布) 概要。

# 2

## カナダで最も弱い立場に立たされている子どもたちの権利

畑千鶴乃

### オンタリオ州人権委員会（ＯＨＲＣ）意見書を提出

二〇二三年七月、カナダ・オンタリオ州ではある出来事が起きた。州人権委員会（ＯＨＲＣ）が州政府に対して意見書を提出したのである。ＯＨＲＣが二〇一八年に公表した「中断された子ども時代―オンタリオ州の児童福祉における先住民族と黒人の子どもたちの過剰代表―[1]」という調査報告書（報告書）を添え、このなかに盛り込まれた提案事項を緊急にも実施するよう求めているのである。これは州政府が制定した児童福祉を規定する The Child, Youth and Family Services Act（子ども・若者・家族サービス法、ＣＹＦＳＡ）を政府自身が見直す過程においてＯＨＲＣが意見提供したものである。ＣＹＦＳＡは「定期的に本法の見直しを行うものとする」と規定している。そのため州政府は五年ごとに本法を見直し、検討結果を公的に報告すると義務付けている。見直しはＣＹＦＳＡが二〇一八年に制定され初めての機会であり、二〇二四年一月に見直したものが公表される予定である。

州政府はＣＹＦＳＡの見直しに向け州で解決されるべき、六つの重大な子どもと家族の福祉問題に本法の見直すべきは何か評価しようとした。①子どもとユースの権利／サービスを受ける子どもやユースがどのように権利を尊重されているか、②先住民族、イヌイット、メティス／子どもと家族へのサービスが先住民族の人たちの自己決定権を促進させ、サービスがどの程度義務を果たせているか（先住民族の文化にふさわしいサービスを提供し、先住民族コミュニティとの協議ができているか）、③社会的公正と反人種主義／児童福祉サービスが過剰に利用されている現状への対応と社会的公正および反人種主義をさらに定着させる、④介入と地域ベースのケア／家族の福祉、コミュニティベースでのケア、性的搾取から守ることを含んで、包括的な早期介入サービスへのアクセスを向上させる、⑤質の高いサービス／とくに家庭外でのケア、ユースが社会的養護から巣立つ時のケア、反人身売買に焦点を当てたサービスの質の向上を継続させる、⑥説明責任／見通し、ガバナンス、財政状況、データ、成果測定や成果指標を通じて、より大きな説明責任を果たす。つまり州政府が確実に解決すべき喫緊の政策課題と認識しているという意味をもつ。そこで州政府はこの機会にＯＨＲＣに意見提出を求め、ＯＨＲＣはそれを歓迎し州の子どもやユースの権利を保護する立場から意見提出を行ったのだ。

## 州の人権法と人権制度

ここで前述の取組みがどのような仕組みで成り立っているか、州人権法制度にふれる。カナダ初となるオンタリオ州人権法（州人権法）[2]は一九六二年に制定された。この州人権法は全州民が、人種、家系、出身地、肌の色、民族的出身、市民権、信条、性別、性的指向、性自認、性表現、年齢、配偶者の有無、家族の有無、障がいによる差別を受けることなく、尊厳をもって平等に扱われる権利があるとし、住まう場所、契約、雇用、商品、サービス、施設、労働組合、業界団体、専門職団体の会員などあらゆる機会における差別を禁止する。

ＯＨＲＣは構造的に根深くはびこる差別的慣行や制度を特定して撤廃し、それを終結させることを目的に設置されている。州の政策を改善させる活動を行う、絞り込んだ対象に向けて教育を提供する、人権を監視する、調査活動をするなどを主な業務としており、権限として差別を特定するための調査権、捜査権、および改善を迫る勧告権がある。州全体の公共の利益に影を落とす差別的問題については、独自に法廷に訴訟をもちこみ、法廷での人権訴訟に介入する権限ももつ。

州民の権利が侵害されていると考えられる時、州人権裁判所に直接申し立てを行うことができ、その人権が侵害されているか、侵害されている時の最善の方法を決定する場である。その際具体的な法務支援を行う機関が人権法務サポートセンターの存在である。法廷訴訟の際のアドバイスやサポートや法定代理を行い、法に特化して人権保護への支援を行う機関と言ってよい。

## カナダ全土に影を落とす黒人、先住民族、人種化された子どもたちが社会的養護につながる割合の高さ

OHRCは先述の報告書を添えて、黒人、先住民族、人種化された子どもたちが社会的養護制度の中で過半数を占めている深刻なアンバランスさに警笛を鳴らし、CYFSA見直しの機会を捉えて意見を出した。カナダではこれを「児童福祉制度における特定の人種グループの過剰代表」と称し、構造的な差別問題として一九七〇年代からすでに記録され、その後も研究や活動が粘り強く訴え続けたことが、最近になって着目されるようになった[3]。

州人権法では前述のとおり人種を含んでいかなる理由でも差別を禁止する。その「人種」を、生物的な現実であるというよりは、社会のなかで一部の人々を疎外することを引き起こすグループ間の差異であり、社会的に構築されるものであると説明する[4]。そして先住民でも白人でもない人々を「人種化された人々」(racialized people)

と呼ぶ。「人種化」とは「経済的、政治的、社会生活的にも重要な意味をもって現実に存在し、異なり、不平等であるものとして、社会が人種を構築する過程である」と定義し、人種的マイノリティや可視化されるマイノリティ、有色人種といった表現よりもむしろ広く用いられている。理由は、目に見えて識別される特徴に基づいて人々を呼ぶのではなく、社会的な構造として人種を表現しているからだと説明する。[5] つまり先住民族、黒人、人種化された子どもたちが社会的養護に過剰につながる州の構造的差別問題を生み出す法制度、政策、慣行、意識を撤廃させ、この差別を終結させなければ、社会的養護制度におけるこの特定の人種の過剰代表問題は解消されないことが根本的問題なのである。以下その実態を表す言及を報告書より引用する。[6]

「虐待やネグレクトが心配されて児童福祉当局が養育者から子どもを引き離すことは、子ども家族や家族、コミュニティなど子どもに関わるみなにとってトラウマ的で悲劇的である。社会的養護に入ることは、子どもたちの逆境を乗り越えて成長するこれからの力に、ネガティブな影響を与えかねない広範囲な結果をもたらす。安全を守るためにケアにつながる必要がある子どもがいることは残念な現実である。しかし度が過ぎて、特にファーストネーション、メティス、イヌイット、黒人、その他の人種化された家族が社会的養護制度に組み込まれ、子どもが引き離されることには懸念を抱く。それは制度が子どもたちの思いやニーズにあっておらず有害であり、差別的であるかも知れない。この数十年、先住民族、黒人、人種化された家族とコミュニティは彼らの子どもたちが児童福祉制度で過剰に割合が高いことに警笛を鳴らし、州で主流をなす児童福祉サービスに対して信頼を欠いている結果であると表明してきた。（中略）先住民族、黒人、ラテンアメリカ、西アジアの子どもたちは白人の子どもたちよりマルトリートメントによって調査の対象になる確率が高い。先住民族や黒人の子どもたちにとって、他のサービスを受けるか、社会的養護につなげるかなどの意思決定までこのような格差があり続ける。（中略）二〇一六年、社会的養護で暮らす一五歳未満の子どもの半数以上（五二・二％）が先住民族の子どもだった。しかし先住民族の子どもたちの人口は同年齢人口の七・七％に過ぎない。（中略）植民地主義、奴隷制、人種差別が与えた世代をまたぐ影響のひとつである低収入は、養育者や家庭のリスク要因と強く関連する。オ州では、これらの家族が食費、住居費、光熱費の捻出に困って調査の対象となった場合、倍の割合で保護の対象となる。貧困と人種が交差する。研究では貧困で暮らす白人の子どもと貧困で暮らす人種化された子どもとの間には社会的養護につながることに対し格差が存在することを示している。多くの先住民族、黒人、人種化された家族、コミュニティ、アドボキットらが社会的養護制度のなかにある構造的な人種差別が(温存に：筆者注)重要な役割を果たしてきたと懸念を示してきた」。

## 人種化された子どもたちの過剰代表問題

こうした児童福祉制度に黒人である自分たちが多くつながることへの懸念と、自分たちの経験に即した支援の強化を求めて、黒人ユースコミュニティとして声をあげたHair Story Rootedプロジェクト[7]では「同様の人種のなかで自分が養育されることで人種的、文化的、宗教的なつながりを維持することができる。例えば同じ言葉を話し、慣れ親しんだ同じ種類の食べ物を食べ、同じではないにしても家庭の伝統が非常に似ている家族と一緒に暮らすのである。それが子どもたちのアイデンティティを強化し、コミュニティとのつながりを維持することにつながる」とし、人種に基づいて経験してきた自分の暮らしの上での養育問題を発信し、どう対処することが制度上望ましいか、当事者の立場から表明し政策上の議論に乗せようと尽力してきた。またバルフィらの研究[8]では、州の児童福祉制度の下で成長してきた二五名のカリブ海の国々にルーツをもつ黒人ユース（一六歳〜二六歳）の生の経験を捉え、里親宅でケアを受ける時の養育者の人種の重要性を実証している。ユースたちの声や意見を分析した結果として、「社会的養護下にある黒人ユースの割合の高さ、登録している里親数の限界、白人中心の子育て文化形成モデルへの児童福祉制度が根本にあることで、今後も人種を超えた養育が続く見込みが高いことを考慮すると、州では人種を超えた養育を受けている子どもやユースへの支援を強化することが早急に必要とされる[9]」と結論づける。

州では、人種格差のなかで黒人や先住民族、人種化された子どもたちが社会的養護制度の下で暮らす割合が不釣り合いに高く、それは人種格差を生む法制度、政策、慣習のなかで温存されてきたと当事者の声や研究などから表明されてきた。そして家庭から引き離されたその子どもたちは自分のルーツとは違う文化性をもつ里親家庭のなかで同化する現実を突きつけられる。子どもたちの健やかな発達を促す支援やコミュニティ、その子自身がこう暮らしたいと願う声を奪われたなかで暮らさなければならない。その状況を撤廃すべく州の児童福祉法定期見直しに合わせて州人権委員会は意見書を提出して抜本的変革を迫る。子どもにとって解決されるべき根本的な児童福祉問題であり、北米ではこれら問題を解決すべき政策研究が二〇〇〇年以降精力的に手掛けられてきた。この問題は現在進行中であり、抜本的な法制度的転換を求められる州はこの冬に何を打ち出すのか、注目されている。

## 日本に対する示唆

これは「多文化」と象徴されるオンタリオ州で起こっている現実であり、黒人や先住民族、人種化された家族のなかで起こっている不正義である。それは先述のとおり、植民地主義、奴隷制、人種差別が強く結託して、世代を超え影の影響を落とす貧困として養育者や家庭に現れる。貧困と、住居環境の不十分さや保育が確保できないなどの貧困と関連するさまざまな要因で虐待的環境が生まれ、家庭がもつ子育てリソースも少なく虐待のリスクが増大し、児童福祉の介入が必要となる悪循環が温存されてきた。つまりこれら家族がおかれている貧困と、そのさらなる背景を人種との関係で実証し、その交差へメスを入れなければ、個人レベルでの親責任の追及では解決できないとカナダは示唆している。しかし多くの人種が暮らすカナダの社会的養護の人種過剰代表問題と、措置後の里親家庭で起こる人種問題は菊池、畑[10・11・12]の言及以外には、日本ではほぼ見当たらない。この構造的に生み出される児童虐待問題への解決の議論を日本もさらに強化することで、親一個人に帰される解決の方法からさらに脱却し得る。

筆者自身トロントメトロポリタン大学で研究しながら、本問題に精力的に取り組む同僚の研究に大変影響を受けた。その子のルーツを尊重すること、その家庭の文化に即した子育て支援が豊富にあること、家庭から離れて暮らす時はその子の文化に合った社会的養護の仕組みのなかで安心して暮らすこと、社会的養護を巣立つ時もその子の文化に合った支援につながること、たくさんの人種が暮らす社会のなかでその人が希望する支援が当たり前の世の中になるために、その挑戦を続ける当事者ユースと支援団体、研究を今後も日本へ紹介し続けたい。

最後に、カナダで暮らす社会的養護の子どもたちの生の声と抜本的制度変革を目指す動向を紹介できたのは、二〇一〇年初頭に中山研究室として初めてカナダ調査に送り出してくださったことがご縁となり、カナダ調査を行うことができたお陰である。弱い立場におかれるカナダの子どもたちの状況は人種と貧困が交差し、制度につながってからも自分のルーツを尊重されずにアイデンティティ・クライシスに陥る問題は、構造的に見直される必要がある。それは最も弱い立場に立たされた人たちの声が最も尊重されるコミュニティづくりを目指した中山研究室の視座そのものである。カナダから改めて感謝の思いをお伝えし、締めくくりたいと思う。

**注**

1 Interrupted childhoods: Over-representation of Indigenous and Black children in Ontario child welfare 2018, The Ontario Human Rights Commission (OHRC) (https://www.ohrc.on.ca/en/interrupted-childhoods)

2 Human Rights Code, R.S.O. 1990, c. H.19 (https://www.ontario.ca/laws/statute/90h19)

3　Edwards, T., McManamna, N., & King, B. The absence of language: A critical race discourse analysis of Ontario's child welfare legislation and the impacts on Black families. Child Abuse & Neglect, 2023.
4　Report Interrupted childhoods: Over-representation of Indigenous and Black children in Ontario child welfare 2018, p.11（https://www.ohrc.on.ca/en/interrupted-childhoods）
5　同上、Report Interrupted childhoods, p.11.
6　同上、Report Interrupted childhoods, pp.6–11.
7　Hair Story Rooted (pdf) A Firm Foundation for the Future of Black Youth in Ontario's Systems of Care, p.51.（https://ocaarchives.wordpress.com/initiative-reports/）
8　Akuoko-Barfi, C., McDermott, T., Parada, H., & Edwards, T. "We Were in White Homes as Black Children:" Caribbean Youth's Stories of Out-of-home Care in Ontario, Canada. Journal of Progressive Human Services, 32(3), 2021.
9　Akuoko-Barfi, C., McDermott, T., Parada, H., & Edwards, T. 2021.
10　畑千鶴乃、菊池幸工、藤野謙一『子どもアドボカシー―つながり・声・リソースをつくるインケアユースの物語―』明石書店、二〇二三年。
11　畑千鶴乃・大谷由紀子・菊池幸工『子どもの権利最前線カナダ・オンタリオ州の挑戦―子どもの声を聴くコミュニティハブとアドボカシー事務所―』かもがわ書店、二〇一八年。
12　菊池幸工「第３部　カナダ・オンタリオ州の児童家庭支援における情報共有について」『令和元年度研究報告書　児童虐待対応における海外の情報共有システムについて（オーストラリア、イギリス、カナダ）』子どもの虹情報研修センター、二〇二〇年。

# 3 インクルーシブな子どもの居場所の可能性

宮地由紀子

## 子どもを取り巻く環境の変化と居場所

子どもを取り巻く環境の変化により、地域における放課後の子どもの居場所も様変わりしている。子どもの居場所であり、遊び場となっていた広場や空き地は都市開発で無くなり、外遊びをする子どもが減っている。かつては家の周りや道路、空き地など、地域のなかでいわば自然発生的な多くの遊び場があった[1]。

厚生労働省「第九回二一世紀出生児縦断調査二〇一〇（平成二二）年出生児」では「子どもが放課後どのように過ごしているか（複数回答）」という質問について、「自宅」と回答した割合は七七・二%で、順に「習い事・スポーツクラブ・学習塾等」四〇・七%、「公園」三四・六%、「子どもの友だちの家」二九・一%、「学童保育」二六・三%となっている。二〇〇一（平成一三）年出生児と比較すると、「子どもの友だちの家」、「空き地や路地」、「自然な場所（原っぱ、林、海岸など）」が半減する一方、「学童保育」の割合が増えている。

子どもにとっての放課後とは、学校が終わり家に帰るまでの帰り道や家庭での時間で、どのように過ごしてもよいものであった。池本は放課後の自由な時間に「子どもは人格形成や情操教育につながるさまざまな体験をしていた。家庭での手伝い、地域での異年齢の子どもや多様な大人との出会い、自発的な遊びや自然体験などを通して、責任感、忍耐力、チームワーク、自信、体力・運動能力、コミュニケーション能力、創造力、集中力を得たり、ストレスを発散したりすること」[2]ができたと述べている。

現在の子どもは学校が終わり、そのまま学校の居場所（放課後児童クラブ）にいる。学校から家に帰り、塾や習い事に行く、または家でテレビゲームをするなど放課後の過ごし方も変化してきた。その要因として①子どもたちの遊び場であった空き地や路地、原っぱや林などの自然がなくなり遊ぶ場所が変化している、②少子化により兄弟姉妹や地域で一緒に遊ぶ子どもの数が少なくなっている、③共働き世帯の増加や人間関係の希薄化により子どもを見守る地域社会の機能が低下している、④子どもが巻き込まれる事故や事件があり保護者が安全な居場所を求めているなどがあげられる。

地域で子どもが群れて遊んでいたような自然発生的な居場所はすでになくなったといえるのであれば、子どもが放課後に獲得していた人格形成や情操教育につながるさまざまな体験をどのように構築していくのかが問われている。

一方、障がい児の放課後の過ごし方については十分に議論されることがなく、在宅家族介護を前提とした福祉サービスに位置づけられてきた。障がい児の家族は常に介護者や準治療者といった役割を期待されており、家族の就労を含めた生活支援の視点で捉えられている。障がい児への健やかな発達への支援と家族それぞれが自分らしさを表現できる場所や時間を生み出せることが必要である。とくに地区内の小学校と分離された特別支援学校に通う障がい児にとっては、同じ地域の子どもと共に過ごせるサードプレイス（第三の場）としての機能が有効であり、障がい児が地域から切り離されないようなインクルーシブな居場所が求められている。

## 障がい児の放課後の居場所施策

厚生労働省は二〇〇一年から放課後児童クラブでの「障害児受入促進試行事業」を始め、障がい児を受け入れるクラブには専門的知識等を有する指導員を配置するために必要な経費を上乗せ補助することとなった。二〇〇六年には「放課後子どもプラン」が策定され、放課後に子どもたちの安全で健やかな居場所づくりを推進する目的で、「放課後児童健全育成事業（放課後児童クラブ）」と「放課後子供教室」を一体的あるいは連携して実施することになった。さらに二〇一四年にはすべての児童が放課後を安全・安心に過ごし、多様な体験・活動を行うことができるよう、一体型を中心とした整備を進めるため「放課後子ども総合プラン」が策定され、二〇一五年には「障害児受入強化推進事業」の創設により障がい児を五人以上受け入れる場合に加配できる制度が開始されている。

厚生労働省の実施状況調査によると、放課後児童クラブにおける障がい児の受け入れ状況は、二〇一五年では全体のクラブ数二万二六〇八クラブ（登録児童数一〇二万四六三五人）のうち障がい児受入クラブ数は一万二一六六クラブ（五三・八％）、障がい児数は三万三五二人（三・〇％）である。利用できなかった待機児童数は一万六九四一人で、そのうち障がい児数は二一六人（一・三％）であった。[3] 二〇二二年では全体のクラブ数二万六六八三クラブ（登録児童数一三九万二一五八人）のうち障がい児受入クラブ数は一万五八〇一クラブ（五九・二％）、障がい児数は五万三八一三人（三・九％）である。待機児童数は一万五一八〇人で、そのうち障がい児数は一九六人（一・三％）である。[4] 二〇一五年と二〇二二年の調査結果を比較すると、全体の登録児童数は三六万七五二三人の増、待機児童数は一七六一人の減と希望する家庭は増加しているが、受け入れクラブ数も増加し整備されてきたことが分かる。障がい児の受け入れ割合も増加しており、障がい児の居場所として利用されるようになっている。

障がい児の放課後の居場所としては、一九九八年に障害児通園（デイサービス）事業が実施されているが、二〇〇六年から預かりの場合は日中一時支援、療育を行う場合は児童デイサービスⅠ型・Ⅱ型（就学児童の割合で決定）へと変更された。二〇一〇年の障害者自立支援法・児童福祉法の改正により「放課後等デイサービス」が創設され二〇一二年四月から施行されている。厚生労働省の社会福祉施設等調査[5]によると、放課後等デイサービスは、二〇一二年に二五八九か所（利用者四万一九五五人）であった事業所数が、二〇一七年には八九五七か所（利用者二二万六六一一人）と増加しており、障がい児の放課後の居場所としての機能を果たすことになった。この急激な拡大は、利潤を追求し支援の質が低い事業所や適切でない支援を行う事業所が増えているという指摘[6]を生み、厚生労働省は「放課後等デイサービスガイドライン」を作成した。

「日中一時支援」は障害者の日常生活及び社会生活を総合的に支援するための法律に定める地域生活支援事業（市町村任意事業）で、「障害者等の日中における活動の場を確保し、障害者等の家族の就労支援及び障害者等を介護している家族の一時的な休息」を目的としている事業である。その内容は、日中、障害福祉サービス事業所、障害者支援施設、学校の空き教室等において活動の場を提供するもので、任意事業のため実施は自治体に委ねられている。家族のレスパイトの意味合いが強いが、障がい児の放課後の居場所施策ともなっている。

児童館は、児童福祉法に定める児童厚生施設「児童遊園、児童館等児童に健全な遊びを与えて、その健康を増進し、又は情操をゆたかにすることを目的とする施設」である。一九六三年に市町村立の児童館に対する国庫補助制度が創設されて公営の児童館が増加し、二〇〇六年の設置数四七一八か所（公営三一二五、民営一五九三）をピークにゆるやかに減少している。二〇二一年は、四三四七か所のうち公営が二三八一（五四・八％）、民営が一九六六（四五・二％）で、全体に占める公営の割合は減少傾向にある。[7]

二〇一一年に出された厚生労働省の「児童館ガイドライン」によると、児童館の目的として「一八歳未満のすべての子どもを対象とし、遊び及び生活の援助と地域における子育て支援を行い、子どもを心身ともに健やかに育成すること」とされている。児童館の機能・役割としては、①発達の増進「子どもと長期的・継続的に関わり、遊び及び生活を通して子どもの発達の増進を図ること」、②日常の生活の支援「子どもの遊びの拠点と居場所となり、子どもの活動の様子から必要に応じて家庭や地域の子育て環境の調整を図ることにより、子どもの安定した日常の生活を支援すること」で、その活動内容として、①子どもが安心できる安全な居場所を提供すること、②子どもの自発的な活動を尊重し、必要に応じて援助することなどが定められている。

## 自治体施策としての居場所事業

筆者は、自治体の施策のなかで「子どもの居場所」がどのように位置づけられているのかを、子どもに関する条例を制定している自治体を対象に調査した。[8]

条例における子どもの居場所は、子どもが「安心」して、「自分らしく」過ごすことができる場所、自由に「遊び」、「活動」することや多様で豊かな「体験」ができる場所、さまざまな人との「ふれあい」や「交流」を通して人間関係を豊かにする場所、「自然に親しむ」ことのできる場所、「休息」して自分を取り戻すことのできる場所など、いくつかの機能をもたせた場所のことであり、自治体が自らもしくは住民や関係団体との連携支援により、居場所を確保、存続、充実することとなっている。条例を具現化する行政計画での居場所づくりの基本施策は、子どもの権利を保障し、子どもが健やかに育つための環境づくりを推進することである。主な事業は大きく四つに分けることができ、「放課後児童クラブ」、「放課後子供教室」の放課後子ども総合プランを中心としたもの、「児童館事業」を中心としたもの、その他の自治体独自の事業であった。

川崎市は「子どもの権利に関する条例」を定めており、それに基づいた行政計画である「子どもの権利に関する行動計画」で、子どもの居場所として子ども文化センター（児童館）や子どもの権利を実現する場所として子ども夢パークを設置している。自治体独自の居場所である子ども夢パークは、子どもが自分の責任で自由に遊び、学び、つくり続けていく子どもの居場所・活動拠点となる施設で、そこではひとりひとりが大事にされ障がいのある子どもの利用も可能である。

## インクルーシブな居場所の可能性

インクルーシブな居場所を実現するためには、障がいの有無を超えて地域のなかで多様な人々と交流ができ、地域から切り離されることのない場所として、自治体が実施する施策としての体制や機関間連携が重要である。

障がい児のみを対象とした放課後等デイサービスや日中一時支援は地域交流も少ない状況であり、放課後児童クラブや放課後子供教室、児童館や自治体が独自に設置した居場所などの一般施策を中心とした居場所づくり事業との交流が必要である。とくに地域の全ての子どもを対象とした児童館での各種講座、イベント、居場所事業への参加が有効である。

「インクルーシブな居場所を可能とする事業調査」[9]として調査した児童館事業では、自由来館以外に「放課後児童クラブ」、「子どもの居場所の提供」、「その他の居場所事業」を実施している児童館で、そのすべての事業において障がい児が利用している。

その要因として施設の有効的な空間利用、たとえば死角をなくす、一人になれる場所の確保などが行われていることや、障がい児が参加できるようにグループやクラブ活動の内容を選択しやすいように工夫していること、地域ボランティアの協力が得られており、子どもの状況により個別支援が行われていることなどが挙げられる。これらは子ども一人ひとりの状況の把握と支援方法を考慮することにより、合理的配慮の実施が可能となる。また、乳幼児から高校生、保護者や地域の高齢者までの利用があること、ＰＴＡや地域の青少年育成会、子育てネットワーク事業の実施により交流や共同活動が行われており、インクルーシブな居場所としての可能性が示唆された。

一方、児童館調査におけるインクルーシブな評価では、障がい児向けに施設設備が十分に整っていないことや専門職員がいない点が課題として挙げられている。児童館運営は、その自治体の予算や政策による影響を受けることが多いため、施設整備の改修費用など安定した財政基盤と運営体制の継続的・安定的な運営が必要である。公設民営や民設民営の児童館においても同様で、自治体が障がい児を含めた子どもの放課後等の生活保障や余暇活動などについて、子どもに関する条例制定や行政計画策定の場において十分に検討することが必要である。

児童館の専門職員として、「児童の遊びを指導する者」が配置されており、保育士や社会福祉士の資格を有する者となっている。子どもの放課後等の時間は遊びだけではなく、子どもの生活保障や保護者支援などの視点が必要で、障がい児を含めたすべての子どもに対してソーシャルワークを含んだより高い専門性が求められている。

二〇一八年に改正された「児童館ガイドライン」では、児童館の特性を①拠点性、②多機能性、③地域性の三点に整理しており、児童館がこれらの特性を生かし、居場所事業などを通じて地域の関係団体や専門機関と連携することで、障がい児を含めた子ども施策において中核的施設としての役割を担うことができる。さらに乳幼児や保護者への子育て支援の事業などを通じて就学前からの利用が可能な施設となり、障がい児を含めた子どもへの切れ目のない支援が可能となる。

障がい児が地域や他の子どもから切り離されないように、児童館や自治体独自の居場所などの一般施策での社会支援を進め、子ども期から共に過ごせるサードプレイス（第三の場）としての機能を有することにより、地域社会のインクルージョンが進んでいくと期待される。

## 注

1　明石要一「子どもの居場所はどう変化してきたか」『現代のエスプリ　子どものいる場所』至文堂、二〇〇五年に収録。

2　池本美香『子どもの放課後を考える』勁草書房、二〇〇九年。

3　厚生労働省「平成二七（二〇一五）年放課後児童健全育成事業（放課後児童クラブ）の実施状況」（五月一日現在）。

4　厚生労働省「令和四（二〇二二）年放課後児童健全育成事業（放課後児童クラブ）の実施状況」（五月一日現在）。

5　厚生労働省「社会福祉施設等調査」二〇一二年、二〇一七年。

6　厚生労働省社会保障審議会障害者部会第八三回資料において、たとえばテレビを見せているだけ、ゲーム等を渡して遊ばせているだけの事業所があるとの指摘がある。

7　厚生労働省「児童館数（公営・民営別）の推移」https://www.mhlw.go.jp/content/jidoukan202212.pdf

8　宮地由紀子・中山徹「子どもに関する条例と居場所づくり施策」『家政学会家政学研究』第一三〇号、二〇一九年。

9　宮地由紀子・中山徹「障がい児の放課後等の居場所づくり―施策からみるインクルーシブな居場所の可能性―」『こども環境学研究』第四八号、二〇二一年。

# 4

# 放課後児童クラブの職員としての一考察

南　泰代

## 放課後児童クラブとは

放課後児童クラブ（児童クラブ、学童クラブ、学童保育）は、児童福祉法における「放課後児童健全育成事業」の通称である。保護者が共働き等により昼間家庭にいない小学生を預かり、その遊びと生活を支援し健全育成を行っている。小学生が学校で一二〇〇時間過ごすといわれているが、放課後児童クラブで過ごす時間は一六〇〇時間といわれ、学校で過ごす時間よりも長い。

## 放課後児童クラブの準備調査

三重県は日本の真ん中にあたり、森林率も平均に近い地域である。A市は海から山に東西に長く、過疎地域も含む地域であり、平均的な地域と言える。二〇二一年二月青少年育成係とともに、放課後児童クラブ七か所を調査した。その後、二〇二一年三月七か所のうち五か所において、開所から閉所まで指導員の補助として筆者が現地調査に入った。児童の言葉遣いの悪さ、挨拶のできない児童、おやつ時でのマナーの悪さ、机に座ったり、飛びはねたり等生活面のしつけの悪さがどの施設でも通常化していた。児童は放課後児童クラブに行くより、自宅でゲームやユーチューブを見ている方が良いと回答した。また、指導員を宿題を見てくれる人としか見ていないような施設もあった。

## 放課後児童クラブの職員として調査

夏休み中の二か月間、放課後児童クラブの指導員として調査を行った。現状と課題を報告する。

このG小学校は一年生三組、二年生二組、三年生二組、四年生三組、五年生二組、六年生二組である。放課後になると、平日は三年生までの四〇人は学校の敷地内にある放課後児童クラブに、四・五年生の一三人は敷地外の徒歩七分の借家の第二クラブに登所する。夏休みは、さらに四年生が八人加わる。七時四五分から一八時四五分までの開所である。指導員は九人が八時間勤務、アルバイトは四人である。主任クラスは夏休みは八時間勤務、平日は四時間半勤務である。おやつは一日一〇〇円で、三種類を用意している。夏休み中お弁当を購入していたが、お金を払っていないのに「払った」とかいう保護者が出て中止になった。

### [ある日の一日]

七時四五分から保護者と一緒に男児一人が登所した。指導員は登所を記載する。八時に男児四人、女児二人登所した。七人はビデオとゲームに分かれた。九時半に二名欠席で、三八人になる。読書、折り紙、ゲーム、ブロック等を三名ぐらいのグループでしている。

一〇時一〇分前、指導員は外遊びに行く用意をさせ学年ごとに並ぶように指導する。一年生の男児がうろうろして整列に応じない。指導員は、「一番後ろに並びなさい」と指導する。しかし、途中に入ろうとするので、また注意をする。一〇時、施設は学校の敷地の端にあるので、すぐ運動場に出ることができる。指導員一人は内に残り、指導員四人は外に出る。高学年の児童も別の施設から運動場に来た。低学年と一緒にドッチボール、鬼ごっこ、蝉取り、蝉がら集め、鉄棒、遊具遊びをする。温度が三五度になったため、一一時までの外遊びは一〇時半で終了となる。施設に入り、体温を測り、消毒をする。児童は進んでロッカーから鞄を出して夏休みの宿題を始める。

指導員が「一一時まで遊んでいい、宿題はそれから」と言うが、運動場から戻ると宿題をする習慣があるので、宿題を始めた児童が多かった。児童は早く終わらせたいのか、ちょいちょいと宿題をする。答えが枠からはみ出ても気にしない。枠の中に小さく書いたり、読めない字を書く。鉛筆の持ち方はひどく、きちんと指導を受けていないようである。「丁寧に書こう」と筆者が言っても、「なんで丁寧に書かなあかんのや」「先生が読めたらいいと言っていた」「答えがあってたらいいと言われた」と言ってくる。「向こうに行け」と靴下を脱いで投げつけようとした男児もいた。答えを机の下に置いて答えをみながら宿題をする女児も二人いた。指導員は宿題を見るように指導されているが、このような態度を見ても注意をしない。早く終わらせることが重要視されているようだ。

二年生の女児三人が卓上ピアノを弾き始めた。しかし、一人が隅っこで静かにしているので気にかかって声をかけたが無言であった。一年生の女児が机でぐったりとしているので、水を飲むように筆者が声をかけた。しばらく、見守ったが元気がなかった。指導員は気にかけていない。

一二時、片付けが始まる。机の消毒を係の生徒がする。四人の係が、「いただきます」と手を合わせる。お弁当の時間が終わると読書の時間となる。一四時、自由時間となり、ゲームやお人形遊びをする。一五時、おやつの時間となる。一七時、外遊びの時間となる。一七時四五分に室内にもどり、テレビやＤＶＤを見て保護者の迎えを待つ。一八時四五分閉所した。

写真Ⅱ－４－１　Ｇ小学校と運動場

出所：筆者撮影。

写真Ⅱ－４－２　放課後児童クラブ施設内

出所：筆者撮影。

【ある日の一日】

八時、男児一人が登所し、机の用意を手伝ってくれる。九時四五分、全員登所した。DVDをみる児童が多く、ゲームをする男児も多い。一〇時、外遊びになるが、温度が三五度を超えたため中止になる。一一時、勉強時間となる。三年生の男児が大喧嘩となる。「言った」「言ってない」と大声で叫び合いとなり、指導員が声をかけたが止まらない。嫌なあだ名を言われたようだが、いつまでも言い合いで止まらない。A君に「ごめんなさい」と言わせるが、B君は「許さん」と怒鳴る。止まったと思ったら、今度は、B君は机の周りの子に怒鳴り始める。指導員が三人入るがなかなか止まらない。この男児は夏休みだけの児童で友達がいない。平日の関係ができてしまっているのでその中に入ることができない。送迎は祖母である。毎日毎日怒鳴っていた。「座って」という声があちこちから聞こえてきても怒鳴るばかりで座らない。筆者が思い切って、「先生が悪かった。ごめんね、座ってね」と頼むことにしたらやっと座ってくれた。

三年生のCさんは、同じ学年の女児と遊べない。初日から毎日、筆者に寄り添ってくるので驚いた。自分で作った何が何だかわからないような紙切れの人形や動物を持ってきて「遊ぼう」と言ってきた。しかし、何をどうしたら良いのか筆者にはわからない。傍に来た女児に代わってもらったが、やはりうまくいかなかったようだ。その後、卓上ピアノを持ってきて、「聞いて、聞いて」と言ってくる。ピアノもすぐ飽きて漫画を一人で読み始めた。その後も一人でいるか、男児と遊ぶか、一年生の女児と遊ぶ。お昼を食べる時も、一年生の女児のいる机に座り、あれこれ命令する。運動場でも一年生の女児の遊んでいる鉄棒の所に入って行く。そして、筆者を呼び、「見て」と技を見せる。しかし、一年生に、「退いて」と言われてしまった。

筆者が二年生の女児に、あやとりを教えていたら、他の女児が、「ほうきならできる」とやってくれた。その後、またやってきて、「やってみろ」と筆者に言う。「もう一回、きちんと言ってみよう」と言うが、「やれ」「やれ」と言ってきた。言葉遣いが悪い児童が多い。

【ある日の一日】

七時四五分、男児四人が来てビデオを見始めた。昨日、あやとりを教えた女児が見せにくる。自慢げになって、二年生に見せに行く。

部屋の奥で、「ガチャン」とすごい音がした。三年生の同級生と遊べないCさんが、ブロックの箱をロッカーから取る時に落としたようだ。ビデオを見ていた三年生のB君が、すぐに駆け寄り、「大丈夫か」「けがはないか」と声をかけた。いつもの怒鳴り散らす様子とは別人のようであった。本当は良い子なんだと理解した。その後、ビデオを見ていた男の子が全員、「大丈夫」と言い寄った。優しい児童ばかりだと嬉しくなった。十分ほどして、指導員と将棋をしていたB君が大声で騒ぐ。先ほど、良い子だと感じたばかりであったが、また怒鳴り始めた。

指導員が積み木をする子に、大きな積み木の箱を持ってきてくれた。男児が、「ここに置け」と指導員に言うが、指導員は何も言わない。言葉遣いが悪い子が多いが、注意も指導もない。

【ある日の一日】

同級生と遊べなく、一人でいつも遊んでいる一年生の男児がいる。毎日八時から男性の指導員が一〇時に来るのを待つ。指導員を毎日独り占めのようにしている。指導員が遅番の時は、筆者に寄ってくる。しかし、どのゲームも理解していないので、筆者は少し遊んで、他の男の子を誘っている。今日も男性の指導員が一二時からなので、筆者に寄ってきた。説明書を読みながらしていたら、B君が筆者の後ろに来た。時々筆者に甘えにきてくれる。将棋の相手を代わってもらった。しかし、一年生では相手にならないのですぐに立ち去った。B君もCさんも飽きるのが早い。何をしても面白くないようだ。友達のいない世界では、ストレスが溜まる。外遊びもないので、発散できないようだ。

九時に来た女児がうろうろしているので、筆者が「何かしようか」と声をかけたが返事がない。三〇分ほど見守るがうろうろするだけで他の仲間の中に入れない。しかし、ベテランの指導員が気づかない。遊びが中心のこの施設では、見守ることができていない。指導員の育成が必要である。「同級生三人の女児のグループほど怖いものはない」と、他の放課後児童クラブでは三人グループに注意を払っていると元保育士が説明してくれた。やはり、指導員の指導としての元保育士や元教員がどの放課後児童クラブにも必要ではないだろうか。数回の指導員講習だけでは、見守る姿勢もできていない。そのまま、何年も勤務している指導員が模範になっているようだ。

一〇時、「頭痛い」と女児が言い出す。ベッドのあるロッカー室に入った。「帰りたい」と言うので、家族にメールするが返事がない。三〇分経っても返事がない。なぜ、保護者に電話をしないのかわからない。一二時、お昼には元気になった。しかし、こんな対応でいいのか心配だ。簡単に仕事場から離れられないかもしれないが、児童の様子が悪くなったらどうするのであろうか心配になった。

模型の端の残り木をゴミ箱から広い、何か作ろうと男の子に渡したら、鉄砲を作り始めた。三年生の三人が夢中になった。筆者も部品作りをした。三つできると、ボスタイプの子がその中の子の弟にプレゼントした。自分で遊ぶのではなく、プレゼントだった。残った木の端を「明日も何か作れるよ、袋をもらっておいで」と筆者が言うが、近くにいた指導員は「ゴミやろ、ゴミ箱に」と言う。筆者が、「袋をあげて欲しい」と丁寧に頼んだ。翌日は、その木の端と段ボールで鉄砲を作っていた。購入した遊具だけでなく、創作性や創造性をもっと養いたい。

## 気になったこと

健康管理は、体温測定、手洗い、消毒、水分補給等、安全管理を指導している施設とそうでない施設がある。見守りは、室内でも室外でも命の危険から守ることが第一であるが、重視する施設とそうでない施設がある。学習は、どの施設でも宿題を早く終わらせることだけが目標になっている。宿題の指導をするのであれば、低学年には丁寧に書くことを指導し、高学年には考える力を付けさせるべきと考える。学生のアルバイトを雇っている施設もある。保護者は忙しいので、宿題を終わらせて欲しいと希望しているが、児童は音読をちょいちょいとして、指導員にサインをもらっているだけである。

登所して三〇分以上経ってもうろうろしている児童、怒鳴ってばかりの児童、同級生と遊べない児童、指導員と遊ぶことしかできない児童はこのままでいいのであろうか。情緒の安定は考えられていない。同級生と遊べないCさんのことを指導員に心配して聞くと、「小さい子の面倒をみてくれるからいい」と返ってきた。筆者が児童の名前を覚えていると、指導員から「名前は覚えなくてもいい、一緒に遊べばいい」と注意された。遊びの中の自主性や社会性、創造性を培っていない。名前を覚えないと会話も指導もできないと考えるのは間違いなのだろうか。

施設内の言葉遣いの悪さも生活態度も注意をしないことが恒例化している。元保育士や元教師がいる施設は安定していたことからも、正しく児童を導ける指導員が必要と考える。指導員は、宿題を手伝うのではなく、見守りと基本的な生活習慣や健全育成に努めるべきではないだろうか。施設に一六〇〇時間もいる児童の学年ごとのマニュアルが必要であると考える。

# 5 「こどものまち」にみる子ども・若者の参画による地域づくり

花輪由樹

## 子ども・若者の参画について

本節では「こどものまち」について取り上げ、これが子ども・若者の参画による地域づくりにどのように関わっているのかみていく。参画という言葉は、「いままでは対等に扱われていなかった立場から積極的、自発的に参加しようという場合には『男女共同参画』の言葉が使われる」ように、「子どもの参画」においても、「意見表明の自由、表現の自由の権利をもった一個人の人間として社会に参加できるはずの子どものことを扱」うのであれば、「参画」とされることがある。[1] 二〇二三年四月に創設されたこども家庭庁では、「こどもまんなか」のキャッチコピーのもと、「こども・若者が自らの居場所を得て、成長・活躍できる社会の実現」を目指した施策が始まっている。[2] 子どもにとって遊び場は、自分達の生活の場であり、その空間を成長・活躍の場として大人がいかに関わり、地域で共に育て合えるかが、子どもを軸にコミュニティが盛り上がるかどうかの決め手となる。本節でみていく「こどものまち」も、このような事例の一つである。ここでは子どもや若者がどのように「まち」に参画していくのか、事例よりみていく。

## 「こどものまち」の全国的実施とその目的

「こどものまち」とは、一九七九年にドイツのミュンヘンで始まった子どもが都市を創る「遊びの都市 Mini-München」より世界各地に広まったものである。ここでは、主に小中学生の子ども達が好きな仕事をして給料をもらい、その通貨で「まち」にある好きなモノ・サービスを購入して利用したり、過ごしにくさがあればそれを市民集会や市議会などに提案したりすることで、自分たちの居る場所を改善していくような「職業活動・消費活動・市民活動」が行われている。

日本では、一九九七年に高知県香北町で「ミニ香北町」が一時的に開催されたのがはじまりで、その後二〇〇二年に千葉県佐倉市で「ミニさくら」が継続的に実施されていくようになると、子ども劇場の関係者や子どもの遊び場関連のNPO団体、各地の青年会議所、地域の行政などに注目されていき、全国各地に広まった。その数は、二〇一〇年に出版された「こどものまち」の書籍[3]によれば、当時は三〇地域ほど存在していたが、二〇一三年の埼玉での「こどものまちサミット」[4]では約七〇地域ほどに増加していることが確認されており、いまや三〇〇地域ほどでの開催がみられる[5]（**表Ⅱ－5－1参照**）。

二〇一〇年の書籍[6]では、各地の趣旨書やヒヤリングから「こどものまち」が五つに分類できるとされている。①遊びを追究し創造性を育む。②子どもの主体性や自発性、社会に関わっていく力を支え、引き出す。③他者と一緒に物事を決め、その実現に向けて他者と協力する中で、自治や選挙などの民主主義を学ぶ。④子どもが他者との会話を通じてコミュニケーション能力を育み、地域の世代間、立場間のコミュニケーションを誘発する。⑤仕事の成り立ちへの子どもの興味を満たす教育的効果を期待し、その仕事体験から適性や個性を子ども自身が見出すようにする。

表Ⅱ-5-1　日本の「こどものまち」の広がり

| | 開催初年 | 名称 | 開催地 | 主催団体 |
|---|---|---|---|---|
| 1 | 2002 | 仙台こどものまち | 宮城県仙台市 | 子ども未来フォーラム |
| 2 | 2002 | ミニさくら | 千葉県佐倉市 | NPO 法人子どものまち |
| 3 | 2003 | ミニいちかわ | 千葉県市川市 | NPO 法人市川子ども文化ステーション |
| 4 | 2003 | ピンポン横丁 | 愛知県名古屋市 | NPO 法人こども NPO |
| 5 | 2004 | 羽島子どもの町 | 岐阜県羽島市 | 江吉良コミュニテイセンター |
| 6 | 2005 | こども四日市 | 三重県四日市市 | こども四日市プロジェクト、四日市市 |
| 7 | 2005 | キッズハッピーよこ町 | 東京都台東区 | 台東区立池之端児童館 |
| 8 | 2006 | ミニたまゆり | 神奈川県川崎市 | 田園調布学園大学 |
| 9 | 2006 | ミニさっぽろ | 北海道札幌市 | ミニさっぽろ実行委員会 |
| 10 | 2006 | だがねランド | 愛知県名古屋市 | 財団法人名古屋都市センター |
| 11 | 2007 | チャキツズタウン京都 | 京都府京都市 | 京都市／㈶京都市ユースサービス協会 |
| 12 | 2007 | ピノキオマルシェ | 千葉県柏市 | ピノキオプロジェクト実行委員会 |
| 13 | 2007 | むさしのミニタウン | 神奈川県武蔵野 | 子どもの参画をすすめる会 |
| 14 | 2007 | ミニたちかわ | 東京都立川市 | NPO 法人こどもと文化協議会・プラッツ |
| 15 | 2007 | ミニヨコハマシティ | 神奈川県横浜市 | NPO 法人ミニシティ・プラス |
| 16 | 2007 | なごみん横丁 | 愛知県岡崎市 | NPO 法人岡崎まち育てセンター・りた |
| 17 | 2007 | キツズタウンなかむら | 愛知県名古屋市 | NPO 子ども & まちネット、子ども会ボランティア竹の子サークル |
| 18 | 2007 | ミニ大阪 | 大阪府大阪市 | NPO 法人こども盆栽 |
| 19 | 2007 | ミニたからづか | 兵庫県宝塚市 | ミニたからづか実行委員会 |
| 20 | 2008 | ミニまつぶし | 埼玉県松伏市 | 松伏町文化のまちづくり実行委員会 |
| 21 | 2008 | ミニそうか | 埼玉県草加市 | 草加ふささら祭り実行委員会 |
| 22 | 2008 | キツズタウンいたばし | 東京都板橋区 | 板橋区教育委員会生涯学習課<br>大原社会教育会館 |
| 23 | 2008 | ミニまほろば | 奈良県橿原市 | ミニまほろば実行委員会 |
| 24 | 2008 | ミニ☆大阪 | 大阪府堺市 | ミニ☆大阪プロジェクト |
| 25 | 2008 | こどものまち高砂 | 兵庫県高砂市 | こどものまち「高砂」実行委員会／特定非営利活動法人高砂キッズスペース／高砂市レクリエーション協会ほか |
| 26 | 2009 | イツツアスモールワールド CBT | 千葉県千葉市 | 千葉市（「子どもの力」フォーラム） |
| 27 | 2009 | 未来ぽ～ろ | 富山県富山市 | 未来ぽ～ろ実行委員会（富山市中心市街地活性化推進課） |
| 28 | 2009 | とさっ子タウン | 高知県高知市 | とさっ子タウン実行委員会 |
| 29 | 2010 | ミニ★シティ | 大阪府大阪市 | 慮典院寺町倶楽部 |

出所：注3と同じ。

写真Ⅱ-5-1　大人準備型の「こどものまち」（ミニさっぽろ 2019）
出所：筆者撮影、以下同じ。

このようなさまざまな意図により、「こどものまち」づくりを通じて、地域が繋がり、盛り上がる副次的な可能性も秘められている。

## 子ども準備型と大人準備型による「まち」づくりの違い[7]

「こどものまち」にはさまざまな仕事やルールが存在し、街が準備される。毎年新しく「まち」が考えられる場合もあれば、昨年と同様の「まち」もある。ドイツの場合は夏休みの長期間開催されるが、日本の場合は主に数日間[8]の開催のため、希望者の子どもたちが数か月前から、子ども実行委員として準備に関わる。このように、「まち」の準備を子どもに任せる「子ども準備型」は、子ども目線のポスターや店の仕組みなどがあり、子ども実行委員が当日の「まち」を牽引する様子がみられる。大人からみるとデザイン面や運営面に頼りない点もあるが、その余白が子ども自身の「何か変えていきたい」という想いに繋がっていく。

一方、準備段階に子どもが関わらず、毎年ほぼ同じ仕組みが提供される「大人準備型」は、テーマパークのように大人目線できめ細やかな配慮がなされる。また車や工事現場の仕事を体験できる「まち」などは、主催側が地域の企業に協力を得るなど、子どものアイデアだけでは難しい内容が整備されていく。ここでは、非の打ちどころのないテーマパーク的な世界として遊びが進むが、時間を経て「もっとこうしたい」という意見が誘発されると、「まち」への不満を共有し、解決する動きがみられる。

ドイツのミニ・ミュンヘンも「大人準備型」であるが、開催三週間のうち、「まち」自体を大きく変える提案は、市民集会や市長選挙などで、民主主義的に多数決で進められていく。その内容は、ハローワークに仕事がなく長い行列ができていたり、レストランの食べ物の買い占め問題といったような、自分達の遊びのコンフリクト（ミニ・ミュンヘン主催者による表現）[9]を発見し、それを解決する手段として政治活動の場が位置づけられている。

このように「子ども準備型」と「大人準備型」では、当日の展開の様子は異なるが、どちらの「まち」も「子ども自身が何をしたいのか」を引き出せるようにしたり、大人が事前に解決し過ぎないなど、その関わり方が工夫され、努力されている。サポートには専門家や学生などさまざまな人が関わっているが、その中には子ども時代に「まち」で遊んだ経験を持つ者もいる。日本では二〇〇二年より「こどものまち」が開かれており、全国にこの「経験者」が多く輩出されている。

## コトナという立場の可能性

「コトナ」とは、こども環境学会の特集で考えられた大人と子どもの間という造語である。[10]「こどものまち」における「コトナ」とは、「もう」子どもとしての参加対象ではない若者のことである。彼らは裏方スタッフとして、子どもたちのやりたいことを聞き出し、その実現に向けて専門家や他のブースに協力を仰ぐ役割を担う。とくに「経験者」の「コトナ」は、ここが子どもたちの自主性尊重の場であることを子ども時代に体験しており、彼らが

写真Ⅱ-5-2　「コトナ」のサポートによる飛行機製作と旅行企画（ミニ・ミュンヘン2018）

再訪し活躍している状況は貴重である。

ミニ・ミュンヘン二〇一八では、子どもの発想が「コトナ」のサポートで、「まち」の機能として実現される三事例がみられた。

〈事例1〉「大使館ブース」を中心に、飛行場や飛行機の製作計画が立ち上がり、屋外の「大工ブース」で木材による飛行機製作が行われた。また機内サービスにミニ・ミュンヘン新聞（MiMüZ）が配布され、「旅行会社ブース」によるツアーも出現するなど、この企画がさまざまな協力を得て完成するように、コトナのサポートが行われていた。

〈事例2〉二〇一八年は世界的な猛暑で、屋内では気温が四〇℃を超えたため、開催三日目から屋外の建築ブースにプールを作る計画が立ち上がった。まず一㎡ほどの小さな箱ができ、次に男女別の更衣室、屋上にはベンチでくつろげるスペースなど、日々機能が追加されていった。

〈事例3〉ミニ・ミュンヘンの中に、Micro Mini-Münchenというコミューンの動きが現れた。これは屋外の「自転車改造ブース」を中心に、失業した人でもゆっくりくつろげる空間が設置され、これが新たな治外法権の動きへとつながっていった。最終週には、ミニ・ミュンヘン議会において存在が正式に認められ、Micro Mini-München 通貨も造幣されるなど、次回二〇二〇年度での継続が期待された。

このように、子どもたちの小さなアイデアは、最初は形になるのかが見えにくいが、最終的にはそれが「まち」の機能に集約されてダイナミックな遊びにつながる。そのような遊びに向かって、子どもの思考を耕し、やりたいことの実現方法を一緒に考え、次の遊びのステップに連れていくのが「コトナ」という存在である。

子どもの遊びにはそれを引き出し、サポートする専門家が必要であることを、ミニ・ミュンヘン関係者は、長い間、行政に働きかけてきた。元主催者である故ヴォルフガング・ツァハリアス氏は、「小さい頃に楽しい経験をすることが人生においてどれほど重要であるか」を主張し、「もし今後の人生でミニ・ミュンヘンに関わらなくなったとしても、そこで遊んだ楽しい経験は必ず脳裏に残り、いったんは空想の中に入るかもしれないが違う場面でそれが活かされるときがくる」として、遊びの重要性を説いている。[11] これは「コトナ」も同様ではないだろうか。子ども時代に、今、自分がやりたいことを実現できるようにと支援されてきた人々が、その自分にとって大事であった場所に再訪し、自分が関わることで次の世代に「遊びの世界」をバトンタッチしていくのである。これは、ともに多世代で「まち」に参画し、ともに遊ぶ「共遊」の場となっていく。

このように、それまでの活動場所に後ろ髪をひかれながら引退していく「コトナ」の存在は、「こどものまち」だけでなく、さまざまな事例の中でみられることだろう。彼ら「コトナ」に活躍してもらう組織づくりをしていくことが、「私たちにとって大事な場所」という郷土感覚を持った人材を増やしていくことになり、長い目でみた人づくり・地域づくりになっていくのではないだろうか。

**注**

1　ロジャー・ハート著、木下勇ほか監修、ＩＰＡ日本支部訳『子どもの参画』萌文社、二〇〇〇年。

2　こども家庭庁「こども・若者育成支援」https://www.cfa.go.jp/policies/youth/。

3　木下勇ほか編著『こどもがまちをつくる―「遊びの都市―ミニ・ミュンヘン」からのひろがり―』萌文社、二〇一〇年。
4　特定非営利活動法人子ども文化ステーション「子どもがつくるまち全国サミット.inさいたま」配布資料、二〇一三年。
5　小田奈緒美研究室ホームページ「2023こどものまちデータベース」https://oda-laboratory.com/database/。
6　注3と同じ。
7　花輪由樹「『遊びの都市』における住教育に関する研究―『こどものまち』と『Mini-München』の日独比較を通して―」『第七回　児童教育実践についての研究助成事業研究成果報告書』博報財団、二〇一二年。
8　花輪由樹「郷土の教育に関する研究―学校教育と『遊びの都市』を巡って―」京都大学大学院人間・環境学研究科博士論文、二〇一五年。
9　ミニ・ミュンヘン研究会「ミニ・ミュンヘン―die alternative Stadt もうひとつの都市―ver.2」萌文社、二〇一〇年。
10　花輪由樹「Mini-München 2018にみる『コトナ』のつなぐ世界」『こども環境学研究』一四巻三号、二〇一八年。
11　花輪由樹「第五章　遊びのスローライフ」『楽しもう家政学』開隆堂、二〇一七年。

# 6 公民館で実施されている家庭教育支援事業

室谷雅美

## 家庭教育とは

二〇〇六年に教育基本法が改正され、「家庭教育における父母又は保護者の第一義的責任」、「生活のために必要な生活習慣を身に付けさせる」「国及び地方公共団体の家庭教育支援施策を講じる努力義務」が盛り込まれた。改正を受けて、自治体で「早寝早起き朝ごはん」運動がスタートし、家庭教育支援の取り組みが本格化した。

文部科学省の「『社会の宝』として子どもを育てよう！（報告）今後の家庭教育支援の充実についての懇談会（二〇〇二年七月）」には、「家庭教育は、親や、これに準ずる人が子どもに対して行う教育のことで、すべての教育の出発点であり、家庭は常に子どもの心の拠り所となるものである」「乳幼児期からの親子の愛情による絆で結ばれた家族とのふれ合いを通じて、子どもが基本的な生活習慣・生活能力、人に対する信頼感、豊かな情操、他人に対する思いやりや善悪の判断などの基本的倫理観、自立心や自制心、社会的なマナーなどを身につける上で重要な役割を担うものである。さらに、人生を自ら切り拓いていく上で欠くことのできない職業観、人生観、創造力、企画力といったものも家庭教育の基礎の上に培われるものである」と記している。

文部科学省「教育基本法資料室へようこそ！」には、次のように述べられている。「家庭教育は、あらゆる教育の出発点であり、その基礎となるべきものであるが、学校教育の発展とともに、その機能がややもすれば、軽視されやすい傾向にあるとの問題意識の下に、家庭教育の任に当たる父母等がよく家庭教育を行えるよう、国及び地方公共団体は、心身の修養に努める機会を与える努力をしなければならない」。

二〇〇八年七月一日に閣議決定された教育振興基本計画には、「家庭教育はすべての教育の原点であり、子どもの豊かな情操や基本的な生活習慣、家族を大切にする気持ち、善悪の判断などの基本的倫理観、社会的なマナー、自制心や自立心を養う上で、重要な役割を担うもの」と書かれている。

家庭教育は、すべての教育の出発点であるといわれ、社会的マナーや子どもの人格形成、その後の生き方に大きな影響を及ぼすものであり、生涯学習社会の基礎づくりを担うものとして重要であるといわれている。また、現在、核家族化や少子化に伴い、家庭内や地域において人間関係が希薄化しているといわれている。世代間の価値感の相違や子育てに関する情報の氾濫によって多くの親は、様々な混乱を招いている。そのことが、家庭教育力の低下を引き起こしているのではないかと思われる。

## 家庭教育力の低下

家族形態の変化により、昔と違い三世代同居型の家族が少なくなり、親から子へと伝統や文化などを伝えていくことが難しくなってきている。さらに、少子化が進むことで、若い親は、実生活においても子どもと接することが少ないまま親となり、親になっても子どもをどのように育ててよいのか戸惑うことも多く、子育てに不安を感じているようだ。

昨今、親の子育てをめぐるさまざまな問題がクローズアップされている。「子育て困難」「育児不安」「育児ストレス」「育児ノイローゼ」「虐待」など、親を取り巻く問題は多く、子育てに悩む親が増えているのが実情である。

現実問題として、核家族化や少子化が進み、さらには女性の社会進出や共働き家族の増加など、家庭環境が大きく変わろうとしている。このように現代の社会では、核家族化や少子化により、親だけが子育てを抱え込まざるを得なくなっている。多世代同居が定着していた時代は、祖父母や親の姉妹が子育てをサポートしてきたが、核家族化が進み、母親にとってのサポート源は夫ということになった。母親にとって夫は最も身近な存在であり、子育てのサポート役としての父親の果たす役割はきわめて大きい。父親がどの程度、育児に参加しているかによって、また、子育ての中でサポートしてくれる人がいるかいないかは母親の精神的負担の軽減にもなると考える。そのためにも、子育て中の母親が安心して子育てができるよう支援する取り組みが求められている。子育ての情報交換や悩みの共有ができる場をつくり、孤立・不安などから解放され安心して子育てができる地域社会をつくっていく必要があろう。

家庭教育力の低下の背景として考えられることを大きく三つに分けてみると、まず①都市化による地域とのつながりの変化、地域との絆の希薄化・核家族化・少子化など、②女性の社会的進出（共働き家族の増加）による時間的・精神的な余裕のない親、子育てや家庭教育に無関心な親の増加、親同士のつながりの希薄化、離婚率の増加・ひとり親家庭や経済的困難な家庭の増加、親による過保護・過干渉など、③いじめ・不登校・問題行動・ニート・引きこもり・児童虐待・親の生活スタイルの変化に伴った子どもの夜型化・基本的な生活習慣の乱れなどが挙げられる。このように家庭をめぐる問題が深刻化しているのは事実であり、支援が必要とされている。

## 公民館とは

公民館とは、一九四六年に文部省次官通牒によって戦後の祖国再建の拠点となる地域の社会教育施設として設置が提唱された。そして、教育基本法や社会教育法などの法によって整備されたものである。地域の住民にとって最も身近な学習拠点であり、生活に即した教育や文化などに関する各種の事業を行う地域に密着した施設であり、社会教育法に基づいて設置された社会教育施設である。さらに、地域住民の交流の場としても重要な役割を果たしている。公民館は、一九四九年施行の「社会教育法」に定義されており、社会教育法第二〇条には、「公民館は、市町村その他一定区域内の住民のために、実際生活に即する教育、学術および文化に関する各種の事業を行い、もって住民の教養の向上、健康の増進、情操の純化を図り、生活文化の振興、社会福祉の増進に寄与することを目的とする」と定められており、住民のために、実際生活に即する教育、学術、文化に関する各種の事業を行う教育施設である。

「公民館の設置及び運営に関する基準」（平成一五年六月六日文部科学省告示第一一二号）には、「（地域の家庭教育支援拠点としての機能の発揮）第四条　公民館は、家庭教育に関する学習機会及び学習情報の提供、相談及び助言の実施、交流機会の提供等の方法により、家庭教育への支援の充実に努めるものとする」と記されている。

## 家庭教育支援事業を実施する公民館の役割

二〇〇〇年一一月に社会教育審議会生涯教育社会教育分科審議会は、「家庭の教育力の充実等のための社会教育行政の体制整備について」という報告書の中で、「家庭教育に関する学習機会の提供、各種支援措置などはその大半が、住民にとって最も身近な公民館等の社会教育施設において実施されており、これらの学習機会の提供者としての市町村の果たす役割には非常に大きなものがある」としている。

公民館では、家庭教育支援事業を実施し、保護者を中心とした受講者の募集を行っている。受講を希望する保護者は、子育てに関心を持ち、自らが学ぼうという姿勢を持った保護者が中心である。地域密着型の公民館には、子育て中の保護者に対し、親の育ちを応援する学習機会の充実を図ることが求められている。この点からも、事業実施者が利用者のニーズを知り、ニーズに沿った事業が展開されることにより、より一層、参加者の学習意欲が高まることが期待できる。また、事業実施者だけの企画であると、内容の固定化や参加者の主体性の不足などが懸念される。事業実施者が企画するうえで重視している点と、利用者が求めているものとを比較することで、相違点が明らかになる。また、ニーズに応え企画・立案されることにより、受身であった受講が自ら進んで学ぼうという姿勢に変化していくのではないかと考える。

二〇〇四年三月「家庭教育支援における行政と子育て支援団体との連携についての調査研究委員会報告」の「すべての親を対象とする家庭教育支援として」のなかに、「現在求められている、家庭教育支援のための事業（以下「家庭教育支援事業」という）は、主として公民館等における募集形式により、家庭教育に関心を持ち、自ら進んで学習機会を求める親の参加が中心となるこれまでの学級・講座等とは異なり、意識もライフスタイルも家族の形態も多様化した今の時代に生きる親を幅広く支援することである」、「支援の対象は、子育てに関心のある親や学習を希望する親のみではない。一人で子育てを抱え込み、孤立している親、子育てに無関心な親、離婚や死別等により、仕事と子育てを一人で担っている親、外国から来た親、障害のある子どもを持つ親など周囲の支えをより必要としている親など様々ある」と家庭教育支援上の主な今日的課題が述べられている。この点からも、公民館の家庭教育支援の拠点としての役割は大きいと期待されている。また、家庭教育の向上に資する活動を行う者として、子育てサークルのリーダー等を社会教育委員や公民館運営審議会委員に委嘱することができるようになったことからも、公民館において実施される家庭教育支援に関する事業に力が入れられていることがわかる。

## 公民館で実施されている家庭教育支援事業についての提言

ただ単に主催事業や講座を開設し、参加者を募り事業に参加して貰うだけでなく、講座終了後のサークルづくりなどのサポートも重要である。今後は、地域の団体や他機関との連携をより一層充実したものとし、子育てサークルや子育て・家庭教育支援のネットワーク化に向けての取り組みがさらに重要視されるのではないかと考える。

公民館では、子育て家庭や子どもに対し必要な支援を探求し、家庭教育支援事業を企画している。利用者のニーズに応えるようさまざまな事業に力を入れていることもわかったが、利用者と職員の相違点も見受けられるため、今後、公民館が「地域の家庭教育支援の拠点」という役割に重点を置き、利用者のニーズを把握し、ニーズに応える事業が実施できるよう努めなければならない。また、家庭教育支援事業を実施するにあたり、利用者が求めているニーズを把握することで、より充実した事業が実施されると考える。

公民館は、小学校区や中学校区に設置されていることが多く、地域に密着した社会教育施設として乳幼児から高齢者まで幅広く利用されている。学校・家庭・地域がそれぞれの役割を自覚し、連携・協力しながら、地域で子どもたちや家庭の教育を支援していく必要があると言われている。学校・家庭・地域を繋ぐパイプ役となるのが公民館であると考える。公民館では、地域・学校・家庭との連携により、家庭教育に関する学習支援を考えていかなければならない。教育基本法第一三条（学校、家庭及び地域住民等の相互の連携協力）にも、「学校、家庭及び地域住民その他の関係者は、教育におけるそれぞれの役割と責任を自覚するとともに、相互の連携及び協力に努めるものとする」と書かれている。

公民館では、さまざまな家庭教育支援事業を実施しているが、すべての親を対象とした事業が実施できていない状況である。学びたい・参加したいという思いがあっても、時間がないなどの理由で参加できない親もいる。そこで、公民館で実施される主催事業や講座などにおいては、開催時間・方法等を工夫し、学習や参加の機会の拡充に努めるべきである。また、近年、ひとり親・共働きの家庭が増えてきており、各家庭に配慮した家庭教育支援事業を実施するために、多種多様な学習の機会を提供することを考慮し、家庭教育に関する情報もさまざまな方法で提供する必要がある。

今後も公民館が拠点となり、地域をはじめ学校・家庭・各種団体・各種機関と連携し、すべての親が家庭教育支援事業に参加できるような体制をつくり、事業実施に取り組んでいかなければならない。

さらに、公民館は学習等を支援することを主と考えるのではなく、親子が学びたいという意欲を持つきっかけづくりの場でもある。自らが学ぼうという姿勢を支援していくのも公民館の家庭教育支援のあり方であると考える。

## 今後の課題

公民館は、家庭教育支援の拠点として期待されている社会教育施設であるが、公民館の利用者や参加者の固定化や参加して貰いたい人に参加して貰えないなどの課題がある。とくに、家庭教育支援の必要な親が家庭教育支援事業に参加しないのが実情であり、現状では、学習をしたいと望む保護者が中心になって家庭教育支援事業が行われている。今後は、すべての保護者を対象に実施することが重要である。しかし、公民館の家庭教育支援事業に参加したことのない保護者に公民館に足を運んで貰うことは、なかなか難しい問題ではある。情報提供の仕方や主催事業を館単独で実施するのではなく共同で実施するなど、課題解決に取り組む必要がある。公民館主催事業だけでは、地域のニーズに応えきれない部分もあり、地域の方々や学校などとの連携も必要になってくるであろう。
今後は、利用者のニーズに応え事業内容の見直しなども考えていく必要がある。また、公民館が実施している家庭教育支援事業に参加している利用者を中心にアンケート調査を実施するなどして、利用者のニーズを知ることにより、実施者である公民館職員が、利用者の声を反映した事業を企画・立案しているかを確認すべきである。核家族化、ライフスタイルの変化に伴い地域との関わりが希薄な保護者や仕事で時間的余裕のない保護者がなかなか参加してくれないのが現状でもある。この現状に対して、どのようなアプローチが必要かは今後の研究課題である。また、父親の参加が少ないのも事実である。この点に関しても今後の課題であると考えている。[1]

家庭教育の向上を図るために、子どもたちや親たちの現状と課題を踏まえたうえで、学習ニーズに応じた学習機会を提供し、すべての親たちが参加できるような公民館を拠点とした家庭教育支援が実施できるよう、公民館としての機能を果たしていかなければならない。また、各種団体・機関と協力しながら子育て中の親子が気軽に参加でき、親子で楽しく過ごせる学習内容を提供し、参加者同士のネットワークづくりを支援する必要がある。

今後も公民館は、地域住民のニーズに合った学習の機会を提供し、学習の拠点、家庭教育支援の拠点、人づくり・まちづくりの拠点として期待されるところである。

**注**

1　室谷雅美「公民館で実施されている家庭教育支援事業に関する研究」奈良女子大学大学院博士論文、二〇一四年。

# Ⅲ

# 高齢者が暮らし続けられるまちづくり

# 1 地域で暮らす高齢者の支援
## ―介護サービス整備とエリア計画―

池添純子

### 地域密着型サービスの創設と「日常生活圏域」

二〇〇〇年の介護保険法施行から二十年余りが経過し、地域で暮らす高齢者を社会全体で支える仕組みは定着した。介護保険法を地域計画的な視点でみると、二〇〇五年の法改正で大きな方針転換があり、現在は、団塊の世代が八五歳以上となる二〇四〇年に向けて、「地域包括ケアシステム」の深化が謳われている。本節では、筆者が約二〇年にわたり追いかけてきた地域で暮らす高齢者を支える介護サービス基盤と地域計画との関係、とくに介護サービス基盤整備の単位となる「日常生活圏域」について整理してみたい。

介護保険法の施行により、介護サービスは「措置制度から契約制度へ」と変容した。契約制度では、サービス利用者がさまざまな事業者の中から利用する事業者を選択する点が重視され、市場競争の原理によってサービスの質を確保する整備体制がとられた。サービスの価格は全国一律であるため全くの市場競争ではないが準市場による整備促進体制である。

しかし、措置制度時代は「家族」と「行政」により高齢者の生活を包括的に捉えることが可能であったのに対し、契約制度への変容は、「他分野・他職種」の介入によって個人の生活を包括的に捉えることが難しくなるという問題が生じ、ケアの包括性が改めて社会問題として指摘されるようになった。また、介護サービス利用者の増加に伴い、保険料の高騰や保険給付に要する費用の将来性について検討が必要となり、地域資源の再発掘も重視されるようになった。さらに、採算のとりやすい地域へサービスが集中するなど、サービスの「地域偏在」が起こりはじめた。

　このような経緯を踏まえ、介護保険法施行以来、初めての法改正が行われた二〇〇五年には、創設当初にはなかった「地域単位のサービス整備」という概念が取り入れられた。市場競争による準市場での整備から、エリアを設定した面的な整備計画へと転換されたことは、当初の介護保険制度の考え方からすると大きな変化であり、現在もこの方針が継続している。ただし、エリアごとに一定のサービスを整備する手法は全く新しい概念というわけではない。一九八九年に策定されたゴールドプラン（高齢者保健福祉推進一〇か年戦略）では、「中学校区」を目安単位に、在宅生活をする高齢者と家族のための相談窓口である「在宅介護支援センター」が創設されるなど、介護保険以前はエリアごとの施設整備が行われていた。

　二〇〇五年の法改正により創設されたのが、自治体内を細分化した「日常生活圏域」というエリアである。日常生活圏域とは、「市町村が、その住民が日常生活を営んでいる地域として、地理的条件、人口、交通事情その他の社会的条件、公的介護施設等の整備の状況その他の条件を総合的に勘案して定める区域」（法律第六四号地域における公的介護施設等の計画的な整備等の促進に関する法律第四条第二項第一号）であり、市町村が独自で決定する。市町村は日常生活圏域ごとに面的な整備計画を策定し、サービスの空白地から優先的にサービス整備を実施することが制度として組み込まれ基本的に都道府県にあった介護サービス事業者の指定権限は、日常生活圏域と同時に創設された「地域密着型サービス」等に限り、市町村が有することとなった。

　またこのような方針を財政的に裏付けるため新たな交付金制度[1]も創設された。この中の「市町村交付金」は、採択基準に、「サービス拠点相互の連携によるネットワーク形成を目指したものであること」が掲げられ、日常生活圏域内の関係団体・サービス事業者等で形成される協議会等サービス提供のための連携の場が開催されること、関係団体等による資質向上のための研修会等が定期的に行われることとされた。また、「元気な高齢者や地域住民が参加する『共生型』のコミュニティづくりを目指したものであること」として、シルバー人材センターとの連携、ボランティア活動などを通じて、地域の高齢者・障害者・地域住民等の参画が図られること、地域住民と利用者の交流の機会が設けられている、施設の職員による地域住民への介護教室・出前講座の開催、グループホームでの認知症窓口相談が行われる等、地域に開かれた運営が行われることが掲げられた。

## 地域包括支援センターと「日常生活圏域」

二〇〇五年の法改正では、新たに地域包括支援センターも創設された。地域包括支援センターは、「地域住民の心身の健康の保持及び生活の安定のために必要な援助を行うことにより、その保健医療の向上及び福祉の増進を包括的に支援すること」（法律第一二三号介護保険法第一一五の三九第一項）を目的とし、「地域包括ケア」の中核機関として位置づけられた。

各センターが担当するエリアは、「人口二、三万人」に一か所程度という目安が示されたが、センターは前述の日常生活圏域内に交付金で整備できる施設にも含まれており、地域包括支援センターの役割と日常生活圏域の意義を鑑みると、両エリアは一致していることが望ましいと考えるのが一般的であろう。

## 地域包括ケアシステムと「日常生活圏域」

介護保険法施行から一〇年が経過すると、サービス利用者数が制度創設当初の約三倍になるとともに、重度な要介護者や医療ニーズが高い高齢者の増加、高齢者のみ世帯の増加などへの対応と、介護人材確保等が緊急の課題となった。そこで二〇一一年の法改正では、高齢者が地域で自立した生活を営むことができるようにするため、医療、介護、介護予防、住まい、生活支援サービスを切れ目なく提供する「地域包括ケアシステム」の実現を図ることとなった。二〇一〇年の地域包括ケア研究会による『地域包括ケア研究会報告書』[2]では、地域包括ケアの定義を「ニーズに応じた住宅が提供されることを基本とした上で、生活上の安全・安心・健康を確保するために、医療や介護のみならず、福祉サービスを含めたさまざまな生活支援サービスが日常生活の場日常生活圏域で適切に提供できるような地域での体制」であるとした。地域包括ケアの単位として示された日常生活圏域は「おおむね三〇分以内」に必要なサービスが提供されるエリア、具体的には「中学校区を基本とする」ことが明記された。

さらに、二〇一四年には、地域における医療及び介護の総合的な確保を推進するため、新たな基金として地域医療介護総合確保基金が都道府県に創設された。市町村は医療介護総合確保区域ごとに医療及び介護の総合的な確保に関する目標及び計画期間を明記した市町村計画を作成することができる。この区域のイメージにも、日常生活圏域が掲げられた。二〇〇五年に誕生した日常生活圏域は、約一〇年のうちに、高齢者の在宅生活において非常に重要な意味を持つエリアへ変化を遂げたといえる。

## 市町村により設定された「日常生活圏域」

前述のとおり、日常生活圏域は「市町村が独自で決定」するものであり、どのようなエリアが設定されたかは自治体によりまちまちである。そこで筆者は、エリアが設定されて間もない二〇〇六年と、それから十年余りが経過した二〇一九年に、市町村が設定する日常生活圏域及び地域包括支援センターの担当エリアの関係等について全国調査[3]を実施した。これらの調査結果から明らかになった日常生活圏域の特徴を概説する。

二〇〇六年調査では、人口一万人未満の自治体の九四・三％、一万〜三万人未満の自治体の七六・〇％が市町村全域を日常生活圏域とし、自治体を細分化したエリアの設定が行われていなかった。しかし二〇一九年調査では、人口一万人未満の自治体の七五・三％、一万〜三万人未満の自治体の五五・二％といずれも約二〇％減少した。当初よりも細分化したエリアを設定した自治体が増えたことがわかる。

日常生活圏域を設定する際に目安とした単位は[4]、二〇〇六年、二〇一九年調査ともに、中学校区が最も多く約三割、次いで旧市町村行政区の順であった。また、人口一〇万人以上の自治体は、中学校区に次いで、行政区を目安とした割合が多かった（**図Ⅲ－1－1**）。日常生活圏域を市町村全域や旧市町村単位とする自治体から、小学校区を単位とする自治体まで、考え方にかなり差がみられることがわかった。

また、二〇一九年調査では「二〇〇六年以降に日常生活圏域の設定目安を変更したことがあるか」を尋ねたところ[5]、「変更した」もしくは「変更予定」の自治体が一一・三％であった。変更した自治体の回答は、「高齢者が増加したため一圏域あたりの高齢者人口の規模を見直し、エリアを細分化した」や、「地域包括支援センターの増設に当たり日常生活圏域も増やした」などであった。また、エリアの目安を「旧市町村から中学校区へ」、「複数中学校区から複数自治会区へ」、「中学校区から小学校区へ」、「中学校区から民生委員の活動エリアへ」といった、

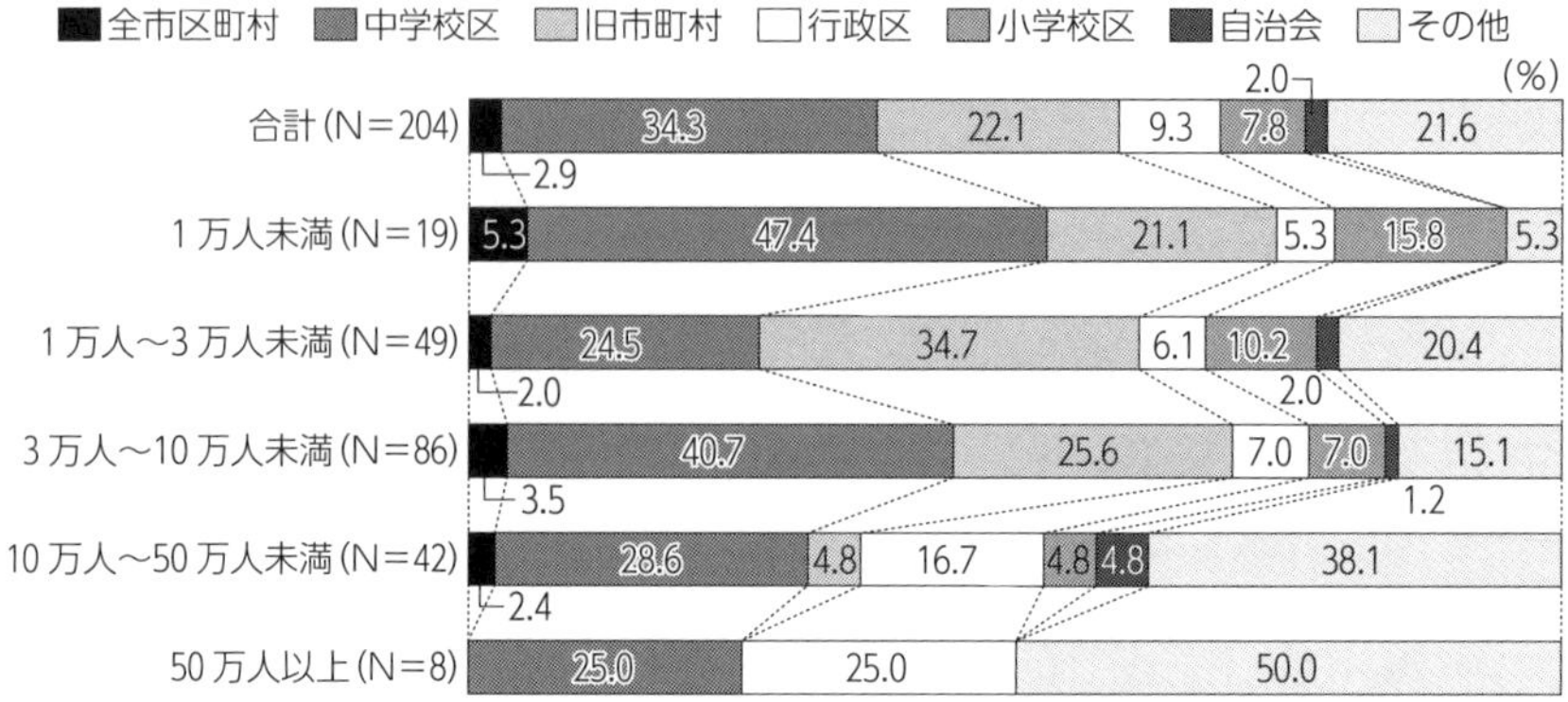


**図Ⅲ-1-1　日常生活圏域の設定目安と自治体人口規模**（2019年調査）

注：日常生活圏域数が1（全市区町村）である自治体を除く。

出所：筆者作成、以下同じ。

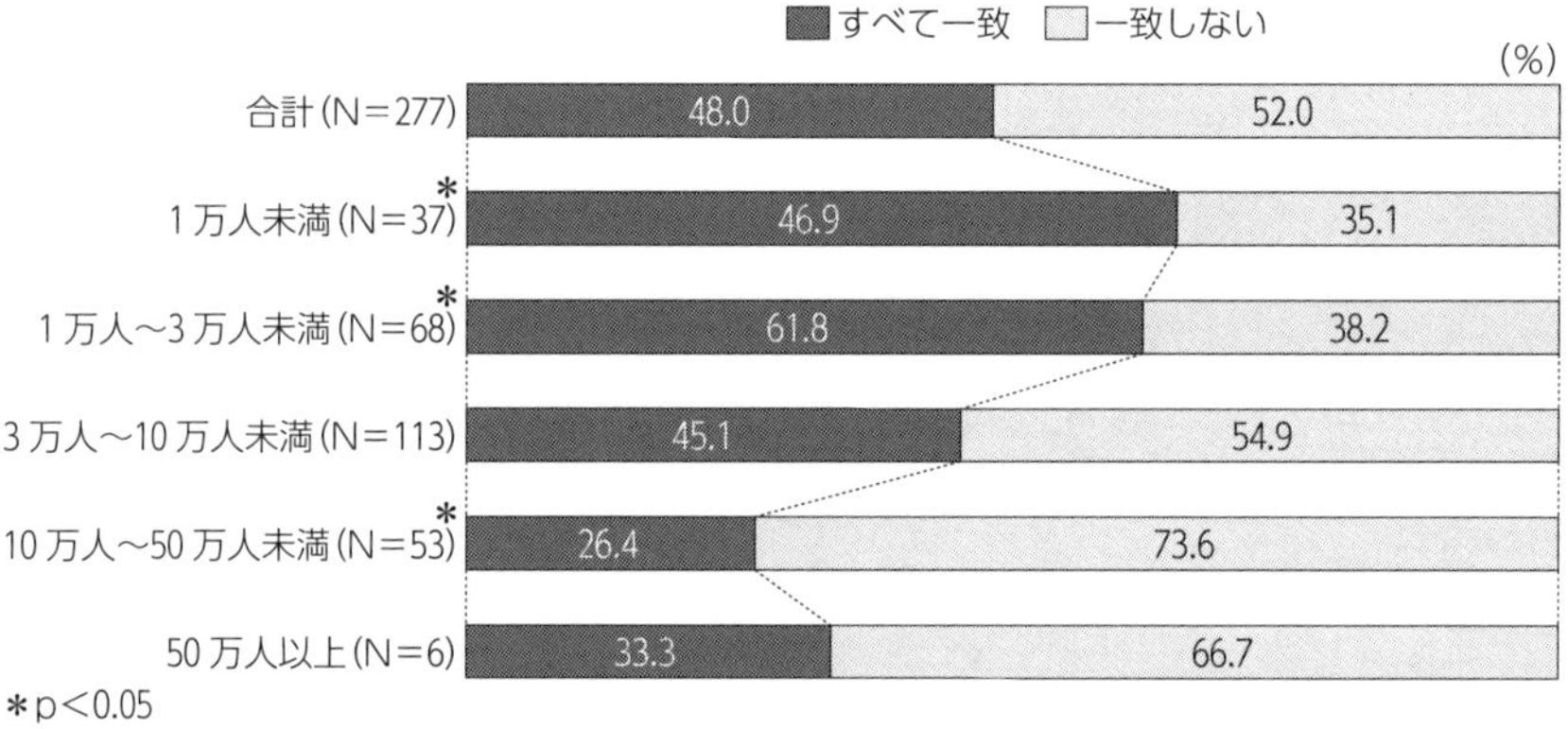


**図Ⅲ-1-2　日常生活圏域・地域包括・在宅医療介護連携エリアの関係と自治体人口規模**
（2019年調査）

注：日常生活圏域数が1（全市区町村）である自治体を除く。

高齢者の生活圏に近づく小規模なエリアへ変更したものもみられた。さらに、「母子や保健分野と一致するエリアへ変更し、地域共生社会に対応できるエリアへ調整した」と高齢者の枠組みを越えた地域包括ケアへと進化するものもあった。一方、わずかな自治体では、「中学校区から市町村単位へ」変更するなど、エリアを広げたものもみられ、今後さらに、自治体によりエリアの捉え方に差が生じることが懸念される。

さらに、日常生活圏域・地域包括支援センターの担当エリア・在宅医療と介護連携推進を目的とするエリアの関係を尋ねた。自治体人口規模が三万人以下の場合、三種類ともエリアが「すべて一致する」割合が高く、一〇～五〇万人未満では「一部一致しない」もしくは「すべて一致しない」の割合が高くなることに統計的に有意差がみられ、自治体の人口規模が、在宅医療と介護連携の推進基盤の整備に影響を与えているといえる（図Ⅲ-1-2）。人口が一〇万人を超える自治体では、「他分野、多職種」の連携を推進するエリア調整は、まだまだこれからである。

## 今後の課題

介護サービス基盤を地域計画的な視点から研究する例は少なく、どの学会で研究成果を報告するにも、制度の背景や研究の目的を伝えることに時間を費やした。介護保険制度は概ね三年ごとに改正され、それに合わせて、市町村は新しい介護保険事業計画を策定しなければならない。常に多くの喫緊の課題が挙がるなかで改正内容に対応しながら、高齢者の生活圏や地域ごとの社会資源、地域のキーパーソンやネットワークの状況にまで視座を高め、「日常生活圏域をどのように設定すべきか？」が話題の中心になる自治体が少ないことは想像に難くない。一方で、日常生活圏域を、国が示した目安である中学校区よりも小規模なエリアとして設定し、また、他分野との協働も意識したエリアに変更し、地域包括ケアシステムの深化をはかろうとする事例もある。同じ制度下で取り組まれる政策でも、自治体ごとの解釈により、まったく異なる地域の姿ができあがっている。「地域で暮らす高齢者を支えるエリアをどのように考えるか?」は、言うまでもなく地域包括ケアシステムの根源に関わることであり、施設の配置計画より前に行うべきインフラ整備ともいえる。また、地域には高齢者だけが暮らしているわけでなく、同じエリアで目に見えない多くの行政政策が交通渋滞を起こしている。とくに近年の福祉分野では地域を軸とした政策が主流で、「〇〇支援センター」という名があちこちから聞こえてくる。地域共生社会の実現のためにも、一刻も早く分野横断的にエリアの関係を整理し、長期的スパンで検討した地域計画的福祉政策を検討する時期ではないだろうか。

**注**

1 地域介護・福祉空間整備等交付金がそれにあたる。対象施設は、地域密着型サービス以外に、介護予防拠点、地域包括支援センターが含まれた。二〇二三年時点では、地域介護・福祉空間整備等施設整備交付金に引き継がれている。

2 地域包括ケア研究会『地域包括ケア研究会報告書』二〇一〇年。

3 二〇〇六年調査は全国の市区町村一八四〇自治体を対象に郵送で調査票を配布回収、有効回答数は一〇四三自治体(回収率五六・七%)、二〇一九年調査は全国の市区町村一七四一自治体を対象に郵送で調査票を配布回収、有効回答数は六三二自治体(回収率三六・三%)であった。

二〇〇六年の調査については、奥山純子・中山徹「介護サービス基盤における日常生活圏域に関する研究」『都市計画論集』四二巻一号、二〇〇七年。

4 日常生活圏域が一圏域のみ、すなわち自治体内を細分化した日常生活圏域を設定していない自治体を除いて分析している。以下同様。

5 本設問の回答数は五九三自治体であり、「不明」とする回答は無回答に含めた。無回答には、担当の行政職員が変わり、以前のことが分からない自治体が含まれていると予測される。

# 2 サービス付き高齢者向け住宅の防災課題

天野圭子

## 高齢者施設や高齢者向け住宅の災害被害

わが国では超高齢社会を迎え、自宅で生活を送ることが困難な高齢者が移り住む高齢者施設や高齢者専用の共同住宅など高齢者向け住まいの整備が進められてきた。しかしながら、こうした高齢者向け住まいでは災害時の避難に支援を要する災害時要援護者が多く生活している。大規模災害の発生が相次ぐ中で、高齢者向け住まいの防災・避難改善が喫緊の課題となっている。

これまでも特別養護老人ホーム、養護老人ホーム、経費老人ホーム、認知症高齢者グループホームなど高齢者施設の大規模災害時の被害状況が国や地方公共団体により把握されているが、高齢者施設と同様に、高齢者の入居を目的に制度設計されたサービス付き高齢者向け住宅については、国や地方公共団体による被害把握は行われていない。

## サービス付き高齢者向け住宅の防災課題

サービス付き高齢者向け住宅とは、バリアフリー構造の住まいに、安否確認や生活相談などケアの専門家によるサービスが付いた高齢者向けの共同住宅事業であり、二〇一一年一一月「高齢者の居住の安定確保に関する法律」の改正によって制度が創設された。二〇二三年一一月時点の登録数は全国二八万五一〇八戸に達し、この超高齢社会の進行に伴い、事業数のさらなる増加は確実と見込まれる。サービス付き高齢者向け住宅は入居定員数が定められておらず、木造平屋で少人数の小規模物件から、鉄筋コンクリート造や鉄骨造の高層マンションタイプで定員が一〇〇人を超える大規模物件まで事業形態は幅広い。

また、各住戸専用部分に、台所・浴室・洗面・トイレ・収納設備の設置が定められているが、共用部にこれら設備を設ける場合、住戸専用部分に設置しなくてもよい。床面積も基準は二五㎡以上であるが、共用空間を設けることで一八㎡以上まで削減することができる。サービス面では、状況把握・生活相談の提供を必須とするが、別途食事の提供、入浴等の介助、調理等の家事、健康の維持増進いずれかのサービスを提供する場合、サービス付き高齢者向け住宅でありながら有料老人ホームにも該当する。「通所介護事業所」や「訪問介護事業所」など高齢者支援施設を併設する事例もある。

しかし、サービス付き高齢者向け住宅はその事業形態から、防災面について次の課題を抱える。

①防災計画の課題／サービス付き高齢者向け住宅は、物件ごとの住戸専用部分の便所・洗面所・台所の有無や提供されるサービスの種類によって、建築基準法および消防法の法令上の扱いが異なる。そのため、国による一律の防災計画の整備基準がなく、介護施設等と比べて、避難設備・消防用設備など防災対策設備の設置基準が緩い場合がある。各地方公共団体が独自の防災基準を定める場合もあるが、防災計画の策定や耐震構造基準の設定、

防災訓練の指導等を行っているのは、六府県（山形県、群馬県、滋賀県、大阪府、島根県、山口県）のみである。筆者が全国のサービス付き高齢者向け住宅を対象に行ったアンケート調査からは、防災計画の中でも例えば避難計画の策定率は、地震六〇・四％、風水害四二・八％である。[1]

②入居者の避難能力の課題／サービス付き高齢者向け住宅は、基本的に六〇歳以上であれば誰でも入居可能であり、制度上は自立者の入居を想定している。また、サービス付き高齢者向け住宅は介護保険施設にみられる利用権方式と異なり、一般的な賃貸物件と同様の賃貸契約形式であるため、入居者にとって終の住処となる場合が多い。そのため、入居時点では健康で自立していても、加齢とともに心身状況が衰え、時が経つに連れて、物件全体の要介護割合の増加も予想される。さらに、物件（居室）に対して契約していることから、自立度の状態が悪化したことにより屋外避難行動をとりやすい低層階に引っ越すなど、入居後に居室を変わることが難しい。制度開始から一〇年以上経った現状では特別養護老人ホームなど介護保険施設と同様に災害時に自力で避難することが困難な入居者が多い。

③避難介助における職員体制の課題／サービス付き高齢者向け住宅では、日中（九時から一七時）を除く時間帯は緊急時の通報体制があれば職員を配置しなくてもよい。特別養護老人ホームなど介護保険施設が二四時間三六五日の職員配置であるのに対し、サービス付き高齢者向け住宅は、とくに夜間帯を中心に災害が発生した場合の介助力の弱さに課題がある。

## 2.3 サービス付き高齢者向け住宅の被災実態

次に、サービス付き高齢者向け住宅の、地震時の被災状況について筆者が職員を対象に行った訪問ヒアリング調査から捉えた実態を記す。

①鳥取県中部地震の被災実態／鳥取県中部地震（二〇一六年・震度六弱）が発生した時、入居者の心身状況は、比較的自立度が高い者から、人工呼吸器を利用している重度者まで幅が広かった。介助者の人手が要る場面として、要介護度が軽度であっても認知症を患っている場合は避難後に見守りが必要であり、歩行が困難な重度者の場合は避難そのものにおける介助が不可欠であった。歩いての避難が難しい者は、職員がシーツで包み二人がかりで抱えた。また、聴力の低下から非常放送が聞き取りづらい入居者もいた。鳥取県中部地震は日中一四時台の発生であったため、各サービス付き高齢者向け住宅には日勤の職員数名が勤務していたが、それでも避難完了にはかなりの時間を費やしていた。なかには同一法人の事業所から職員が救援に駆けつけた事例もあった。また、全入居者が避難待機できる広さを有した共用空間がない事例も多く、入居者のプライベート空間である各専用住戸に、複数人の入居者が集まって一週間に渡り待機した事例もあった。地震発生前に防災計画を立てていない事例もあり、どれくらいの規模の地震であれば避難を行うべきなのか、避難の判断基準が明確になっていなかった。

②熊本地震の被災実態／熊本地震では夜間に二度の震度七が発生した。筆者が訪問ヒアリングを行った事例は、いずれも夜勤一～二人体制で組んでおり、職員が不在の事例はなかったが、夜間は日中のように併設事業からの支援は受けられず、限られた職員体制では介助力に限界があった。発災当時、勤務外の職員らも自宅から駆けつけようとしたが、職員らの住宅も被災している、道が通れないなど、駆けつけることが難しい者もいた。

また、熊本地震は余震が長く続き、ライフラインの復旧が長期に渡った。最も供給再開に時間を要したのは水道であり、熊本市内でも場所によっては二週間以上かかった。しかし、非常用の食料や飲料水を備蓄していない、あっても三日分しか備えていない物件や、介助する職員らに疲労がみられる事例もあった。物資の補充や職員の交代要員の確保については、主に同一法人事業や姉妹法人からの支援を受けていたが、支援が得られない、交代要員の確保に時間がかかる事例もみられた。なかには、津波浸水想定区域に立地するサービス付き高齢者向け住宅に、近隣の地域住民四〇名が避難してきた事例もあった。避難してきた地域住民が、入居高齢者の避難介助に加わるなど利点もあったが、地域住民の受け入れは防災計画外の出来事であり、発災から三日目に水・食材が尽きた。市に支援を求めたが、対応がなく困窮していた。

夜間の地震に対し、入居者を建物内で集約した事例と各自の居室で待機した事例に分かれたが、自治体の指定避難所に避難を行った事例はなかった。いずれの事例からも、指定避難所までの移動に危険が生じる可能性を考え、建物内に留まる方が安全という理由があげられた。また、入居定員が多い事例からは、全入居者と職員が同じ指定避難所に入ることが難しいという意見があった。

## サービス付き高齢者向け住宅の防災課題と方向性

ここまで、サービス付き高齢者向け住宅が抱える防災課題について、被災実態も含めて記してきた。最後にサービス付き高齢者向け住宅の防災課題について、共助、公助、自助の点から今後の方向性を述べる。

まず共助の支援である。熊本地震ではサービス付き高齢者向け住宅に避難してきた地域住民が、入居している高齢者の支援にまわった事例が見られたが、このように地域からの共助支援によって、現状では不足しがちな職員による避難介助力を補うことが考えられる。サービス付き高齢者向け住宅には、多世代交流を目的に地域住民も利用可能なレストランやカフェなど、地域に開放した空間を持つ事例もある。都市再生機構が運営するＵＲ住宅団地ではサービス付き高齢者向け住宅などを併設し、地域の福祉医療拠点となることで、周辺地域の多世代交流に対して寄与している事例もある。日頃からサービ付き高齢者向け住宅と地域の連携の場をつくり、有事の際の共助関係につなげていくことはサービス付き高齢者向け住宅の防災力の向上にもつながるだろう。

次に公助の支援である。サービス付き高齢者向け住宅は、災害時要援護者が暮らし、その防災計画には日頃から公的な指導が不可欠と考える。例えば、アメリカの高齢者向け施設・住宅の共同体であるＣＣＲＣ（Continuing

Care Retirement Community）では、ＣＣＲＣの入居高齢者が地域とのコミュニティを形成することが州法で規定されている。先に述べたサービス付き高齢者向け住宅と地域住民との共助関係を構築するためにも、地方公共団体など公助による支援への期待は大きいと考える。

最後に自助の再構築である。地域や地方公共団体からの支援を受けながらも、サービス付き高齢者向け住宅自体が、日頃から防災課題と向き合う必要がある。ＢＣＰ（事業継続計画）の策定や非常用の備蓄数の見直し、入居者の要介護割合の変化に着目し、防災・避難計画の内容更新を定期的に行うことが求められる。例えば、入居者数も多く、建物階数も中層以上のサービス付き高齢者向け住宅では、住戸または住戸と同階の共用空間等に待機することは、介助者が限られる中での避難行動の軽減、安否・安全確認の短縮につながるものと思われる。来るべき災害に向けた防災計画を立てることが、今後サービス付き高齢者向け住宅の防災課題を解決する上で何よりも重要である。

注

1　天野圭子・川崎綾華・宮本菜々子「サービス付き高齢者向け住宅の災害時避難計画の策定状況」『地域ケアリング』二一巻、五号、二〇一九年。
2　天野圭子「地震災害における『サービス付き高齢者向け住宅』避難行動と防災課題に関する研究―鳥取県中部地震に基づく実態調査―」『日本建築学会計画系論文集』八四（七六五）、二〇一九年。
3　天野圭子「熊本地震からみたサービス付き高齢者向け住宅の被災実態に関する研究」『福祉のまちづくり研究』一四、二〇二二年。

# 3 高齢者福祉施設の音楽療法的活動

大江宮子

## 高齢者の音楽療法的活動の現状と問題点について

わが国では高齢化に伴い高齢者の音楽療法が注目されている。音楽療法士が行う場合は治療的要素が含まれ、音楽療法と言われる。音楽療法士は日本音楽療法学会の認定資格であるが、国家資格ではない。また、音楽療法士以外が指導する音楽活動には治療的要素は含まれず、一般的に音楽療法的活動と言われている。介護保険施設の高齢者支援の一つに音楽療法が行われている。しかし、二〇一七年に音楽の友社の公表（アンケートに回答した施設のみ）によると[1]、音楽療法を実施している施設は、北海道・東北は八、北関東は九、東京が四、南関東が五、北陸甲信越が三、東海が七、近畿が四、中国が四、九州・沖縄が一〇、計五四施設である。そのうち高齢者の音楽療法実施施設は三四である。病院においては、北海道が三、東北が二、北関東が九、東京が一四、南関東が六、北陸が五、甲信越が一、東海が五、近畿が二一、中国が九、四国が三、九州・沖縄が九で計八七病院である。全国的に高齢者に対して音楽療法はあまり行われていないことがわかる。高齢者福祉施設で行われる音楽療法の見学は比較的認められているが、病院で行われる音楽療法は、音楽療法士を目指す者しか見学は許可していない。音楽療法的活動の実施状況は本節で説明する。

昨今、超高齢社会をめぐるさまざまな問題がクローズアップされている。「認知症」「高齢者介護」「高齢者虐待」「高齢者の一人暮らし」「高齢者を取り巻く事件」など高齢者問題は深刻である。一九七〇年には当時の定義では、六五歳以上の人口は七三九万人、高齢化率は七・一%、一九九四年には一四%と倍になった。二〇〇〇年には六五歳以上の人口は二一八七万人、高齢化率は一七・二%となり、二〇二二年には二八%になっている。[2]また、高齢者の要介護者等数は急速に増加しており、とくに七五歳以上で割合が高い。六五歳以上の要介護者等認定者数は二〇一二年度末で五四五・七万人であり、二〇〇一年度末から二五八万人増加している。七五歳以上で要介護の認定を受けた人は被保険者のうち二三・〇%を占める。

次に本節の目的である高齢者の音楽療法的活動の反応を述べる。高齢者施設では、認知症対策が期待されている。そのような中で、筆者は高齢者支援の中で音楽療法的活動に注目し、調査を行った。調査内容は観察調査で、高齢者の音楽療法に対する反応を一メートル離れた距離から一曲につき一分間観察して得点化し、音楽に対する反応を見る。また、音楽の指導者は音楽療法士とそれ以外（資格を持たない者）で比較し、また音楽の行われる部屋は、開放空間と閉ざされた空間で比較し音楽に対する反応に変化があるのかどうかを検討した。[3・4・5]

調査期間は二〇一一年四月から二〇一八年五月までで、四七都道府県の社会福祉協議会の協力を得て、全国の高齢者福祉施設において音楽療法を積極的かつ定期的に行っている一七の施設を抽出した。対象者は、男性三〇名、女性七二名、計一〇二名である。年齢は六〇代・七〇代が九名、八〇代が五六名、九〇代が二七名である。介護度は、介護度一・二が四五名、介護度三が二九名、介護度四・五が二八名である。男女別では、女性の音楽反応がよい。介護度別に見ると介護度一・二の反応がよい。また九〇代が音楽に対する反応が良く、年代に関係なく音楽はできることが示唆され、介護度が低いと音楽の反応も良いことがわかった。音楽指導者の属性は、男性二名、女性一六名である。年齢は三施設が四〇代、一一施設が五〇代、二施設が六〇代で、一施設が八〇代である。

音楽療法頻度は、週一回から二か月に一回と定期的に行われて、時間帯は、九施設が一三時半～一四時半、八施設が一四時～一五時である。昼食後の排泄を考慮した時間帯である。指導者の職種は五施設が音楽療法士、一二施設はそれ以外である。指導経験は半年から二二年である。

## 音楽指導者の資格別比較と配置との関わり

音楽療法士とそれ以外（資格を持たない者）で比較する。音楽療法士の資格を持たない指導者の方が音楽の反応は良い事がわかった。音楽療法士は、治療的な要素が含まれているため、音楽以外のトークは行わない。元中学教師の音楽指導者は、高齢者を笑わせるトークや高齢者の反応に合わせて曲目の音程を下げ、ピアノ伴奏も三度下げるなど即座に変更することも多い。

音楽が行われている部屋は開放空間と閉鎖空間である。開放空間とは、施設の屋内から誰でも音楽療法の実施状況を見ることができ、閉鎖空間とはドアやカーテンも閉じられ屋内から音楽療法の様子が見えない空間である。

音楽指導者と高齢者の配置関係は、半円形型、対面型、テーブル型に分かれている。**図Ⅲ－3－1**は指導者を高齢者が半円形で囲む配置で、指導者と高齢者の距離はほとんど同じであるが指導者は高齢者を見るために、前を向いたり横を向いたり、また、一人ひとりに話しかけるため

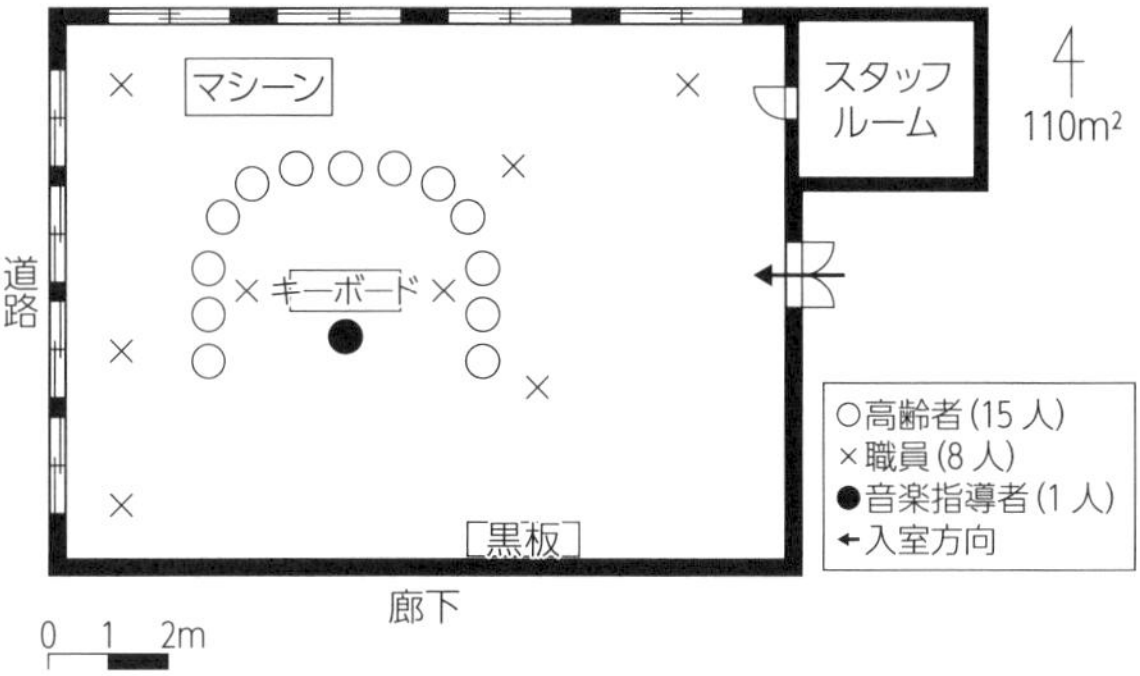


図Ⅲ－3－1　半円形型

出所：筆者作成。

部屋の中を度々移動していた。**図Ⅲ－3－2**は、指導者と高齢者が対面する配置で、二列に並んでいた。対面型のため、指導者は高齢者の表情を音楽終了時まで把握している。また、高齢者は指導者と視線が合っていて嬉しそうである。視覚障害の高齢者には、背後から話すことは恐怖心を与える。指導者はほとんど移動することなく、定位置で指導している。**図Ⅲ－3－3**は高齢者同士が接触しないようにテーブルが配置されている。夫婦で参加している方以外は隣どうしで会話は、ほとんどしない。席は職員が決めている。また、テーブルには名前の代わりに一、二、三と番号が張り付けてある。テーブルがあるため、高齢者は、指導者と対面する配置か横を向く配

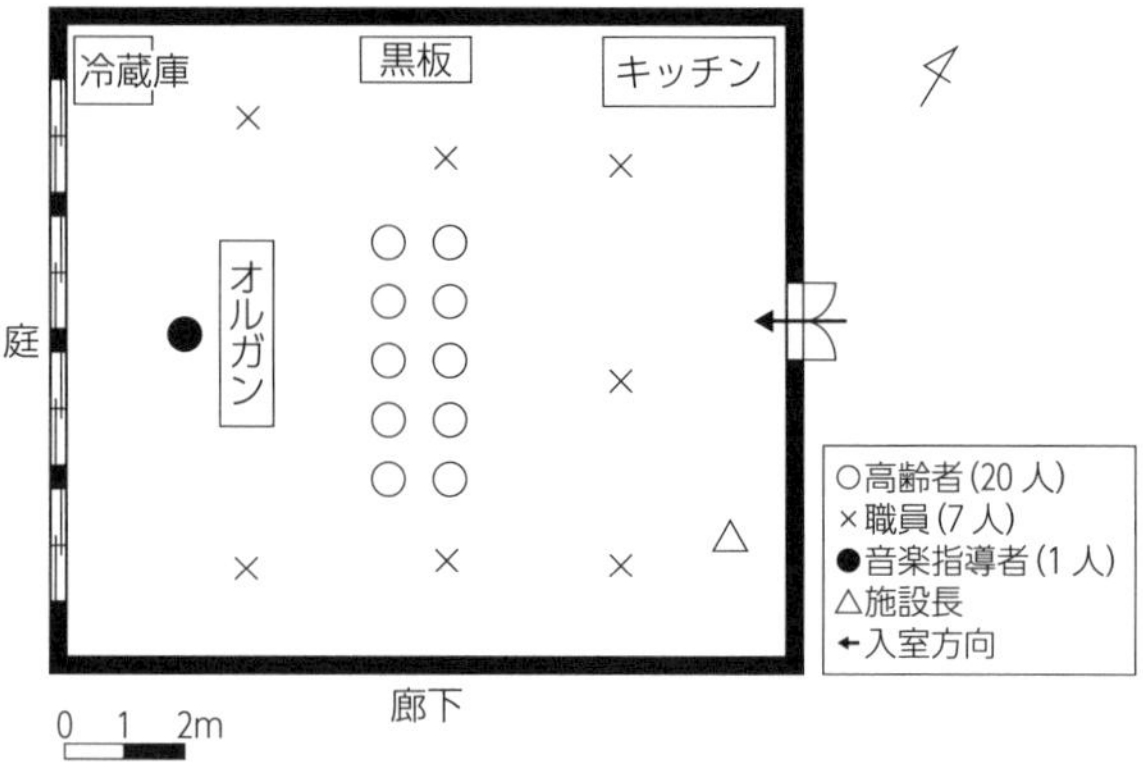


**図Ⅲ－3－2 対面型**

出所：筆者作成。

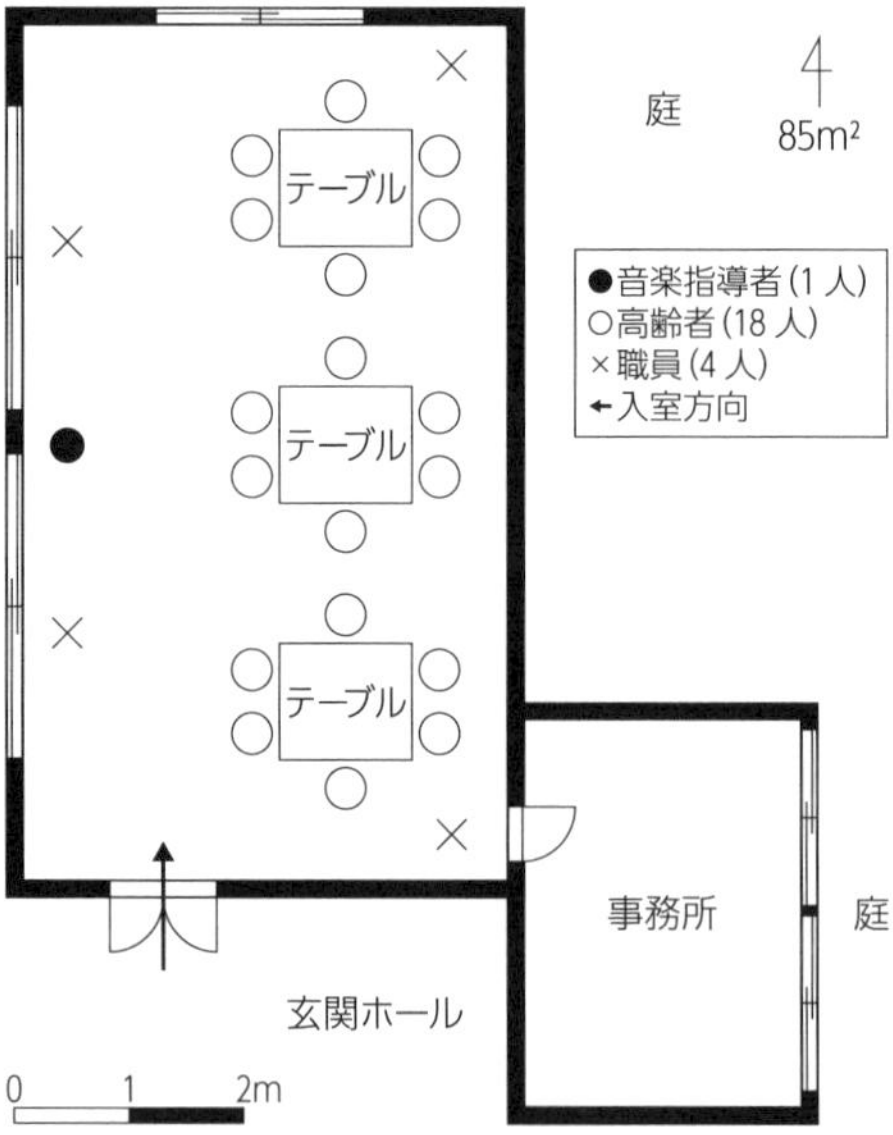


**図Ⅲ－3－3 テーブル型**

出所：筆者作成。

置になり、指導者は部屋の中を度々移動して高齢者の顔を見るようにしていた。指導者と高齢者が対面型配置で、音楽を行う方が指導者と高齢者の視線が合い、高齢者の反応が一番よい。視線は対面型が同じ距離でまっすぐに見ることができ、指導者が高齢者の表情を観察するのに適している。

また、カーテンやドアが開けられ、職員の見守りがあるほうが音楽の反応がよいことも明らかである。高齢者にとり、見守られている安心感があるようである。

## 音楽への反応

男女別では、女性の音楽反応が良い。介護度別に見ると要介護度一・二の反応が良い。また九〇代が音楽に対する反応が良く、年代に関係なく音楽はできることが示唆され、介護度が低いと音楽の反応も良いことがわかる。音楽療法中、隣同士で相槌をうったり、笑うことをしない。また、音楽開始直前に立ち歩いたりする高齢者もいるが、叫んだり、部屋から出ていくことはない。音楽終了後は、笑うことが増えた高齢者が多く見られ、体調不良や徘徊が増えた高齢者はいない。音楽療法効果が示唆される。また、職員から、音楽療法後の変化は大きくは上昇してはいないが、音楽をすることで生き生き過ごす方も多い、さらに家族に音楽療法の様子を電話で話している高齢者もあると報告があった。

## 音楽指導者

音楽指導者は、男女共に五〇代が多く、若い世代はほとんどいない。また、男性の指導者も少ない。指導経験は半年から二二年で幅が広い。また、電話で施設にヒアリングすると、特別養護老人ホームやデイサービスの方が音楽を行っている施設が多く、有料老人ホームで音楽療法士が指導する施設はほとんどない。その理由は予算がないことや、音楽療法士をどこに派遣依頼したらいいのか分からないためで、施設の職員やケアマネジャーが無報酬やそれに近い状態で音楽活動を行っている。音楽プログラムは発声練習、嚥下効果のために口の開け方、歌（季節の歌・なじみの歌・童謡・演歌）や脳トレーニング（手遊び・クイズ・朗読）、楽器は（トーンチャイム・スネオドラム・タンバリン・太鼓・小太鼓・カスタネット・鈴・ベル）等である。音楽療法士のプログラムはほとんどが楽器を使用した音楽療法で、指導者が発声練習や歌ってみせることはほとんどない。音楽療法士以外の声楽専攻出身者の音楽指導者は積極的に発声練習や嚥下効果を高める「アイウベ体操」や「パタカラ体操」を念入りに行っている。歌の選曲は高齢者と同じ年代の八〇代の指導者がスムーズであった。音楽指導者には、高齢者の音域に合う巧みな伴奏技術、表情の乏しくなりつつある高齢者から笑顔を引き出すトーク、ジャンルを問わず対象者のニーズに応えられる高い音楽知識が求められる。

男性の元中学音楽教員は声楽専攻のため歌って見本を見せ、高齢者を誘導する。高齢者の歌の音域に合わない時は即座に音程もピアノ伴奏も三度下げて指導し、職員からも高齢者からも信頼が厚い。音程を即座に変更できない指導者は参加者のやる気を失せる。また、二二年間同じ施設で同じ指導者が音楽療法を行っている施設は指導者も入居者とともに歳を重ね、顔なじみも多く、会話も弾み、認知機能に良いプログラムを作成している。カーテンやドアを閉め、構成通りのプログラムで指導している音楽療法士より、無資格の指導者の方が音楽の反応が良いことが明らかである。

## 音楽空間

高齢者同士の肩などが接触しないようにテーブルが設置された施設もあるが、隣同士に座る高齢者のコミュニケーションにも影響するため、テーブルは必要ないかと考える。それは、テーブルがあると隣同士話したり相槌を打てないためである。また、開放空間での音楽療法の音楽に対する反応が良いことから、デイサービスで行われる比較的介護度の低い対象者の音楽療法は、誰でも参加できる環境を整える必要があると考える。

指導者と高齢者が対面型配置の場合、どの対象者とも同じ方向で視線を合わせて行う施設の反応が良かった。またカーテンやドアが閉じられた閉鎖空間より、カーテンやドアが開けられ、壁の色が白く部屋が明るく、吹き抜けの開放空間で、一人あたりの使用面積が狭い空間より広い方が音楽効果は良い。また、職員は音楽療法中見守るだけで、話しかけると集中力が止まり音楽の反応もストップするため考慮する必要がある。車椅子の高齢者も多いことから、部屋の広さも狭すぎない空間を選ぶ必要がある。ピアノを設置してある施設は少ないが、とくに太鼓や綺麗な音のトーンチャイムは、高齢者が音に反応するため、今後はそのような楽器の設置も必要と考える。

## 今後の課題

今後、団塊の世代が入居してくることを想定すると、音楽療法だけでなく、幅広い知識も必要になる。また、日本音楽療法学会が認定する音楽療法士の資格は民間の資格であり、国が認定した資格ではない。現在、国家資格として認められるような働きかけはあるが、見込みも立っていない。音楽療法のデータによるエビデンスが少ないことも要因であるとの指摘もある。音楽療法士が国家資格に認定されれば、音楽療法士の位置づけもはっきりして、音楽療法に対する報酬も上がると考える。音楽効果だけをみるのではなく、効果をエビデンスで立証することが早急に求められる。

高齢化に伴い、認知症対策の一つとして、余暇活動に音楽療法的活動を定期的に行うことが重要である。一番身近で実施しやすく、誰でも参加できる利点がある。音楽活動以外に、園芸療法やペット療法、化粧療法、生け花療法などが施設で行われているが、ペット療法は清潔面、化粧療法は高額な料金がかかり、生け花は、はさみの使用方法が危険なためいずれも一回で終了している。その点音楽療法は、同じ指導者が半年から二二年という長期間継続して定期的に行われている。もっと多くの施設で取り入れる必要がある。今後も高齢者福祉施設の建設は増え続けるであろう。食堂やエントランス以外に音楽療法的活動専用の一六〇㎡くらいの広さで、四方がガラス張りで、カーテンは開けられ誰でも屋内から見ることができ、壁は明るい色で、天井は吹き抜けで、フローリングの色も明るく、ピアノの設置がある部屋が望まれる。建物や音楽療法的活動の方向性を検討し、音楽の手法について検討することが今後の課題である。

**注**

1 音楽の友社 https://www.ongakunotomo.co.jp/。
2 内閣府『高齢社会白書　世界の高齢化率の推移』（二〇一八年度版）。http://www8.cao.go.jp/kourei/whitepaper/w-2011/zenbun/23pdf_index.html。
3 大江宮子・中山徹「高齢者福祉施設で行われる高齢者の音楽療法の評価と療法後の生活の変化」『人間と生活環境』二三巻一号、二〇一六年。
4 大江宮子・中山徹「有料老人ホームで行われる高齢者の音楽療法的活動の評価と療法後の生活の変化」『家政学研究』六四巻一号、二〇一七年。
5 大江宮子・中山徹「デイサービスで行われる高齢者の音楽療法的活動の現状と療法後の生活の変化」『人間関係学研究』二二巻一号、二〇一七年。

# 4 中国の高齢者地域福祉事業
## ―江蘇省を例に―

劉丹

### 江蘇省における高齢者福祉サービスシステムの構築

中国では少子高齢化の進行に伴い、社会の転換期を迎えている。社会福祉領域では従来の社会扶助から社会福祉への移行、包括的な社会福祉サービスシステムの構築が求められている。具体的な方向としては、臨時的な措置から制度化へ、福祉給付対象範囲の拡大、福祉サービス給付項目の拡大となる。

このような変化を江蘇省を事例として具体的にみる。浙江省は上海市の南に位置し、東シナ海に面している。人口は六四五七万人（二〇二〇年）である。「江蘇省社会福祉発展十二次五カ年計画」をはじめ「江蘇省社会福祉発展十三次五カ年計画」、「江蘇省社会福祉発展十四次五カ年計画」などの関連政策から、江蘇省の高齢者社会福祉事業が一定の成果を上げていることが分かる。

二〇〇九年、江蘇省党委員会と省政府は「省内高齢化発展加速に関する意見」を発表し、二〇一〇年、江蘇省人民代表大会は「江蘇省慈善事業推進条例」を公布した。その後、省民政部と財政部は共同で「江蘇省高齢者サービス機関建設に関する二〇一〇～二〇一二年の省内資金投入実施計画公告」を発表した。省政府は社会福祉事業の発展を図るために、民間企業・団体を広く動員した。「江蘇省高齢者事業発展第十二次五カ年計画」に掲載された情報によると、「第十一次五カ年計画」期間は、江蘇省の高齢者事業が急速に発展した五年間であった。社会養老保険や社会医療保険もさらに充実した。労働者の退職金は平均月額一四六六元に達し、第一〇次五か年計画終了時に比べて七五%増加した。新しい農村社会保険制度は、中国で初めてフルカバレッジを実現し、農村部の七六〇万人以上の高齢者が養老金を受給することになった。

都市部の高齢者は基本的に都市労働者・都市住民の基本医療保険でカバーされ、農村部の高齢者は基本的に新しい農村協同組合医療保険でカバーされた。「低保」[1]「三無」[2]「五保」[3]の条件を満たす高齢者は、対応する援助・支援が受けられる。一人っ子政策を進めてきたため、子どもが一人しかいない高齢者が多く、そのような高齢者を支援する政策も実施されるようになった。二〇二一年に発表された報告によると、江蘇省内の各種高齢者施設のベッド数は七四・三万床以上に達し、高齢者のためのコミュニティセンターは一・八二万か所以上設置され、高齢者向けの文化、教育、スポーツ事業は発展しており、高齢者の権益保護も強化されている。高齢者事業を発展させるための一連の政策と措置が打ち出され、敬老や高齢者優遇サービスなどの制度も確立され、福祉サービスの質を確保するために、管理が標準化された。かつては都市と農村の間に、高齢者福祉の格差が存在していたが、そのような地域格差は徐々に縮小しつつある。高齢者事業の戦略的地位は著しく向上し、高齢者を尊重し、愛し、助けあうという社会的雰囲気が強くなっている。大多数の高齢者は老年期になっても活動することを希望し、経済・社会建設と公共福祉活動に積極的に参加している。二〇二二年末までに、省内の高齢者施設は合計七四・三万床、昼間サービスセンターが五八九か所、高齢者食堂施設が七〇〇〇か所で、一定基準に達したコミュニティ（村）型在宅高齢者サービスセンターは一・八二万か所以上建設された。社会福祉サービスの多様な供給が基本的に実現されたといえる。

## 江蘇省における高齢者福祉の問題点

「江蘇省社会福祉発展第十四次五カ年計画」では、江蘇省の社会福祉の問題点として、ハード面とソフト面の両面で実際のニーズに対応できておらず、社会サービスモデルの革新が必要であると指摘している。

第一は、福祉施設の量が不十分な点である。高齢者介護の需要と供給の矛盾が顕著で、政府運営モデルの高齢者介護施設は標準化が進んでいるが、その量は限られている。高齢者一〇〇〇人当たり四〇・一床が必要なのに対し、供給されているのは六五%にすぎない。県（市・区）の半数以上に総合的な社会福祉施設が設置されていない。つまり、社会的なニーズを満たすにはほど遠い状況であるといえる。

第二は、社会福祉サービスの質が低い点である。専門的なサービスを提供する人材、マネジメント人材の不足は深刻である。省内では高齢者介護士資格を持つ従業員は四万六〇〇〇人余りで、介護従業員全体のわずか七%である。これが社会福祉サービス業の発展を妨げている。一方、福祉やその関連分野の大学を卒業しても、これを踏み台にしているだけで、給料が安いため福祉施設に入ることを望まない若者が多く、常に人手が足りない状況であり、コミュニティワーカー本来の仕事が十分できていない。

第三は、社会福祉サービスモデルの革新が必要な点である。現在、江蘇省の社会福祉事業は多くの面において、まだ模索と実践の段階にあり、運営メカニズムやサービス方法の改善は不十分である。政府に関連する多くの社会事業団体は、評価のために努力するが、評価が定着したら、やる気を失ってしまい、初心を忘れがちである。

Doyal and Gough の人間欲求論によれば、健康と自律性は人間の基本的欲求であり、特に高齢者にとって顕著である（Doyal and Gough, 2008: 215）。そこで、南京市の高齢者を対象に、社会的ニーズの現状を調査した。南京市は江蘇省の省都である。江蘇省は上海市の北部に位置し、南側には上海市と浙江省がある。人口は八四七五万人（二〇二〇年）である。南京市は江蘇省の西部に位置し、人口は八五〇万人（二〇二〇年）、都市圏人口は一〇三〇万人である。歴史が古く、中国の四大古都（長安、洛陽、北京、南京）の一つである。

以下、調査結果について説明する。調査対象者三三二人の高齢者のうち、「あまり健康ではない」「健康ではない」と答えた人は合計二四・一％、「平均的な状態」の人は四四・六％で、「健康」と答えた人は三一・三％であった。しかし、カイ二乗検定によると、年齢と健康状態との関連は見られなかった。これは、サンプル数が各年齢層に均等に分散されていないことに関係していると思われる。健康問題は高齢者の自律性に影響を与える重要な要素であり、全く影響を受けない人は三一・三％に過ぎず、残りの人は多少影響を受けている。カイ二乗検定によると健康状態と生活の自律性には強い相関があることが示された。全体的に高齢者は幸福感が強く、五三・九％が「非常に幸福」「比較的幸福」と感じ、四一・〇％が「平均的」と感じ、「幸福感が低い」「非常に不幸」と感じているのは五・一％であった。

高齢者の幸福と生活の安定には密接な相関がある。高齢者の収入は政府、企業、家族から得るが、中でも政府の保障は最も重要な収入源である。表Ⅲ－４－１をみると、都市型簡易医療保険、新農村協同組合医療、公的医療と年金保険が最もカバー率の高い社会保障制度である。積立金と失業保険のカバー率は比較的低く、社会福祉制度のギャップフィリングの反映である。

表Ⅲ－4－1　在職中の社会保障制度への参加に関する統計（N＝332）

| | 都市型簡易医療保険／新農村協同組合医療保険／公的医療保険 | | 年金保険 | | 積立金 | | 失業保険 | |
|---|---|---|---|---|---|---|---|---|
| | 回答者数 | 比　率 | 回答者数 | 比　率 | 回答者数 | 比　率 | 回答者数 | 比　率 |
| 参加 | 284 人 | 85.5% | 275 人 | 82.8% | 139 人 | 41.9% | 81 人 | 26.2% |
| 非参加 | 45 人 | 13.6% | 53 人 | 16.0% | 176 人 | 53.0% | 221 人 | 66.6% |
| 該当しない | 3 人 | 0.9% | 4 人 | 1.2% | 17 人 | 5.1% | 24 人 | 7.2% |
| 合　計 | 332 人 | 100.0% | 332 人 | 100.0 | 332 | 100.0% | 332 人 | 100.0% |

出所：筆者作成。

表Ⅲ－4－2　高齢者またはその家族の社会福祉サービス受給に関する統計（N＝332）

| サービス内容 | 受け入れ状況 | | ある場合、支援を提供している団体 | | | |
|---|---|---|---|---|---|---|
| | ある | ない | 政府 | ストリート、コミュニティ | 企業 | 社会的組織 |
| 高齢者向けサービス | 24 | 308 | 3 | 21 | — | — |
| 子ども向けサービス | 10 | 323 | 4 | 4 | — | 2 |
| ファミリーサービス | 12 | 320 | 2 | 10 | — | — |
| 雇用サービス | 18 | 314 | 3 | 13 | 1 | 1 |
| リーガルサービス | 11 | 321 | 2 | 7 | — | 2 |

出所：筆者作成。

高齢者とその家族が受けた社会福祉サービス（表Ⅲ－4－2）をみると、大多数はサービスを受けておらず、高齢者向けサービスを受けた人は二四人、次いで雇用サービスが一八人である。サービスの主な提供者はコミュニティ、次いで政府だが、前者は現実には政府の権限の延長に過ぎない。したがって社会福祉サービスの供給は主に政府とその代理者に留まる。

高齢者（N＝三三二）に対して、以下のサービスや手当が「必要」もしくは「ただちに必要」と考えているかどうかを聞いた。七〇歳以上の高齢者手当制度が九〇・七％と最も高く、高齢者介護カードサービスが八五・八％、一人暮らし高齢者ケアサービスが八二・二％、ホスピスケアサービスが八一・六％であった。しかし、政府が集中的に行う要介護高齢者の介護は七四・一％に留まっている。これは、高齢者の希望する介護方法と多少関係があると思われる。

高齢者に対してどのような介護が望ましいと考えているかを聞いた。「自分や家族に頼る在宅養老」が六三・三％と依然として最も望ましいと考えられており、「国や社会に頼る施設養老」が二二・六％と続き、「地域に頼る在宅養老」が比較的少なかった。この順番は、高齢者介護システムに対する信頼度を反映している。伝統的な家族概念が依然として支配的で、最も信頼できることに変わりはない。「単位制度」（中国で市民に給与、住宅等を支給する組織で企業、団体等）の崩壊後も住民は政府に対する信頼をなくしておらず、むしろ過去よりも増していると言える。現状のコミュニティには社会福祉サービス提供を担う資源やインフラが不十分であるが、地域住民が老後をコミュニティのサービスに委ねることができるように、コミュニティの行動力が期待されている。高齢者介護サービスの提供方法について、調査対象の高齢者が最善の方法と考えているのは、家族介護を除くと、政府の後援と監督を受けることである。次いでコミュニティ運営であり、三番目は政府投資と企業運営である。

## 高齢者福祉の政府責任

高齢者に合理的な生活保障を提供する上での政府の責任について聞いたところ、「当然、政府責任があるべき」が三三・一％と三分の一近くを占め、「そうであるべき」が六三・三％を占めている。「成人の子どもが高齢の親の面倒を見るべきだ」という質問に対しては、九八・二％が「そう思う」「完全にそう思う」と答え、「成人の子どもが政府に高齢者の面倒を見るよう求める権利があるか」という質問に対しては二八・三％が「そうは思わない」「全くそう思わない」と答え、「全くそう思う」はわずか一八・七％であった。中国社会のすべての成人の子どもが高齢の親の介護を良くやっていると思う人は五・七％、半々だと思う人は二五・六％、政府が高齢の親の介護を支援する責任があると思う人は八五・五％であった。この結果は、上記のような高齢者の介護・看護の最善の方法に対する政府の介入への期待度とも一致している。

しかし、理想と現実の間にはギャップがある。理想的な状態を聞いた質問に対して、完全に同意する場合は「1」、同意する場合は「2」、同意しない場合は「3」、完全に同意しない場合は「4」として平均値を出した。現状がどうなっているかを聞いた質問に対しては、ほとんどあるは「1」、半分あるは「2」、少しあるは「3」、ほとんどない場合は「4」として平均値を出した。

「親が介護を受ける権利」について、理想的な平均値は二・一六、現状の平均値は二・四五となり、権利に対する期待は高いが、現状は低いという結果となった。親を介護する成人の子どもを支援する政府の責任について、理想的な平均値が一・九一であるのに対し、現状の平均値は二・三五と平均値の差が最も大きく、政府の責任遂行と国民の期待との間に大きなギャップがあることを示唆している。

調査対象者の高齢者は、社会福祉サービスに対するニーズや期待が高く、政府に対する期待も高い。自宅で、自分や家族を頼りに老後を過ごすことが最も理想的な老い方だと考えているものの、依然として政府に依存する傾向がある。これは、高齢者の社会的地位と関連性があり、社会的福祉観にも影響を及ぼしている。近年、中央政府をはじめ、各地方政府も高齢者福祉に力を入れているが、財政負担や人材育成の制約で、発展は緩やかで、さらなる考察と研究が必要である。

**注**

1　低所得者に対する保障制度。
2　労働力、収入源、扶養者のない高齢者に対する保障制度。
3　衣、食、住、医療、葬儀（子どもであれば教育）の五つを保障する農村住民に対する保障制度。

## 参考文献


・「江蘇省政府辦公廳關於印發江蘇省〝十四五〟老齡事業發展規劃的通知」(http://www.jiangsu.gov.cn/art/2021/12/26/art_46144_10231174.html)。
・「江蘇省政府辦公廳關於印發江蘇省〝十四五〟養老服務發展規劃的通知」(http://www.jiangsu.gov.cn/art/2021/9/15/art_46144_10014632.html)
・国家統計局「中国統計年鑑」中国統計出版社、二〇一九年。

# 5 ソーシャルワークによる中国の高齢者地域支援

張秀敏

## 高齢者ソーシャルワークの必要性認識から「本土化」の探求へ

二〇世紀初期、プロフェッショナルなソーシャルワークが中国に導入された。それと似たような社会組織は中国建国前にもあったが、建国後は計画経済制度の影響で、社会救助などの社会福利機能は主に政府または関連する組織が担うようになり、大学等に設置されていたソーシャルワーク学科なども閉鎖された。

その後、ソーシャルワークの必要性が認識されるようになった。そして一九八〇年代後半、北京大学、中国人民大学、吉林大学、南開大学の四大学がソーシャルワーク学科を設立し、専門的な人材を育成し始めた。一九九一年、中国ソーシャルワーク協会が設立され、翌年に国際ソーシャルワーク学会に加入した。その後の一九九四年には中国ソーシャルワーク教育協会が設立され、一九九七年には第一次年会が開催され、ソーシャルワーク学術活動が徐々に活発化してきた[1]。

しかし、これまでの知識はほぼ欧米諸国によるものであり、実務上のサービス倫理や処理のしかたが中国の実情に合わないことが多かった。それが多くの研究者に指摘され、その見直しの必要性が徐々に明らかになってきた。それはソーシャルワーク「本土化」という課題として認識され、中国の国情、政情、社会事情に合う教育や実務様式、理論などを検討し、中国の伝統や経験から生まれたソーシャルワークのあり方に対する探求が始まった。

## 高齢者ソーシャルワークの発展

改革開放前は「単位制」[2]であり、家族全員が「単位」で社会福利を受け、子どもが卒業したら親の仕事を継ぐのが一般で、老後の各サービスも単位が担っていた。そのため、伝統的な家が重要であり、家族内の絆が強く、流動人口が少なかった。当時、国や社会が提供する高齢者サービスの対象は、働くことができない、貯蓄がない、扶養者（子ども、親族など）がいない人であった。また、提供されたサービスは、無償であったが、質は低く、最低限の社会保障であった。[3]

一九九二年に第四七回国連大会が開催され、高齢者問題に関する特別会議が開催された。この会議では、「高齢者問題宣言」と「一九九二―二〇〇一年世界高齢者事業目標」が示された。中国においても、二〇〇〇年に六〇歳以上高齢者が一〇％に達し、高齢化社会に入ると予測されたため、高齢者問題が社会全体で重要視され始めた。一九九四年に「中国老齢工作七年発展綱要（一九九四―二〇〇〇年）」が発表され、家庭養老と施設養老以外に、社区養老[4]という新しい保障方法が提起された。これは、社会にあるさまざまな力を集め、社区という地域内で高齢者のサービス提供や問題解決を進めるという方針である。つまり、従来からの取り組みに加え、地域レベルでも高齢者の老後生活を支えようということである。

二〇〇〇から二〇一〇年は、高齢者ソーシャルワーク発展の黄金期だと呼ばれている。中国政府が一連の政策、たとえば社区サービスセンターの整備、各種高齢者社会組織の設立優遇や税金の減免など、高齢者ソーシャルワーク事業の促進に寄与する政策を打ち出した。

一方、高齢化が急速的に進むとともに、高齢者ソーシャルワークの専門化と職業化が急がれた。当時、大学等におけるソーシャルワーク学科はすでに二〇〇校ぐらいで開設されていた。国や地方政府は制度上で高齢者ソーシャルワークの発展を進めるだけでなく、いろいろな組織に対して高齢者ソーシャルワークに係るように勧めてきた。その結果、NPO、病院、会社、各種団体や協会などが、自発的にさまざまなサービス連携を試し始めた。[5]また、二〇一六年に民政部が「高齢者ソーシャルワークサービスガイド」を発表し、サービス内容、目的、方法、サービスプロセス、人員管理などを規定した。高齢者ソーシャルワーカーの職責が明確になり、サービスが一層、規範化された。確実にプロフェッショナルなソーシャルワークへ向かって、専門性を作り出していたといえる。

## ソーシャルワークサービスの現状

中国におけるソーシャルワークは、先進国と違って、発展途上国特有の問題に直面している。たとえば、改革開放で失業した人、一人っ子家庭で何らかの理由で子どもを失った人、開発で土地を失った農民、農村から都市へ出稼ぎに行った農民労働者およびその家に残った子どもと高齢者などに関する問題等々、先進国の高齢者や子どもが抱える問題とは異なったさまざまな問題がある。そのため、これまでは政府主導で問題解決を図ろうとし、国の政策や制度を中心として、サービスは主に政府の権限が及ぶ社区を単位として行われてきた。

近年、中国では、ソーシャルワーク事業は専門的な人材育成に力を入れながら、そのサービスを都市から農村へ拡大し、関わる領域も増え続けている。児童、青少年、高齢者、女性、障がい者、犯罪矯正者、麻薬患者およびそのリハビリ者、軍人またはその家族などを対象として、家庭、社区、学校、病院、企業、労働組合などと連携し、社会援助にとどまらず、災害救助などの領域も含めて全面的にサービスを展開している。サービス内容は以前と比べると豊富で、その効果も徐々に高まっている。

二〇二〇年一〇月に民政部は街道弁事処[6]の管轄範囲を単位として、中国全国でソーシャルワークステーションを設け始めた。二〇二二年八月末までに、全国で二・三万余りのステーションが設立され、全国の六〇%をカバーしている。全国で五・八万人のソーシャルワーカーが、住民に各種サービスを提供している。ソーシャルワーク組織は、政府の優遇制度によって急速的に増加し、統計によると現在、全国で一・五万か所以上に達している。[7]

## 高齢者ソーシャルワークサービスの三分類

高齢者ソーシャルワークは、ケースワーク、グループワーク、社区ワークによる専門的なサービスである。高齢者の生理的、心理的、そして日常生活上の問題を解決し、社会的機能を高めながら心身的な健康を保つことを援助している。日常生活に関して支援が必要な状態から、自立して生活できる状態に変えることが目標である。そのために、高齢者に決定する権限を委ねたり、意欲を高めることが重視される。高齢者一人ひとりの潜在力を発掘し、能力を高めることがよく使われる方法である。

中国における高齢者ソーシャルワークの地域実践は、高齢者のニーズに合わせ、以下の三パターンにまとめることができる。一つ目は、地方政府やそれに関連する部門が地域に設置するソーシャルワークサービスステーションである。普通は、街道あるいは社区を単位として、地域の高齢者に各種サービスを提供している。この種のソーシャルワークサービスステーションは、行政もしくは公的な団体が支持するため財政的な不安が少なく、サービス提供の安定性が保障される。また、行政が関与しているため、地域の各種情報や資源を入手しやすく、社区、医療機構、高齢者施設などとの連携サービスも多い。たとえば、社区と情報を共有し、高齢者に個人訪問サービスやグループ活動を提供する。高齢者施設に定期的にソーシャルワーカーを派遣する。病院の高齢者患者、学校や会社のうつ病者にソーシャルワーカーを派遣するなどである。

二つ目は、志の同じ人や会社によって創設された民間ソーシャルワーク社会組織である。民間ソーシャルワーク社会組織の運営資金は、寄付金や政府の補助金による場合が多い。民間組織のためサービスには比較的柔軟性があり、高齢者のニーズに対応した多様なサービスを提供している。しかし、財政的な安定性は弱く、サービスの量や質が資金によって左右される場合が多い。民間ソーシャルワーク社会組織に所属するソーシャルワーカーは、サービスプロジェクトの企画、管理、各種人員調達などを担当しなければならないため、いろいろな職業能力が必要である。また、狭い意味での生活支援だけでなく、多彩な活動を展開している。たとえば、生活困難な高齢者に手作り商品づくりの技術を伝え、バザーを通じて、その高齢者の収入を高める。定期的にコミュニケーション技術、リーダーシップ向上などに関する講座を開催し、高齢者に社区内業務の参加を誘い、地域住民のコミュニテイ企画や参加に関する意識度を高めるなどである。

三つ目は、高齢者施設に独立したソーシャルワーク部門を設置、あるいは高齢者施設にソーシャルワーカーを配置することである。二〇二一年末に民政部が発表した「高齢者施設ポジション設置及び人員配置規範」では、高齢者施設において、二〇〇人の高齢者あたり一人のソーシャルワーカーを置く（二〇〇人以下の場合も二〇〇人で計算する）と規定している。[8] 現在、主に公的な高齢者施設がソーシャルワーカーの配置を進めている。主なサービス内容は、心理カウンセリング、入居高齢者間の関係づくりを促すためのグループ活動、ニーズに合わせた個別対応サービス、体操などの日常活動サービス、レクリエーション活動、ニーズに合わせたいろいろな能力向上グループ活動などである。また必要に応じて、医師や介護員と連携してサービスを提供する。

## 地域づくりにおける主な課題と展望

これまで、中国は国の大きな傘の下で、プロフェッショナルなソーシャルワークづくりしながら、社区養老を促進してきた。しかし、それに関する理論や方法は心理学、社会学、民族学など他分野から借りたものが主であるとよく指摘されている。また実務レベルでは、専門的なサービス提供は短期的なものが多く、トランザクション作業やサービス定量指標性評価などの業務に時間が取られ、ソーシャルワーカー本来の業務に十分な時間が割けないなどの指摘もある。加えて、今まで政策で打ち出された基準やガイドなどは、大まかなものが多い。これらの影響で、国がソーシャルワーカーの職業化や規範化を進めているが、他方ではソーシャルワーカーの専門性に対して疑問が出されている。

今まではソーシャルワーカーの育成を急速に進める必要があったため、全国的な視点で進めてきたが、今後は地域の特性に応じた発展も必要である。また、専門性を高めるためには、理論的なアプローチに加え、人の感性も重要だと思われる。さらに、これまでのサービスは一般性が重視されていたが、これから行政によるコントロールを緩和し、現場から独自性のあるサービスを考え出す必要がある。

高齢者ソーシャルワークにおいて、近年、多くの政策が打ち出された。しかし、実務面ではさまざまな問題が存在している。たとえば、同じような問題が繰り返しさまざまな場面で生じている。その都度、一から対応するのではなく、教訓化を図り、必要に応じてマニュアルを整備すべきである。一方、日常業務は個別性が高く、一般的なマニュアルだけでは対応が困難な面もある。柔軟な対応をどう保障するか、ニーズに応じて対応をどう発展させるかなどの視点も重要である。

近年、専門性のある経験豊富な人材の流出問題が深刻である。統計によると、現在ソーシャルワーカーの流出率は二〇％前後である。[9] 今後、人材を確保するために、待遇の改善、昇進の保障、職場環境の改善、研修制度の確立、科学的な評価制度の確立などを進めつつ、ソーシャルワーカーの自発性を引き出し、主体的に成長できるような環境を整えるべきである。

最後に、これまで高齢者ソーシャルワークにおける発展は、高齢者福利体系の一部として構成されており、独立した高齢者ソーシャルワークシステムに関する方針は少ない。二〇二三年三月に国務院が「党と国家機構改革プラン」を発表し、「中央ソーシャルワーク部」が設立された。[10] これは、初の国レベルのソーシャルワーク部門であり、中国のソーシャルワーク事業を促す決心を示している。これを機に、急速な高齢化に対応できる高齢者ソーシャルワークサービスシステムの構築が急がれることを強調したい。今後、中国の特性を踏まえた高齢者ソーシャルワークサービスのあり方に関する研究が期待される。

## 注

1 闵兢、梁祖杉、陈丽云、徐永祥『国社会工作教育的历史轨迹与范式转向』「社会建設　第五巻第五期」中国人民大学に収録、二〇一九年。

2 「単位」とは、政府機関、軍、企業、学校など、すべての職場組織を意味している。改革開放前には、あらゆる面で従業員の生活保障に貢献していた。食堂、託児所、学校、医務室など設け、住居を提供することもある。

3 窦影『中国老年社会工作的历史与发展』「社会工作　第一期」江西省民政庁に収録、二〇一四年。

4 「社区」いう用語は Community の中国語訳である。各社区に設けられている「居民委員会」は社区内住民によって構成される自治組織である。同時に、街道弁事処（行政機関）（注6参照）の指示に沿って、地域サービス活動を展開し、所在する区政府または街道弁事処の政策業務の一部を担当している。社区の範囲は地域よって異なるが、一般的には一〇〇〇～三〇〇〇住戸である。

5 杨薇、陈文华、郑广怀『一九九〇—二〇二〇年我国国家与专业之间关系的演变：以老年人照顾社会工作为例』「社会工作与管理第二期」广东工业大学に収録、二〇二二年。

6　現在、中国の都市における管理体制は、市政府→区政府→街道弁事処→社区居民委員会となっている。一九五四年一二月に出された「都市街道弁事処組織条例」によって、地域社会を管理するため、各区をいくつかの区域に分け、「街道」と名づけた。そして各街道に居住する住民管理業務を担う区政府の出先機関として「街道弁事処」を設けた。

7　中华人民共和国民政部「十年擘画踏征程　奋楫扬帆再向前—党的十八大以来我国社会工作发展综述」(https://www.mca.gov.cn/n152/n166/c46067/content.html)

8　江西省民政厅「行业标准『养老机构岗位设置及人员配备规范』」(http://mzt.jiangxi.gov.cn/art/2022/1/12/art_34593_3830698.html)

9　注1参照。

10　中华人民共和国中央人民政府：中共中央国务院印发《党和国家机构改革方案》(https://www.gov.cn/zhengce/2023-03/16/content_5747072.htm)

# Ⅳ

# 少数民族等の文化を生かしたまちづくり

# 1

# 福建土楼の実態調査と今後の展望

王飛雪

## 本研究に至った経緯

中国独特の版築集合建物である土楼は、福建省を中心とする農村地域に多数存在している。この土楼の一部は、独特な建築様式と文化的価値が認められ、二〇〇八年にユネスコの世界遺産に登録されている。

福建の土楼が世界遺産に指定された後の二〇一一年、奈良女子大学の中山研究室に福建省出身の留学生が加わった。そしてその学生の希望研究テーマが土楼であったため、土楼に関する研究会が結成された。当初私は博士研究員として、その研究会に参加した。土楼に関する様々な議論をした後、中山徹教授と一緒に福建の土楼を調査した。さまざまな土楼を見て回った後、二〇一二年〜二〇一四年の間に、山間部の居住用土楼を対象とした研究調査を行った。

土楼の一部は世界遺産に指定され、保存の対象となっているが、山間部の土楼は増改築されて形態が大きく変わったり、消滅したりしている。そこで、その変貌や消滅の原因を究明して、対策を考える必要があると判断している。

## 土楼に関する調査の現状

福建省にある土造を主とした伝統的な住居である土楼は三万を超えると言われているが、いままで詳しく調査されているのは三〇〇〇程度にすぎない。図Ⅳ－１－１に示すように、世界遺産に指定されているような土楼や大規模なもの、形態の美しいものなどは多く調査されてきたが、一般的な居住用土楼に関する調査、論文は少ない。とくに観光地域と離れる交通不便な山間部にある土楼を対象とする研究はほとんどみられない。

　もともと土楼では一族多世帯が共同生活を送ってきた。しかし、時代とともに生活スタイルが多様化し、伝統的な住まい方も変わってきている。一九八〇年代以後、農村も家族構成が小さくなり、そのような家族が使用するコンクリート造の建物が増えた。また、多くの若者は土楼から出て、現代的な家に移住した。山間部にある土楼の多くは居住者が減少し、人が住まなくなり、土楼の維持管理が困難になっている。土楼は集合住宅であるが空き家が増え、高齢者だけが残されるという問題が生じている。長い歴史のなかで地域に根付いた伝統的な住居である土楼において、なぜ地元の人びとはこのような共同生活を放棄するのか。もしくは、土楼に住み続けようと考えている居住者は存在するのか。その場合、居住者たちはどのような思いで土楼を継承し発展させようとしているのか。いまだに不明な点が多い。

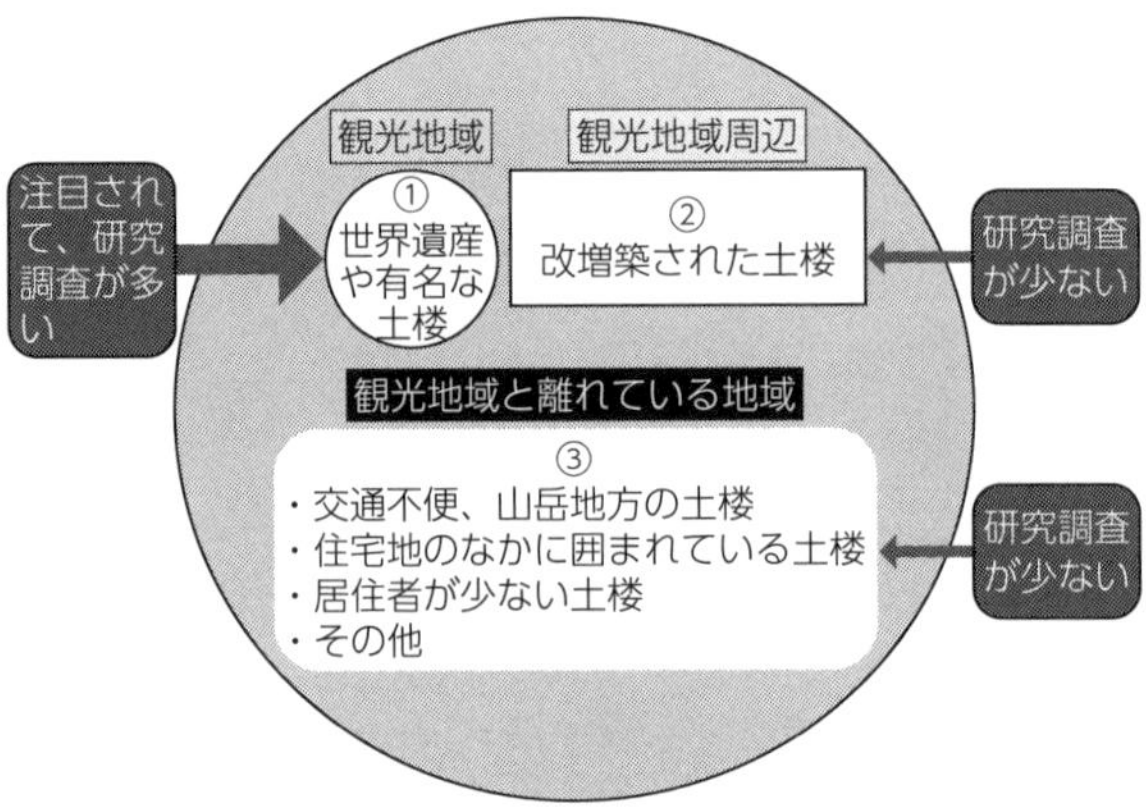


図Ⅳ－1－1　土楼に関する調査研究の現状

出所：筆者作成。

表Ⅳ－1－1　本研究における土楼の分類

| 土　楼 | 建築的特徴 | 用　途 | 現状の課題 |
| --- | --- | --- | --- |
| ①保存型 | 世界遺産群等、元の風貌が維持 | 観光、住居 | 観光と居住の両立 |
| ②増改築型 | 増改築された土楼 | 住　居 | ライフスタイルの変化に対応する住まい方の変化、リノベーションの可能性とリノベーションの適正化 |
| ③消滅型 | 空き家、朽ち果て、倒れかけたもの多い | 住　居 | |

出所：筆者作成。

## 本研究における土楼の分類

土楼の分類はさまざまな研究で試みられている。しかし、**図Ⅳ－1－1**で示したように、観光地域以外の土楼に関する調査が少ないため、世界遺産や大型または有名な土楼を対象とした建築様式による分類が多い。それに対して、一般的な居住用土楼は保護の対象になっていないため、あまり分類されていない。しかし、筆者らが山岳地域にある土楼を調査しているうちに、言及されていない一般的な居住用土楼にも独特の様式や類型があり、伝統的な生活様式を維持しながら、時代とともに変化していることが分かった。

そのため、本研究において、土楼を大きく三種類に分ける。**表Ⅳ－1－1**に示すように、本研究では、建築的特徴と用途の関係等によって、土楼を三種類に分けた。またこの三種類の土楼のそれぞれの背景と問題点を明らかにした上で、今後多世帯の居住による生活の共同化の視点から、土楼の新たな展開ができるのではないかと考えており、その内容を提案する。

①「保存型」は、世界遺産に指定された土楼、大型で著名な土楼などとその土楼群である（**写真Ⅳ－1－1、2**）。すでに国や自治体及び村により建築自体の増改築は厳しく制限されているため、その伝統的な風貌や形式等は保護されて、観光化が推進されている。地域住民は観光による収入が期待できるため、人口の流失が止まり、出稼ぎに行った若者も観光客の増大とともに村に戻ってくる傾向がみられる。しか

写真Ⅳ－1－1　保存型土楼の外観

出所：筆者撮影。

写真Ⅳ－1－2　保存型土楼の内部

出所：筆者撮影。

し、観光による経済的効果をもたらした一方で、人口増加により住居が不足しだしている。これらの土楼は増改築が制限されているため、自主的な増改築が困難であり、観光客の増大により静かな居住環境の喪失、プライバシー侵害などの問題も起きている。

貴重な建造物を保存することは重要であるが、住民が主体となった保存、伝統的な形態を守りつつ現代的な生活スタイルに対応した改修、住民の生活を第一に考えた観光のあり方などを考える必要がある。土楼を観光資源として活用できるため、市民生活の安定には寄与できるが、過度な観光収入を求めると、伝統的な生活が失われ、ひいては観光資源の喪失に繋がりかねない。目先の収入を求めるような意識があるのであれば、住民の意識改革も重要である。

②「増改築型」は、世界遺産周辺の居住用土楼である。おおむね建築年代が新しいため、見た目が美しくても保護の対象にならなかった。これらの居住用土楼は観光化の影響はあまり受けず、規模の大きいものも多くみられる。土楼は歴史的な建造物であり、バリアフリーやプライバシーはあまり考慮されていない。また調理なども共同の空間で行われ、若い居住者のニーズに必ずしも合っていない。土楼は集合住宅であり全体規模は大きいが、個々の住戸の床面積は大きくない。そのため、広い居住空間を求めた増築、近代的な生活スタイルに合わせた改築が盛んに行われている（**写真Ⅳ－1－3**）。

筆者は、世界遺産地域に近接している龍岩市永定県の二つの村、高東村と高北村を調査し、一七棟の増改築の原因、利用状況及び増改築前後の住民意識の変化等を明らかにした。[1] 本来、土楼内部にはキッチン、浴室、トイレのような水回りは設置されないが、近代化と生活の向上のため、それを整備するような増改築が多く行われていた。増改築には四種類の方法があった。一つ目は、土楼の外壁に接する形で新たな部屋等を増築する方法である。二つ目は、土楼内部にある共同の庭に新たな建物を増築する方法である。三つ目は、別の棟を新築し、元の土楼と繋ぐ方法である。四つ目は、土楼の内壁を抜いて内部を改造する方法である。

これらの問題点として以下の点が考えられる。増改築は日常生活の利便性を重視して行われているが、専門デザイナーや専門業者が設計・施工を行うのではなく、家族が主導していることが分かった。増改築で使われる材料は土楼本来の材料とは異なり、ほぼコンクリートである。そのため、土楼の独特の美しい外観が破壊されている。また、外壁に部屋がばらばらと増築されているため、土楼独特の形態が失われている。生活が近代化し、伝統的な土楼ではそのようなニーズを満たさない面もある。そのため、住民の生活のニーズを満足させると同時に、土楼の伝統的なデザインの維持も考えるべきである。

③「消滅型」は、「保存型」「増改築型」ではなく、多くは交通不便な山間部等にある一般的な居住用土楼であり、数的には一番多い。概数はある程度把握されているが、詳細な調査報告や研究論文はほとんどみられない。筆者は、山間部に位置する龍岩市永定県湖雷鎮淑雅村の小坪水自然村を対象にした調査を行った。[2] 村には現代的な建物が少なく、伝統的な土楼が山地に点々と分布し、田園風景が広がる美しい村である。村内には二七軒の土楼があったが、そのうち六軒は無人であった。村の住民は五四人であり、学校、病院、商店がない。少子高齢化が進むなか、山村集落における多くの土楼が直面している典型である（写真Ⅳ－１－４）。

この「消滅型」土楼は、若者の都市部への流出による人口減少、少子超高齢化等の社会環境変化の中で、朽ち果てつつある土楼である。積極的な理由で土楼を解体したり、増改築しているのではなく、住む人が次第にいなくなり、維持管理できず、消滅しつつあると言える。これは土楼だけの問題ではない。集落が過疎化し、伝統的な共同生活を維持できなくなり、その結果、土楼が消滅に向かっている。しかし、この「消滅型」土楼はもっとも分布の範囲が広く、もっとも一般的に居住されているので、この土楼の消滅は、土楼文化の消滅と同義だと考えられる。なぜ地元の人々はこのような共同生活を放棄するか、このまま消滅させるのがいいのか、土楼の未来をどのように描くか、さらに学問的な検討が必要である。

写真Ⅳ－1－3　増築型土楼

出所：筆者撮影。

写真Ⅳ－1－4　消滅型土楼

出所：筆者撮影。

## 今後の課題

以上の問題点をまとめて、既報の研究を踏まえたうえで、また多世帯の居住による生活の共同化という視点から以下のように研究を発展させたい。一つ目は、観光化が進む中で、「保存型」土楼を中心に住民の生活をどのように確保すべきか、という今日的な課題を、住民の意識調査を中心に検討することである。二つ目は、「増改築型」土楼を中心に、住民の生活ニーズを満たす具体的な改修計画を提案することである。三つ目は、存続の危機にある「消滅型」土楼が、過疎化とライフスタイルの変化とともに減少している実態を明らかにし、住民の意識を検討することである。

**注**

1 王飛雪・中山徹「中国福建省・世界遺産周辺における居住用土楼の増改築の居住実態—龍岩市永定県高東村と高北村を事例として—」『二〇一四年日本建築学会大会学術講演梗概集E—2分冊』。

2 王飛雪・中山徹「中国福建省・山間部の土楼及び生活実態調査—淑雅村の小坪水村を対象として—」『二〇一三年日本建築学会大会（北海道）学術講演梗概集E—2分冊』。

**[編集者追記]**

土楼は客家が作り出した集合住宅である。客家は客家語を使い、独自の文化を持っているが漢族に含まれる。本節は土楼を対象としているため、少数民族の住居等を取り上げたものではないが、土楼は独自の生活文化として位置づけられるためⅣ章に入れる。

# 2

# ギャロン、ムヤ、カンバチベット族集落の空間構成

## ―四川省カンゼチベット族自治州を対象として―

王雪桔

### カンゼチベット族自治州に分布するチベット族の概要

中華人民共和国は、一四億以上の人口を擁する多民族国家である。漢族は一二・九億人で、総人口の九一・一一%を占め、少数民族は一・二五億人で、総人口の八・八九%を占めている。チベット族は六二八・二万人で、チベット自治区を中心に、中国西南部に分布している。

カンゼチベット族自治州は、中国四川省に位置している。横断山脈の中心部に位置し、山地が九四%で、山間部は谷になっている。山地の平均海抜は約三五〇〇mである。州の中央には雅礱江が流れ、州都は康定市である。州の民族構成はチベット族が八一・九%、漢族とほかの少数民族が一八・一%である。自治州にはチベット族の支系が多く、未識別のチベット族支系も多い。州内には標高四〇〇〇m以上の山が約三〇ある。面積は一五・三万㎢で、人口は一一九・六万人（二〇一八年）である。

ギャロンチベット族はチベット族の支系であり、カンゼチベット族自治州東部の丹巴県に分布している。独自の言語を持っているため、一九五四年まではチベット族と区別されていたが、一九五四年からはチベット族の支

系とされている。この地域はチャン族分布地域と繋がるため、チベット族本来の生活習慣を残すとともに、チャン族の影響も受けている。雅砻江流域及びその東部「地脚話」を使用しているチベット族は四川省内に分布している。ムヤ、ベィマ、ザバなど、多数のチベット族支系の総称であり、四川省カンゼチベット族自治州に居住している。カンバチベット族はチベット族支系の一つで、主にチベット自治区の東南部と四川省カンゼチベット族自治州、雲南省に分布している（写真Ⅳ－２－１、２）。

## 調査目的と調査内容

筆者は、カンゼチベット族自治州に居住しているギャロンチベット族、ムヤチベット族、カンバチベット族を対象として、チベット族支系の集落空間構成に関する調査を行った。調査目的は二つある。一つ目は、同じ地域に居住しているギャロン、ムヤ、カンバチベット族支系の集落空間構成の特徴を明らかにすること。二つ目は、ギャロン、ムヤ、カンバチベット族支系の集落空間構成の共通点と相違点を明らかにすることである。

本研究では三つの調査を行った。一つ目は、ギャロンチベット族の集落調査で、丹巴県に居住しているギャロンチベット族を対象にして、一〇集落の現地調査を行った。現地調査を通じて、集落の地形的特徴、集落と国道の関係及び道路の種類、公共施設の分布と集落中心地、集落と川の位置関係及び水源、集落の入口、集落と隣村の関係、住宅と農地の分布、集落の宗教信仰、集落と望楼について分析した。[1] 二つ目は、ムヤチベット族の集落調査で、康定市に居住しているムヤチベット族を対象にして、一一集落の現地調査を行った。検討した内容は一つ目の調査と同じである。[2] 三つ目は、カンバチベット族の集落調査で、カンゼ県に居住しているカンバチベット族を対象にして、一三集落の現地調査を行った。検討した内容は一つ目の調査と同じである。[3]

写真Ⅳ－2－1　観光地化したチベット族の大規模集落

出所：筆者撮影。

写真Ⅳ－2－2　チベット族の一般的な集落

出所：筆者撮影。

## ギャロン、ムヤ、カンバチベット族集落の特徴

調査したギャロン、ムヤ、カンバチベット族集落の特徴は以下のようになっている（表Ⅳ－２－１）。多くのチベット族は高所で暮らしている。集落の最低海抜を見ると、ギャロンチベット族集落は二〇〇〇～二一〇〇m、ムヤチベット族集落は三五〇〇～三八〇〇m、カンバチベット族集落は三四〇〇～三五〇〇mである。集落面積は五㎢～一〇㎢が多い。一集落の世帯数は、カンバチベット族は五〇世帯以下であり、ギャロン、ムヤチベット族は五〇～一〇〇世帯である。

ギャロンチベット族の集落は川の片岸斜面に位置しているのが一般的である。ムヤ、カンバチベット族の集落は川を挟んで両岸斜面に広がっている。集落の高低差（集落内で最も海抜が高い地点と最も低い地点の高低差）、および集落の傾斜度は、ギャロンチベット族集落の場合、高低差は三〇〇～六〇〇m、傾斜度は一〇度以下である。ムヤチベット族集落の場合、高低差は三〇〇～六〇〇m、傾斜度は一〇～二〇度である。カンバチベット族集落の場合、高低差は二〇〇～四〇〇mであり、傾斜度は一〇～二〇度である。

集落内部は以下のようになっている。ギャロン、ムヤ、カンバチベット族集落とも道路は国道、主要道、小道で構成されている（**写真Ⅳ－２－３、４**）。国道は集落と他地域を繋ぐもので、ギャロンチベット族集落では国道は集落の外を通っている。それに対して、ムヤ、カンバチベット族集落では国道は集落内を通っている。主要道は国道と集落及び集落内を結ぶ道である。小道は国道及び主要道と各住居及び農地を結ぶ道である。

ギャロン、ムヤ、カンバチベット族とも集落内にある公共施設は保健室、活動センター、広場、学校である。活動センター、保健室は政府の政策で全集落に設置され、集落範囲内の広い平地を広場として使っている。学校は集落よりも広い範囲を単位にしているため、多くの集落では学校が設置されていない。

表Ⅳ－２－１　集落空間構成の特徴

| | ギャロンチベット族 | ムヤチベット族 | カンバチベット族 |
|---|---|---|---|
| 海抜（m） | 2000～2100 | 3500～3800 | 3400～3500 |
| 面積（$km^2$） | 5～8 | 5～8 | 7～12 |
| 集落の立地 | 河川の片岸斜面に立地 | 河川沿いの谷、両岸斜面に立地 | 河川沿いの谷、両岸斜面に立地 |
| 集落の高低差（m） | 300～600 | 300～600 | 200～400 |
| 傾斜度（度） | 0～10 | 10～20 | 10～20 |
| 道路の種類 | 国道、主要道、小道 | 国道、主要道、小道 | 国道、主要道、小道 |
| 集落と国道の関係 | 集落から分離 | 集落内を貫通 | 集落内を貫通 |
| 公共施設の種類 | 活動センター、保健室、広場 | 活動センター、保健室、広場 | 活動センター、保健室、広場 |
| 水源 | 泉 | 河川と泉 | 河川と泉 |
| 入り口 | 単数 | ２か所 | ２か所 |
| 住居と農地の配置 | 散住 | 散住 | 散住 |
| 牧地の配置 | 住居と農地の周辺 | 住居と農地の周辺 | 住居と農地の周辺 |
| 宗教施設の種類 | 経堂、白塔、寺 | 経堂、白塔 | 経堂、白塔 |
| 集落と河川の関係 | 河川から分離 | 集落内を縦断 | 集落内を縦断 |
| 集落と隣村の関係 | 独立 | 隣接 | 隣接 |

凡例　（薄い網掛け）２つのチベット族集落に共通する項目
　　　（濃い網掛け）３つのチベット族集落に共通する項目

出所：筆者作成。

ギャロンチベット族集落は河川から離れている場合が多いため、水源は泉である。それに対して、ムヤ、カンバチベット族集落は河川に接しているため、泉と川の両方を水源としている。ギャロンチベット族集落の入り口は一箇所であるが、ムヤ、カンバチベット族集落の入口は二か所である。ギャロン、ムヤ、カンバチベット族集落とも、住宅は一軒ずつか、数軒が隣接して建っている。農地は、各住宅の周囲もしくは住宅に近接して整地されている。牧地は住居と農地の周りに樹林も含めて広がっており、誰の牧地とは限定せず、集落の構成員が共同で使用している。宗教施設は、寺、経堂、白塔であり、白塔はすべての集落に設置されている（**写真Ⅳ－２－５**）。

写真Ⅳ－2－3　集落の内部（住宅、農地、主要道）

出所：筆者撮影。

写真Ⅳ－2－4　集落内の小道

出所：筆者撮影。

**写真Ⅳ－2－5　白塔**

出所：筆者撮影。

白塔は宗教施設であると同時に集落の入り口、境界を明示する役割も担っている。経堂は簡易な祈祷施設である。ギャロンチベット族集落には寺が設置されている。

集落と隣村の関係であるが、ギャロンチベット族集落の場合、稜線に挟まれた谷に一集落ずつ独立して形成されている。それに対して、ムヤ、カンバチベット族集落は複数の集落が隣接している。

## ギャロン、ムヤ、カンバチベット族集落の相違点

ギャロンチベット族は横断山脈では比較的低い地域に集落を築き、ムヤ、カンバチベット族はかなり高い地域で集落を築いている。

ギャロンチベット族の集落は川の片岸斜面に位置し、ムヤ、カンバチベット族の集落は川を挟んで両岸斜面に位置しており、この点が大きく異なる。国道は川に沿って通っている。そのため、ムヤ、カンバチベット族の集落内には国道が通り、その国道が集落内に入るところが、集落の入り口となり、入り口は二か所となる。それに対

してギャロンチベット族の集落は川からやや離れた片岸の斜面に位置するため、国道は集落内を通っていない。主要道が国道と集落をつないでいるが、その主要道は一つであり、集落の入り口も一つである。

ギャロンチベット族の集落が川の片岸斜面に位置している理由は以下のように考えられる。一つ目は、防御性を高めるためである。ギャロンチベット族集落は比較的低い位置にあり、利便性は高いものの、戦争に対する防御は弱い。現在は国道になっているが、同じ位置にかつては物流、往来の中心であった道路が河川沿いに通っていた。そのため、集落を川から離し、主要道を一つにすることで、集落の防御性を高めたと思われる。二つ目は、災害に強くするためである。ギャロンチベット族集落が位置している丹巴県は、急峻な山が多く、河川も多かったため、昔から水害が多発していた。ギャロンチベット族の集落は河川の中流域にあり、上流と比べると水量も多い。そのため、河川に沿って集落を形成するのではなく、川から離れた場所に集落を形成したと思われる。

今回の調査でギャロン、ムヤ、カンバチベット族集落の特徴を把握した。今後は別のチベット族支系の集落を調査し、さらに比較検討を行いたい。

**注**

1　王雪桔・中山徹「ギャロンチベット族集落の空間構成について―四川省カンゼチベット族自治州を対象として―」『日本建築学会計画系論文集』八〇二号、二〇二二年。

2　王雪桔・中山徹「ムヤチベット族集落の空間構成について―四川省カンゼチベット族自治州を対象として―」『家政学研究』一三八号、二〇〇三年。

3　王雪桔・中山徹「カンバチベット族集落の空間構成について―四川省カンゼチベット族自治州を対象として―」『日本建築学会計画系論文集』八〇八号、二〇二三年。

# 3

# モンゴル民族の伝統的な生活様式と生活の変遷

娅茹

## 伝統的な生活様式について

騎馬民族として知られるモンゴル民族は、独特の遊牧文化を持ち、主にモンゴル国と中国の内モンゴル自治区に居住している。モンゴル民族は遊牧生活と牧畜業に従事し、自然と調和して暮らし、独自の文化および社会構造を形成している。しかし、近代化、都市化、グローバル化の影響により、モンゴル民族の伝統的な生活様式は変化し、多くの課題に直面している。伝統的な生活様式には歴史の記憶と民族のアイデンティティが込められているため、民族の伝統文化を尊重し保護することは、文化の多様性である生態系を維持するのに役立つ。

本節では、内モンゴル自治区のシリンゴル盟、フルンボイル市とモンゴル国のアルハンガイ省、オボルハンガイ省、東方省で行った調査を踏まえ、現代化、都市化、グローバル化の影響によりモンゴル民族の伝統的な生活様式がどのように変化しているのか、なぜそのような変化が起こっているのかを考察する。

## モンゴル民族の生計方式

モンゴル民族は主な生計方式として遊牧生活と牧畜業を営んでいる。内モンゴル自治区の牧畜地域では、定住形式の放牧、品種改良された家畜の飼育、観光業への転換など生計が多様化している。モンゴル国の牧畜地域では、一〇〇年前の遊牧方式が基本的に継承されている。[1] モンゴル国で今でも遊牧生活が続いているのは、牧畜業がモンゴル国の伝統産業であり、国の経済の基盤でもあり、加工業や日用品の主な供給元になっているからである。モンゴル国は土地の面積が広く、人口密度が低く、冬が長い。これらの条件は自然や気象環境、家畜の種類、数などに大きな影響を与え、現在もモンゴル国では自然放牧、すなわち季節により移動する遊牧生活を営んでいる。現段階では大規模かつ近代的な産業化がモンゴル国全域の牧畜業に及ぶことは困難と考えられている。

生計方式の変化として、内モンゴル自治区の牧畜地域ではGPSやモニタリングなどの最新技術機器が導入されている。内モンゴル、モンゴル国の家畜の種類、頭数をみると、両者に共通しているのは、羊の数が最も多く、次に牛と馬の数がほぼ同数という点である。今でも羊の数が最も多いのは、モンゴル民族が古くから羊を生活の糧、安全と富の源と考えてきたからである。

牧畜地域では、馬に乗って、あるいはオートバイに乗って放牧するのが一般的である。さらに、携帯電話、テレビ、洗濯機などの電子製品や電化製品が牧畜民の生活に組み込まれている。牧畜地域における家庭用電力は主に太陽光発電や発電機に依存しており、飲用水は主に井戸から運んでいる。アメリカの人類学者 Julian Haynes Steward は、『文化変遷論』[2] の中で、文化変遷を説明する際に「社会文化統合レベル」という概念を提案している。それによると文化レベルには、家族の社会文化統合レベル、部族の社会文化統合レベル、あるいはコミュニティの社会文化統合レベル、国の社会文化統合レベルといった段階があり、それを踏まえて文化タイプの分析をすべ

写真Ⅳ－3－1　モンゴル国アルハンガイ省のゲル

出所：筆者撮影。

きとしている。このことにより、人びとの生計には、家族、部族、国などの社会組織の形態があり、人は常に何らかの組織を形成して生計活動を行っていることが示されている。したがって、家族の変化、政策の変化といった社会文化の変化とともに、人びとの生活様式も変化する。

## モンゴル民族の伝統住居

モンゴル民族の伝統的な住居であるゲル（ger）は、遊牧文明の文化的な象徴とみなされている。モンゴル国アルハンガイ省、オボルハンガイ省の牧畜地域では、牧畜民が自らの生活に直結した伝統的な住居を使用することに今もこだわっており、そこにゲルの特性が最大限に生かされている。しかし、内モンゴル自治区の牧畜地域では固定家屋を使用することが一般的であり、そのほとんどはレンガとコンクリート構造の平屋である。固定家屋はゲルと比べると、安定性、耐久性、機能性に高く、現代の暮らしのニーズに応えた住居である。内モンゴル自治区ではモンゴル民族の伝統的な住居であるゲルは、主に夏のオートル（家畜を連れた移動を伴う臨時放牧）、観光地、ナーダム（民族の祭、モンゴル相撲、競馬などを行う）、結婚式といった伝統的な行事や臨時的な住居として使用されている。この変化は、環境、経済、社会、政策などのさまざまな要因の影響を受けたものである。

## モンゴル民族の伝統衣服

生活様式と伝統的な衣服の間には密接な関係がある。モンゴル民族の伝統衣服は、彼らの生活様式や文化的背景などの要素にもとづいて形成されており、牧畜民の基本的なニーズを満たすだけでなく、モンゴル民族のアイデンティティと文化を反映している。モンゴル国の牧畜地域では遊牧民の生活様式が今でも残されているため、この地域では伝統的な衣服を手作りで縫製し、日常的に着用するのが一般的である。一方、多くの若者は牧畜区に常住していないため、伝統的な衣服は伝統的な行事やその他の特別な日にのみ着用される。内モンゴル自治区の牧畜地域では、伝統衣服を自ら縫製する女性の数が少なくなり、ほとんどの家庭が伝統的な衣服を購入する形で入手している。

日常的に伝統衣服を着用する機会が減少するなか、人びとが伝統的な祭りや特別な日に伝統的な衣服を着るのは、モンゴル民族のアイデンティティと文化の継承でもある。伝統的な衣服は、人びとにアイデンティティと伝統的な価値観を伝えており、民族の歴史や文化を反映している。人びとは伝統な衣服を着用し、文化的伝統と帰属意識を示すと同時に、衣服の進化と革新を通じて社会の変化に適応している。したがって、生活様式と衣服は相互に影響し、相互に形成する関係にあり、衣服は生活様式の表現でもある。

## モンゴル民族の伝統食

モンゴル民族の伝統的食事は、主に白食（乳製品）と赤食（肉食品）である。本調査により、モンゴル国の牧民は食生活の中で、肉類、乳製品を主とし、ジャガイモは食べるが、野菜を食べることは少ないということがわかった。食材の供給では、肉食も乳製品とも完全に自給自足している。内モンゴルの牧民家庭の多くはモンゴル料理と中華料理をともに食し、夏には住居周辺で野菜を栽培する牧民もいる。肉類と乳製品については、基本的に自給自足しているが、乳製品を購入もしくは販売している家庭もある。地域によって、作られた乳製品の色、形、味は異なる。また、モンゴル国東部と内モンゴル自治区フルンボイル市はブリヤートモンゴル族が集中して居住する地域であるため、伝統的な食事のほか、「レバ」（ロシヤ語、一種のパン）を焼いたものが主食の一つであり、特徴的な食品でもある。伝統的な食生活は伝統的な生産方式、生活様式に基づいて形成されるが、一部の地域は依然として伝統的な食文化を継承しており、一部の地域は生活様式の変化に伴い、食生活も変化している。一つの地域において異なる文化との接触、交流が発生すると、食生活にも多元的な文化が現れる。

## モンゴル民族の伝統行事、祭り

モンゴル国、内モンゴル自治区とも、ナーダム、オボゥ（神々が宿る場所で通常は石、木でつくられる）祭り、正月、山神を祭る行事などがある。ただし、地域によって独自の祭りなどもある。たとえばモンゴル国ハンガイ省には地域の特徴であるヤク祭りや競馬の日などがある。また、モンゴル国には火神を祭る行事がないなど、モンゴル国と内モンゴル自治区の伝統的な行事や祭りにも違いがある。内モンゴル自治区では、モンゴル民族の伝

写真Ⅳ－3－2　ゲル内部に置いている仏像、仏壇（モンゴル国アルハンガイ省）
出所：筆者撮影。

統的な行事として火神を祭る行事が行われているが、これは火神への畏敬と祈りを表す重要な儀式である。

## モンゴル民族の伝統宗教

現在、モンゴル国における信仰状況は非常に多様で、仏教、シャーマニズム、キリスト教、イスラム教などがある。しかし、モンゴル国の牧畜地域では、調査した家庭のすべてがモンゴル民族の伝統的な宗教である仏教を信仰しており、ゲルの中にも仏像や仏壇が置かれていた。ゲル内の仏像や仏壇の配置は一〇〇年前から変わっていない[3]。仏教はモンゴル国の牧畜地域でとくに普及しており、牧畜民の生活様式と密接な関係があると考えられる。彼らは遊牧生活のため頻繁に移動する必要があり、ゲルが彼らの住居であり、仏教への信仰が精神的な支えになっている。ゲルに仏像や仏壇を置くと、精神的な安らぎがもたらされるだけでなく、家のような温かさと安心を感じているようである。

内モンゴル自治区の牧畜地域では、仏教を信仰する人もいれば、そうでない人もいる。彼らの家にはモンゴル国の牧畜区ほど、仏像や仏壇を置いていない。モンゴル民族の牧畜民の宗教を信仰する態度や行動は、経済の発展、社会の変容、生活様式などのさまざまな要因と相互作用し、影響を受けている。

まず、経済の発展がモンゴル民族の牧畜民の宗教信仰に一定の影響を与えている。経済の発展と社会の進歩に伴い、現代的な生活様式が徐々に牧畜地域に浸透しており、牧畜民の中では伝統的な宗教の信念を徐々に弱め、物質的な生活の向上を追求するようになっている。次に、社会の変化もモンゴル民族の牧畜民の宗教信仰に影響を与える重要な要因である。社会の変化に伴い、情報の流通や交流が便利になり、外来文化や思想の影響が顕著に現れている。また、生活様式の変化もモンゴル民族の牧畜民の宗教信仰に影響を与えており、より現代的な要素が今日の生活様式に統合されている。

すなわち経済の発展、社会の変化、生活様式の変化などの要因により、モンゴル民族の牧畜民の宗教信仰意識が形成されている。

## モンゴル民族の伝統的な生活の変遷要因

モンゴル高原の地理、自然、気候、生産方式等に従い、モンゴル民族は悠久の歴史を持つ遊牧文化を形成してきた。しかし、社会の発展に伴い、都市化やグローバル化が進むなか、モンゴル民族の伝統的な生活様式は多面的な変化を遂げている。その変化を引き起こしている要因を三つあげることができる。一つ目は、経済構造の変化である。伝統的な牧畜産業は、市場競争と環境圧力に直面している。モンゴル民族の牧畜民の中には他の産業に転職した人もいる。この現象は、内モンゴル自治区の牧畜地域で顕著に現れている。たとえば、シリンゴル盟では、経済的な収益が良い改良牛を飼うこと、旅行業への転業などがみられる。これらは伝統的な牧畜業の衰退と伝統的な生活様式の変化に繋がっている。二つ目は、社会構造の変化である。モンゴル国の牧畜地域は、牧畜民が主体であり、牧畜業に依拠した社会構造である。このような社会構造の中で、モンゴル民族は牧畜民、牧畜業、牧草地間の相互依存関係を形成し、また家族にもとづく社会組織を形成している。このような社会構造は、モンゴル民族の伝統的な生活様式における牧畜経済、遊牧生活と家族関係の重要な位置を占めていた。そのため、伝統的な遊牧生活が受け継がれている。しかし、内モンゴル自治区の牧畜地域は、経済の変革、政府の政策、草原の退化、文化交流や現代化の影響など複数の要因が絡み合い、社会構造が変化している。そのため、伝統的な遊牧生活から定住牧畜生活へと変化し、生計も観光業など多様になっている。三つ目は、近代化の急速な発展である。広大な草原と自然環境に依拠した伝統的な遊牧生活だが、携帯電話などの近代通信機器の使用、自動車やバイクの普及、テレビや洗濯機など家電製品の普及といった近代化が進んでいる。馬に乗って羊を追う場合もあるが、バイクに乗って羊を追う牧畜民が多くなっている。また、牧畜業においても現代の技術機器の使用により、現代科学の製品が伝統的な牧畜の一部になっている。

モンゴル民族の伝統的な生活様式の変化は、経済構造の変化、社会構造の変化、近代化の急速な発展などの要因が組み合わさった結果である。ただし、モンゴル民族の伝統的な文化や価値観は一定程度継承されており、地域ごとにその状況が異なる。

**注**

1　鳥居龍蔵『蒙古旅行』博文館蔵版、一九一一年。
2　朱利安・斯图尔徳『文化变迁论』谭卫华、罗康隆译、贵州人民出版社、二〇一三年。原書、Julian Haynes Steward, *Theory of Culture Change: The Methodology of Multilinear Evolution*, University of Illinois Press, 1955.
3　鳥居君子『民俗学上所见之蒙古』娜荷芽訳、暨南大学出版社、二〇一八年（中国語）。

# 4 内モンゴル自治区・ホルチン地域における農牧民の住居

玉娇

## ホルチン地域の調査地について

本節では、中国内モンゴル自治区における牧畜民の住居、生活様態の変容の一つとして、ホルチン地域に位置している赤峰市、通遼市、ヒンガン盟で実施した調査について紹介する。筆者は二〇一二年から二〇一六年まで本格的な地域調査を行った。その後も複数回にわたり当該地域で調査を行った。調査内容としては、一九四九年～二〇一六年までの半農半牧地域における農牧民の生活様態の変化、農牧業の基本状況、住宅の平面である。また、土地分配の状況にも注目している。中国では一九五〇年から土地改革が始まった。地主から強制的に農地を没収し、農民に分配した。農業合作社、人民公社を経て、一九七八年の改革開放制度で第一次土地分配を行い、一九九六年に第二次土地分配を実施した。内モンゴル自治区の牧畜地域では人民公社が所有していた土地や家畜などを個人に分配したが、これを土地分配と呼んでいる。土地利用権は三〇年とされた。

ホルチン地域とは内モンゴル自治区の東部に位置する通遼市、赤峰市、ヒンガン盟（盟は市と同じレベルの行政単位）の約一二万㎢の地域を指し、地理的には北緯四一度～四七度、東経一一六度～一二三度に位置している。内モンゴル自治区の総人口は約二四七〇・一万人。その内、漢族は一九六五・一万人（八〇％）、モンゴル族は四二二・六万人（一七％）、その他の少数民族は八二・四万人（三％）である。ホルチン地域は内モンゴルに居住するモンゴル族人口の三分の二以上を占めており、なかでも川や水や草が豊富なヒンガン盟はモンゴル族の比率が高い地域である。[1] ホルチン地域は全体的に半農半牧地域であるが、地域によって地形、人口、農牧業に関して独自の特徴を有している。たとえば、地形は市（盟）によって大きな違いがあり、赤峰市は山地や丘陵が多く、複雑な地形である。通遼市の南部、北部は山地と丘陵で、中部は平原であり、平原は沙地質である。ヒンガン盟は大興安嶺山脈の中段に位置している。西北から東南へ山地、低山地、丘陵、平原が分布し、平原のほとんどは湿地である。地形、平原の質により農牧業の種類も異なっている。それらをふまえ、通遼市左翼後旗スブンガチャ（ガチャは内モンゴルで一番下位の行政単位、旗は市とガチャの中間に位置する行政単位）、赤峰市ベーリン右旗チャガンオスガチャ、ヒンガン盟右翼前旗タブンゲルガチャで現地調査を行った。

## ホルチン地域の農牧業

調査地域の農業は、おおむね以下のようになっている。一月～二月までは畑を片付け、三月～四月中旬に施肥、種子等を準備する。四月中旬から播種が始まり、七月までは除草と追肥が必要な成育期間である。七月～八月中旬までは防虫、害虫農薬散布の時期となる。八月中旬～九月までは農閑期であり、農作物保管場所を確保し、収穫するための機具を整備する。また、干し草を刈り、冬季家畜飼料として保管する。一〇月から収穫が始まり、一二月までは農作物の収穫、農作物の茎を牧草・燃料用に刈り取り、農作物を出荷する。

調査地域の牧畜は出産時期（一〇中旬～四月中旬）が一番の繁忙期である。家畜の出産時期は家畜によって異なり、牛の出産時期は三月～四月中旬まで、羊、ヤギの出産時期は一〇月～四月までである。三月～四月中旬までは出産、予防接種をする。四月中旬～六月中旬までは家畜の毛を刈り、薬剤で洗う。六月中旬～九月中旬までは家畜の販売時期であり、家畜の販売によって得た利益で優秀種を入手する。

## 調査地域の概要

二〇一二年六月に通遼市左翼後旗に位置するスブンガチャで調査を行った[2]。スブンガチャは約九〇世帯、総人口約三五〇人、九九％以上がモンゴル族である。土地総面積は約六万ム（中国の面積の単位。一ム＝六六六・七㎡）、このうち農地の面積は約〇・五万ム、牧畜地の面積は約四・二万ム、草切り地の面積は約〇・五万ムである。調査対象二〇世帯中、牧業のみに従事する世帯はなし、半農半牧は一三軒、農業のみに従事する世帯は七軒であった。牧畜の対象は主に牛、羊、ヤギである。これ以外に馬、犬なども飼育している。農業では主にトウモロコシ、大豆を栽培している。これらは重要な食料源であり、余剰分は販売し収入になる。またトウモロコシの茎葉は家畜の飼料として利用している。

二〇一二年八月に赤峰市ベーリン右旗に位置するチャガンオスガチャで調査を行った[3]。チャガンオスガチャは約三〇〇世帯、総人口は約一二〇〇人、九八％以上がモンゴル族である。土地総面積は約一六・一万ム、このうち農地の面積は約二万ム、牧畜地・草切り地の面積は約一一万ムである。調査対象一二世帯中、牧業のみに従事する世帯は三軒、半農半牧は八軒、農業のみに従事する世帯は一軒であった。牧畜の対象は主に羊、ヤギ、牛である。これ以外に馬、犬なども飼育している。農業では主にトウモロコシ、ヒマワリ、ソバを栽培し、余剰分は販売し、トウモロコシの茎葉は家畜の飼料として利用している。

二〇一六年七月にヒンガン盟右翼前旗に位置するタブンゲルガチャでの調査を行った[4]。タブンゲルガチャは二五六世帯、総人口七八一人、九六％がモンゴル族で、漢民族は四％である。土地総面積は約三・六万ム、このうち農地の面積は約一・一万ム、牧畜地の面積は約一・八万ム、草刈り地はない。調査対象二〇世帯中牧業のみに従事する世帯は一軒、半農半牧は一二軒、農業のみに従事する世帯は五軒、その他は二軒であった。牧畜の対象は主に牛、羊、ヤギである。これ以外には馬、犬なども飼育している。農業では主にトウモロコシ、大豆を栽培し、余剰分は販売し、トウモロコシの茎葉は家畜の飼料として利用している。

## バイシン（住宅）の平面タイプ

内モンゴル自治区では移動式住宅をモンゴルゲルと呼び、固定式住宅をバイシンと呼ぶ。バイシンの平面タイプは、一室、一行二室、一行三室、二行三室、二行多室の五種類があった（図Ⅳ－4－1）。

一室はモンゴルゲルの外形と似た形の一室固定式住居で入り口は南側にある。赤峰市で見られた。一行二室は二室が東西に並んでいる。入口は東側居室にあり、南側から入る。赤峰市、通遼市、ヒンガン盟で見られた。一行三室は一行三室aと一行三室bの二種類がある。一行三室aは三室が東西に並んでいる。入口は中央の居室にあり、南側から入る。赤峰市、ヒンガン盟で見られた。一行三室bは中央の居室が間仕切りで南北二つに分けられている。赤峰市と通遼市で見られた。二行三室は一行三室の北側に居室があり、二行になっている。通常利用する入口は一行三室と同じく中央の居室にあり、南側から入るが、北側の居室にも入口が設けられている。赤峰市、通遼市、ヒンガン盟で見られた。多室は二行三室より居室が多く、各居室の並びは他タイプのような規則性がない。二行三室の西側もしくは東側にある居室が中央の居室と一室（リビング）になり南側に設けられ、台所は北側に設けられている。通常利用する入口は南側にあるが、北側にも入口が設けられている。赤峰市、通遼市、ヒンガン盟で見られた。

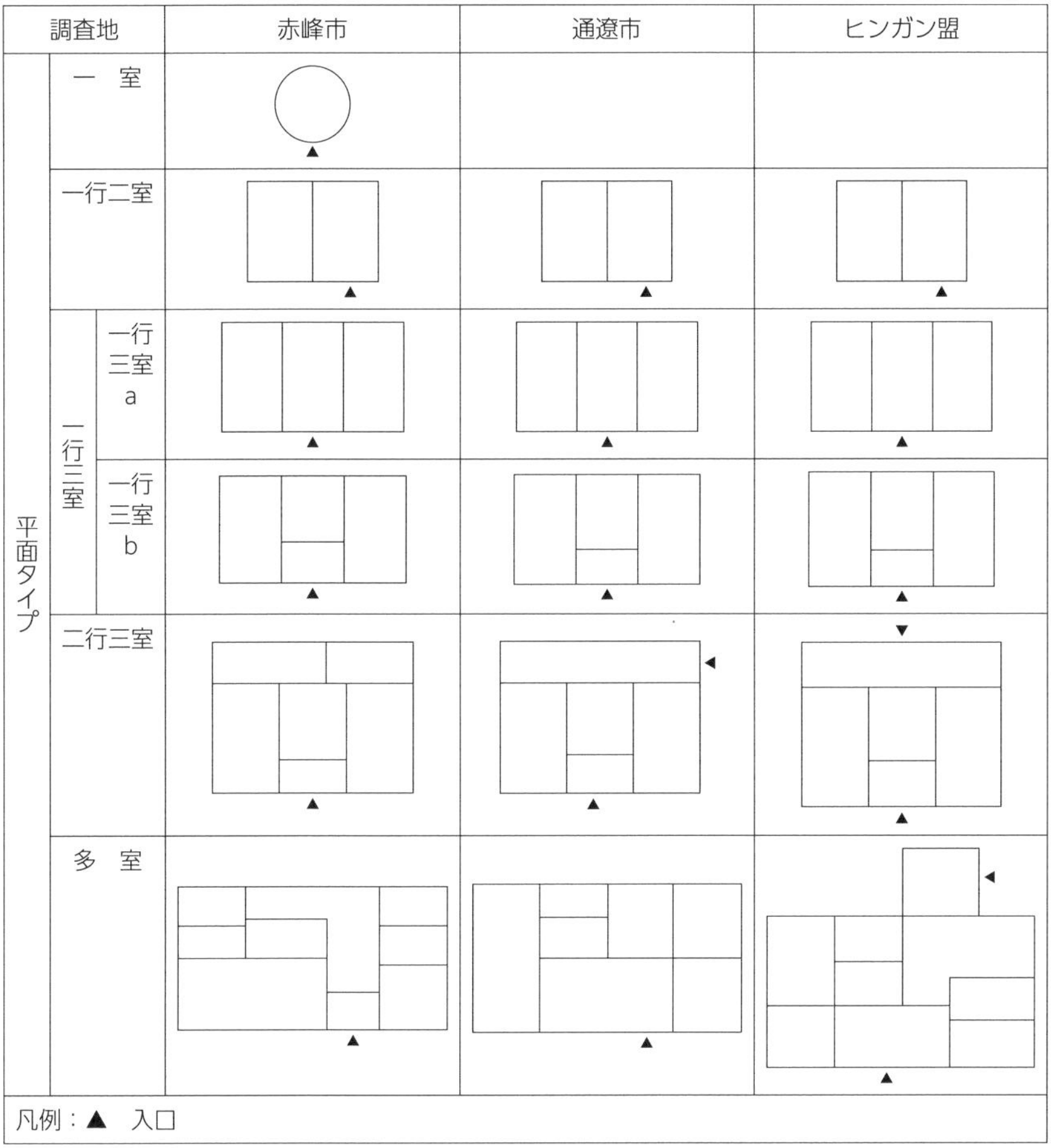


図Ⅳ－4－1　住宅の平面タイプ（三地域）

出所：筆者作成。

## バイシンの材料

バイシンの材料からは木造バイシン、黒粘土バイシン、土造バイシン、石壁＋土造バイシン、日干しレンガ造バイシン、石造バイシン、レンガ造バイシンの七種類にまとめられる。①木造バイシンは、モンゴルゲルの外形と似た形でボリガス（柳樹枝）を編み、円形に立て、外側と内側に牛糞を塗りつけたものである。ブムブゲンゲルと呼ばれ赤峰市で見られた。②黒粘土バイシンは、川や池などの周囲に土で作ったものである。周囲の土を三〇cm×二〇cm×二〇cm大の長方体の型で掘りおこし、干した後にそれを積み重ねて壁を造る。壁の厚さはほぼ五〇～五五cmである。屋根材は荻である。赤峰市と通遼市で見られ、各々ジムンゲル、フルスンゲルと呼ばれている。③土造バイシンは、壁の厚さが五〇cm～六〇cmぐらいになるように木製の型枠を組み、その中に土を入れ、木づちでたたいて土を固め、土を重ね徐々に高くしたものである。その後型枠を取り、こねたアルカリ土を塗り、半月程度土を乾燥させた後、屋根を造る。屋根材はトウモロコシ、高粱《コウリャン》など乾茎茅草である。赤峰市、通遼市、ヒンガン盟で見られ、各々ドーチャンゲル、シャベルゲル、茅草房と呼ばれている。④石壁＋土造バイシンは一mほどの石壁を作り、石壁の上に土と草を攪拌した材料で壁をつくり、一〇cm程度ずつ材料を重ね徐々に高くしたものである。壁の厚さは五〇cm程度である。屋根材は荻、トウモロコシ、高粱など乾茎である。ドーチャンゲルと呼ばれ、赤峰市で見られた。⑤日干しレンガ造バイシンは外壁及び内壁として日干しレンガ（粘土を成形し天日で乾燥させたレンガ）を縦あるいは横に並べて積み、徐々に高くしたものである。その後こねたアルカリ土を上から塗る。日干しレンガの寸法は三〇cm×二〇cm×一〇cm程度であり、壁の厚さは四二cm～五二cmである。屋根材は茅草または高粱の乾茎である。通遼市とヒンガン盟で見られ、ピースンゲルと呼ばれている。⑥石造バイシンは外壁と内壁を石で築いたものである。石を並べ隙間を土で埋め、徐々に高くしていく。その後こねたセメントで壁を塗り、壁角の外側をレンガで築く。壁の厚さは四五㎝程度である。屋根材は茅草または高梁の乾茎である。チョロンゲルと呼ばれヒンガン盟で見られた。⑦レンガ造バイシンはレンガを積み、徐々に高くしたものである。その後にこねたセメントで隙間を埋め、またレンガの上からこねたセメントで塗る。レンガの寸法は二〇㎝×一〇㎝×一〇㎝程度であり、壁の厚さは四〇㎝前後であり、屋根材は屋根瓦である。赤峰市、通遼市、ヒンガン盟で見られ、各々ワーレンゲル、ジュンゲル、ワーファンと呼ばれている。

## バイシンの特徴

三地域とも、もともとは牧畜が主であったが次第に半農半牧へ変化し、住宅も移動式ゲルから固定式バイシンに変わっている。しかし、固定式バイシンになっても、ゲルと同じように入口はすべて南または東南にある。二行三室と多室では北側にも出入口を設置している住宅があるが、これらは作業用であり、中心となる出入口は南もしくは南東である。住居内は西側が上位であり、祖先の崇拝、接客空間、年長者の居室として使う。ゲルからバイシンへと変化しているが、入り口、西側上位という、基本的な使い方は引き継がれている。

住宅の種類は先にみたように一室、一行二室、一行三室、二行三室、多室の五種類があった。一室は赤峰市でしか見られないが、他のタイプは三地域とも見られた。住宅の材料は先にみたように七種類があった。住宅の平面と材料の変遷はおおむね以下のようになる。第一次土地分配（一九七八年）以前、平面タイプは一行二室、一行三室aで、材料は土造バイシンが中心であった。第一次土地分配以降、第二次土地分配（一九九六年）までは、平面タイプは一行三室a、一行三室b、二行三室で、材料は土造バイシン、日干しレンガ造バイシン、レンガ造バイシンが中心であった。第二次土地分配以降は、平面タイプは一行三室b、二行三室、多室で、材料はレンガ造バイシンが中心であった。

三地域の部屋の呼び方は、一室、一行二室、一行三室ａまでは各居室を位置の関係から呼んでいる。たとえば、外の部屋、東の部屋、中の部屋など。一方、一行三室ｂ、二行三室、多室になると居室が多数になり、用途から呼ぶようになった。たとえば、台所、居間、寝室など。

部屋の利用をみると、一室はすべての行為、調理、睡眠、団らんなどをこの一室で行う。一行二室、一行三室ａの利用は三地域とも同じであり、入り口のある部屋で調理を行い、それ以外は居室となる。一行三室ｂになると間仕切りによって台所（北側）と洗面（南側）が分けられ、二行三室になると台所は北側へ移動している。分けられた台所、倉庫などの呼び方は各地域で異なるが利用は同じであった。多室になると居室の利用が専用的になり、呼び方と利用は地域によって異なっていた。

本稿では半農半牧地域の調査結果を紹介したが、今後はホルチン地域の牧畜地域や、内モンゴル自治区の他地域（沙漠地域、草原地域）の調査結果と比較することで、生業（牧畜業、半農半牧、農業、林業）が混在し、人口密度の高いホルチン地域の居住空間の特徴をさらに明確にしたい。その上で、他地域に詳しい研究者とも共同し、モンゴル族の生活、居住文化をいかに引き継ぐかという方策の検討に繋げたい。

**注**

1　内蒙古自治区地方志編纂委員会編集『内蒙古年鑑』北京方志出版社出版、二〇一〇年（中国語）。
2　イジョウ・中山徹「通遼市左翼後旗スブンガチャにおけるモンゴル族の住居に関する研究」『家政学会研究』六四巻、二〇一七年。
3　イジョウ・中山徹・野村理恵「内モンゴル・ホルチン地域におけるモンゴル族の住居に関する研究」『日本建築学会計画系論文集』七二八号、二〇一六年。
4　イジョウ・中山徹「ヒンガン盟右翼前旗タブンゲルガチャにおけるモンゴル族の住居に関する研究」『日本家政学会誌』六九巻、一号、二〇一八年。

# 5 内モンゴル自治区・フルンボイル市における牧民の住居

斯琴掩亜

## 三民族の基本状況

本節では、中国内モンゴル自治区における牧畜民の住居、生活様態の変容の一つとして、フルンボイル市で実施した調査について紹介する。

フルンボイル市は内モンゴル自治区の東北に位置し、西部は草原地域で、中部は北東から南西にかけて大興安嶺の森林地域で、東部は農業地域が広がっている。そのため放牧は西部に限られ、西部地域で放牧を生業として営んでいるのは、バルガモンゴル族、エヴェンキ族、ダウール族である。これらの牧畜業を営む三民族は、それぞれフルンボイル市に移住してきた年が異なっている。バルガモンゴル族は、一七三二年に陳バルガ旗に移住し、一七三四年にモンゴルツェツェン汗部から新バルガ右（左）旗に移住してきた。エヴェンキ族のソロンエヴェンキは一七三二年に、トゥングス（ツングース）エヴェンキは一九一八年に、ヤクトエヴェンキは一八二〇年に、エヴェンキ族の三部族が三段階に分かれてバイガル湖の北東レナ下流域からフルンボイル市に移住してきた。ダウール族は、一七三二年、清朝によってロシアと清朝国境で駐屯させられ、その後フルンボイル市に移住してきた。[1]

エヴェンキ族とダウール族はアルタイ語系―ツングース語族に属し、バルガモンゴル族はアルタイ語系―モンゴル語族に属している。三つの民族の共通言語はモンゴル語と中国語である。これ以外にダウール族はダウール語、エヴェンキ族はエヴェンキ語を話している。生業は、バルガモンゴル族とエヴェンキ族は昔から狩猟、漁業、遊牧を生業としていて、ダウール族は狩猟、農業、牧業を生業としている。[2・3・4] 現在は三民族とも牧業を営んでいる。

筆者は二〇一三年と二〇一四年に数回にわたって現地で住居など、生活全般を把握するために調査を行った。本節では、ほぼ同じ気候で、同じ生業に携わる異なる三民族を対象に、住居の特徴と生活様態の変化を把握し、居住環境の課題と展望について考察する。

## バルガモンゴル族の住居の特徴と牧畜形態

フルンボイル市新バルガ右旗アラタンエメル鎮（鎮は旗とガチャの間に位置する行政単位）で牧畜業を営むバルガモンゴル族一九世帯を対象に調査を行った。[5] すべてがバイシン（固定式住居）とゲル（移動式住居）を併用し、バイシンの普及率はほぼ一〇〇%である。これは定住化が進み、住居が固定され拠点化されたことを意味する。バイシンは拠点に設置され、ゲルは季節放牧（季節ごとに場所を決め放牧すること）に使用している。季節放牧を行わないときには、バイシンの近くにゲルを建て、夏用キッチン、客用寝室や倉庫として使われている。バイシンが最も早く導入されたのは一九八二年で、二度目の土地分配政策以降、急速に普及している。

牧畜形態は、土地分配政策以降、季節放牧になっている。春営地（春の放牧地）と冬営地はほとんど拠点に設置されている。夏と秋にはゲルを持って、夏営地と秋営地に少なくとも三か月間滞在し放牧を行っている。土地分配によって定住化が進んだと考えられる。また、二〇〇〇年以降の禁牧政策（草原の生態系を回復させるため放牧を禁止した政策）と休牧政策（草原の生態系を回復させるため一定期間、放牧を禁止した政策）はさらに定住化を進

写真Ⅳ－5－1　バルガモンゴル族のバイシン

出所：筆者撮影。

める原因になった。

バイシンは平面タイプから、東西廊下型、南北廊下型、二行四室、一行三室の四タイプに分類できた。最初に建てられたバイシン（第一次土地分配時）の平面は、二行四室と東西廊下型である。南北廊下型、東西廊下型、二行四室のバイシンのキッチンは北西もしくは北に位置し、客室が東南に位置している。入口は一行三室のバイシンでは南に設置され、東西廊下型、南北廊下型、二行四室のバイシンにはその廊下の向きによって東、西、南のいずれか、もしくは複数個所に設置されている。キッチンは入口から近い位置に設けられている。

間取りを見ると、主要な空間は入口、客室、寝室、廊下、キッチンで、寝室は二つ以上設けられている。廊下は各部屋を繋ぐ役割と洗面や物置にも使われている。キッチンは夏用、冬用に分けられていて、調理と食事に使われている。食事は客室や夏用キッチンまたはゲルを使う場合もある。各部屋の呼び名は、食堂、居間、寝室など利用内容から付けられている。

暖房器具は固定式暖房と移動式暖房の二種類で、固定式暖房は、ピーシン（壁式暖房）、ラガ（オンドル）、ノァンチ（パイプ式暖房）、ジョーフ（ストーブ）の四種類である。移動式暖房は、デンノァンチ（電気ストーブ）、ジョーフの二種類である。ジョーフには固定式と移動式がある。ピーシンとノァンチの二種類が多く見られる。

## エヴェンキ族の住居の特徴と牧畜形態

フルンボイル市エヴェンキ族自治旗輝ソム（ソムは鎮と同じレベルの行政単位）で、牧畜業を営むエヴェンキ族二〇世帯を対象に調査を行った[6]。この地域では、人民公社の設立により一九五〇年代から遊牧民がバイシンに住み始めている。第一次土地分配時にバイシンが普及し、この地域ではバイシンの普及とともにゲルは住まいから観光用に転換され、バイシンと併用で使われている。

牧畜形態では、季節放牧が見られず、長距離長期間の移動がほぼない。分配された土地を放牧地と草刈り地に分けて、放牧地では日帰り放牧を行い、草刈り地では冬の餌として蓄えて置く草を植え、九月に草刈りをしている。五月から一二月までの間、委託放牧（他人に羊などの飼育を委託する方法）を利用している人もいる。分配された土地以外にガチャの土地（公有地）を利用することがある。ガチャの土地は、分配された放牧地が少ない人が使ったり、雨量が少なく草の生えが良くないため、自分の牧地だけでは飼料が不足する場合に利用している。冬は寒いため畜舎飼育（家畜を畜舎内に入れ、秋に刈って蓄えた干し草や飼料を与えて飼育する牧畜形態）になる。馬は分配された自分の牧地内で放牧するのではなく、広い範囲で自由放牧している。

バイシンは入口と増築に着目することで五タイプに分けることができた。Aタイプは一行三室（もしくは四室）で入口が北側に設置された基本タイプである。BタイプはAタイプを北側へ増築したタイプである。B'タイプは増築ではなく、最初からBタイプと同じ空間で建てたタイプである。CタイプはBタイプ、B'タイプをさらに北側もしくは東側に増築したタイプである。Dタイプは一行三室（もしくは四室）で入口が南側に設置されたタイ

写真Ⅳ－5－2　エヴェンキ族のバイシン

出所：筆者撮影。

プである。

増築した場合、キッチンは増築部分に移動している。客室は広い平面と日当りのいい南側に設置されているため、増築部分には移動していない。この地域では、バイシンは北側に増築される場合が多い。

住宅を現代的なものに建て替えるための補助金制度があるが、床面積などを自由に決めることができず、三室、四室のバイシンが多く建てられている。また、補助金で建てたバイシンは狭いため、あとから増築をする場合が多い。

暖房器具はフーチャン（壁式暖房）、ハンジ（オンドル）、ノァンチ、ジョーフの四種類である。ジョーフは室内を暖めるだけでなく、調理用にも使われるため、バイシンが建てられた時から設置されている。この地域ではハンジよりフーチャンの設置率が高い。フーチャンは壁式暖房のため壁の両側の部屋を同時に温めることができる。ノァンチは二〇〇〇年代以降バイシンに普及し始めた。

## ダウール族の住居の特徴と牧畜形態

フルンボイル市エヴェンキ族自治旗バヤンタラダウール民族郷（郷は鎮と同じレベルの行政単位）で牧畜業を営むダウール族二〇世帯を対象に調査を行った[7]。牧畜形態は、放牧地と住居周辺地での日帰り放牧で、冬の寒い時期には畜舎飼育を行っている。土地や家畜が分配されなかった家庭が多く、ガチャや郷の土地を借りて放牧を行うこともある。または、乳牛を飼って、乳を売って収入源にしている。

バイシンは大きくA、B、C三つのタイプに分けることができた。Aタイプは二行四室型が基本型であり、Aタイプを増築したA—Iタイプ、最初からA—Iタイプの平面で建てたA—Ⅱタイプもある。Bタイプは一行三室型の基本型であり、Bタイプを増築したB—Iタイプもある。Cタイプは二行三室型の基本型であり、Cタイプを増築したC—Iタイプ、最初からC—Iタイプの平面で建てたC—Ⅱタイプもある。Aタイプの増築は北側にされ、A、A—I、A—Ⅱタイプの入口は北側もしくは東側にある。Bタイプは東西方向に増築され、B、B—Iタイプの入口は南側にある。Cタイプは東または西へ増築され、C、C—I、C—Ⅱタイプの入口は東側もしくは西側に設置されている。

間取りを見ると、すべてのバイシンにはキッチンと寝室が設置され、利用用途によるモンゴル語の名称を使用している。新築や増築、改築によって居室が増え、利用用途による中国語の名称も多く使われている。居室の増加により寝室が増え、家族用寝室もしくは客用寝室として使われている。

暖房器具はフーチャン、ハンジ、ノファンチ、ジョーフの四種類である。どの年代のバイシンでもハンジを付けていることが特徴である。ハンジはダウール族にとって、バイシンの一部になっていると判断でき、バイシンの平面タイプが変わってもハンジの設置が引き継がれている。フーチャンは、ハンジより遅い年代に設置され、ノ

写真Ⅳ－5－3　ダウール族のバイシン

出所：筆者撮影。

アンチの設置は二〇〇八年以降のバイシンに見られる。

## 草原地域における牧畜業の課題と展望

従来の移動式放牧は長距離長期間移動であったが、次第に移動距離が短い季節放牧に変化している。これは放牧地の土地分配によって生じた変化だと思われる。それとともに、固定式住居が普及したため、日帰り放牧と畜舎飼育が一般的になった。一方、牧草の悪化、もともと分配された牧地が少なかった牧畜民は、放牧地の範囲を拡大するために他人の土地を借りたり、行政所有地を利用している。

季節放牧の移動先ではゲルの需要が見られる。バイシンが普及しても、ゲルは季節放牧用、拠点では夏用キッチンや客用寝室または観光用に変化している。住居平面も従来の一行三室、二行四室のバイシンが北側もしくは東西方向へ増築され、規模を拡大している。入口は南側であったが、増築によって北や東西方向へ移動している。入口を南につくるのはモンゴル族の伝統的慣習であるが、エヴェンキ族、ダウール族には、そのような慣習がないと判断できる。

国家政策や経済発展によって、放牧方式、住居、これらに関連する生活全般が急速に変化している。また、若者の都市への移住が進み、牧畜の継承が難しくなっている地域もある。その一方で、一部の地域では、若者たちが草原に戻り、牧畜業を営みながら観光業（六月から九月の間）を始め、観光客用の宿泊施設などにゲルを使っている。そのような施設では、都市で暮らす小中学生を対象とし、伝統文化や牧畜生活に触れ合えるサマーキャンプ（七月から九月の間）を設営している。伝統文化を資源として活用するため、文化の維持、継承にも関心を持っている。さらに、情報化の進展とともに、店頭販売に頼っていた畜産製品を、インターネット販売するようになり、牧畜民の新たな収入源となっている。このような新たな変化も踏まえた今後の展望が必要である。

**注**

1 巴达玛旺钦编辑整理『呼伦贝尔三部落源流』内蒙古文化出版社、二〇一三年。
2 『内蒙古鄂温克族自治旗概况』民族出版社、二〇〇七年。
3 『ダウール族社会歴史調査』民族出版社、二〇〇九年。
4 『新巴尔虎右旗志』内蒙古文化出版社、二〇一一年。
5 斯琴托亜・中山徹「フルンボイル草原地域におけるモンゴル族牧畜民の住居間取りの変容と生活様態について―フルンボイル市新バルガ右旗を事例として―」『家政学研究』六四巻、二〇一七年。
6 斯琴托亜「内モンゴル草原地域におけるエヴェンキ族牧畜民の住居変容と生活様態―フルンボイル市エヴェンキ族自治旗輝ソムを事例に―」『日本家政学会誌』七〇巻、六号、二〇一九年。
7 斯琴托亜・中山徹「草原地域におけるダウール族牧畜民の生活様態とバイシンの間取り変容―フルンボイル市・エヴェンキ族自治旗バヤンタラダウール族民族郷を事例に―」『日本家政学会誌』七三巻、一二号、二〇二二年。

# 6 内モンゴル自治区・アラシャにおける牧畜民の住居

阿栄照楽

## 住居の種類と所有状況

本節では、中国内モンゴル自治区における牧畜民の住居、生活様態の変容の一つとして、アラシャで実施した調査について紹介する。[1・2・3] アラシャは内モンゴルの最西部に位置し、農業開墾の影響をあまり受けなかったため、全体的に定住化の進度が遅い。そのため、牧畜の伝統が今でも残り、独特な文化を持つ乾燥地域である。面積は内モンゴル自治区の四分の一を占め、他地域と比べると一世帯の利用する放牧地の面積が広く、家畜の種類ではラクダの割合が高い。アラシャでは牧畜業で移動の必要性が高く、その範囲は極めて広域に渡る。

文化、地形、民俗、行政分布の特徴をもとにして、アラシャを沙漠地域、ゴビ草原地域、樹林地域の三つに分けた。牧畜民が所有する住居は、三地域とも同じで、放牧地バイシン（固定式住居）、移動式住居、市街地住居の三種類である。

放牧地バイシンには、春営地バイシン（主として春に放牧する地域に建てるバイシン、ただし他の季節に使う場合もある）、夏営地バイシン、秋営地バイシン、冬営地バイシンの四種類がある。ゴビ草原地域にはこの四種類がすべてあり、沙漠地域には夏営地バイシンがなく、樹林地域には秋営地バイシンがないなど、地域によって状況が異なる。

移動式住居はモンゴルゲル、チェジンゲル、マイハンの三種類がある（違いなどは後述）。沙漠地域とゴビ草原地域は三種類ともみられるが、樹林地域で見られるのは二種類であるなど、地域によって状況は異なる。

市街地住居であるが、沙漠地域と樹林地域では市街地住宅所有率が高く九〇％を超えているが、ゴビ草原地域では市街地住宅所有率は四四％になっている。家族の一部が草原ではなく市街地で暮らしたり、季節によっては家族全員が市街地で暮らすため多くの牧畜民は草原以外に、市街地で住宅を保有している。

## アラシャの居住様式と牧畜業の特徴

アラシャの牧畜民の住居は家畜の種類、家畜の移動範囲、土地分配後の利用方法に大きく影響を受けている。近年では、バイシンが普及しているが、バイシンと移動式住居の両方を使いながら、移動する居住様式を続けている。その三地域の居住様式の特徴と相違点は以下の通りである。

共通点は以下の三点にまとめられる。一つ目は、バイシンが導入され、定住化したが、どの地域でも牧畜民は一世帯で複数の住居を所有して、一年間に住居を数回移動していることである。その主な要因は、アラシャが乾燥地であり、草地植生の密度が低いため、家畜は季節ごとに広い範囲を移動する必要があり、牧畜民もそれに合わせて移動しなければならないからである。二つ目は、冬季（一一月～三月）はどの地域でも冬営地バイシンが利用されていることである。どの地域でも冬営地バイシンが人民公社時期から導入され、全世帯に普及している。そして、どの地域でも冬営地バイシンが最も長く住む居住拠点になっている。冬季は家畜の移動範囲が最も狭く、家畜の繁殖期でもあり、井戸水と保温が必要とされるからである。この時期には、世帯別に分配された土地の範囲内で放牧を行っているため、日帰り放牧が可能であり、住居を固定家屋にしても支障はない。三つ目は、三地域とも六月から一〇月までは土地を共用していることである。

相違点は以下の四点にまとめられる。一つ目は、高齢者と学生を除いた牧畜民の利用する住居が異なる点である。沙漠地域では冬営地バイシン、春営地バイシン、移動式住居、市街地住居である。ゴビ草原地域では冬営地バイシン、春営地バイシン、移動式住居である。樹林地域では冬営地バイシン、夏営地バイシン、移動式住居である。二つ目は、四月から一〇月の間で利用する住居が異なる点である。春季（四月—五月）、沙漠地域とゴビ草原地域では主に春営地バイシン、あるいは移動式住居を利用しているが、樹林地域では春営地バイシンの利用がほぼない。夏季（六月—八月）、沙漠地域では市街地住居、ゴビ草原地域では冬営地バイシン、樹林地域では夏営地バイシンとモンゴルゲルを使うことが多い。秋季（九月—一〇月）、沙漠地域では観光業のため冬営地バイシンと移動式住居が利用され、ゴビ草原地域では冬営地バイシン、樹林地域では夏営地バイシンとモンゴルゲルを使うことが多い。三つ目は、家畜の種類が異なる点である。沙漠地域ではヤギ、羊、ラクダが中心、ゴビ草原地域ではラクダが中心、樹林地域ではヤギと羊が中心である。四つ目は、六月から一〇月までの牧畜方法が異なる点である。沙漠地域とゴビ草原地域では家畜のみで移動し、牧畜民は家畜から離れてほとんど世話をしない。一方、樹林地域では牧畜民はヤギと羊から離れず、近くで世話をしている。

## バイシンの間取り変容

アラシャでは、人民公社時期以前は一年中、移動式住居を利用していたが、人民公社時期からバイシンが現れ、現在ではバイシンを円形、方形、複合形の三つに分類できる。三地域のバイシンの平面とその変容過程、部屋の呼び方は以下のようにまとめることができる。

共通点は以下の五点にまとめられる。一つ目は、平面タイプとして三地域とも一室型、一行二室型、一行三室型、一行多室型、庭型、複合型がみられる点である。二つ目は、間取の変化過程が共通している点である。初期では一室型、一行二室型、一行三室型が中心であり、その後、増改築によって一行多室型、庭型、複合型に変わり部屋数が増えている。三つ目は、入口、室内の位置関係に共通している点が多いことである。入口は、樹林地域の庭型を除くとどのタイプのバイシンでも南東方向に設置している。台所は、どの地域でも一室型、一行二室型、一行三室型の場合は中央に設置されている。ただし、複合型になると不規則な位置に設置されている。上座は一室型と庭型では北に置かれているが、他のタイプでは多くの場合、西へ移っている。アラシャの場合、モンゴルゲルでは入口が東南、台所（火）は中央、上座は北と方位が決まっている。バイシンの間取り変容過程でも、三地域ともその慣習がおおむね引き継がれているため、共通点が多くなっているが、部屋数が増えるに従い、従来の慣習が薄れている。四つ目は、部屋の呼び方に共通点が多い点である。部屋は位置による呼び方（外屋、内屋）、方位による呼び方（西屋、中屋、東屋）が多く、すべての地域に共通している。機能による呼び方（台所、客室、倉庫、車庫、庭、神屋）もかなりの地域で共通している。そして、どの地域でも最も早く機能で呼ばれた空間は台所であり、その後も機能による呼び方が増えている。五つ目は、建築材料が共通している点である。建築年代からみると、第二次土地分配以前は三地域とも日干しレンガ造であった。平面タイプ別でみると一行二室型までの建築材料は三地域とも日干しレンガで、その後はレンガになっている。

相違点は以下の四点にまとめられる。一つ目は、平面タイプで、樹林地域には円形型のバイシンが見られず、ゴビ草原地域のみ二行型が見られることである。二つ目は、間取の変化過程を見ると、沙漠地域だけ増改築があまり行われていないことである。三つ目は、部屋の位置関係では樹林地域の一行多室型で台所が西側に移っていることである。四つ目は、部屋の呼び方に違いがみられる点である。沙漠地域とゴビ草原地域では寝室をホヌーホゲルと呼ぶが、樹林地ではスーホウゲルと呼んでいる。また樹林地では肉屋、活動房という他地域にはない呼び方がある。さらに、沙漠地域とゴビ草原地域では部屋数が少ない初期では位置による呼び方が多く、部屋数が増え、特定の用途に使いだすと機能による呼び方に変わっていた。しかし、樹林地域では初期のタイプである一行二室型から台所、寝室と機能による呼び方を使っていた。五つ目は、バイシンとゲルの併用に違いがみられることである。沙漠地域とゴビ草原地域ではバイシンとゲルを同時に使うことが少ない。樹林地域ではそれらを同時に使い、一行二室型からゲルがバイシンの空間構成の一部として使われている。

## バイシンと移動式住居の関連

アラシャでは、移動式住居にモンゴルゲル、チェジンゲル、マイハンという三種類を使っている。このようなさまざまな移動式住居を使っているのはアラシャの特徴である。所有率が最も高いのはモンゴルゲルで、最も低いのはチェジンゲルである。

三地域の共通点は以下の二点にまとめられる。一つ目は、一年を通じて住居を数回移動するため、バイシンが普及していても、移動式住居の所有と利用が続いていることである。二つ目は、バイシンの普及により、バイシンの利用期間が長期になり、移動式住居に代わってバイシンが主たる住居になったことである。

相違点は以下の三点にまとめられる。一つ目は、地域によってゲルの利用期間に違いがみられる点である。沙漠地域とゴビ草原地域ではバイシンと移動式住居を交代で使うため、移動式住居の利用期間が短期になっている。一方、樹林地域ではバイシンと移動式住居を同時に使うため、移動式住居の利用期間もバイシンと同じく長期になっている。二つ目は、住居の使い方に違いがみられる点である。沙漠地域の冬営地バイシン、秋営地バイシン、移動式住居は観光業で使われるようになっている。樹林地域でも移動式住居を観光業で使いだしているが、薬草採集で使われることもある。三つ目は、生業の変化が地域で異なり、住居の利用にも違った変化がみられる点で

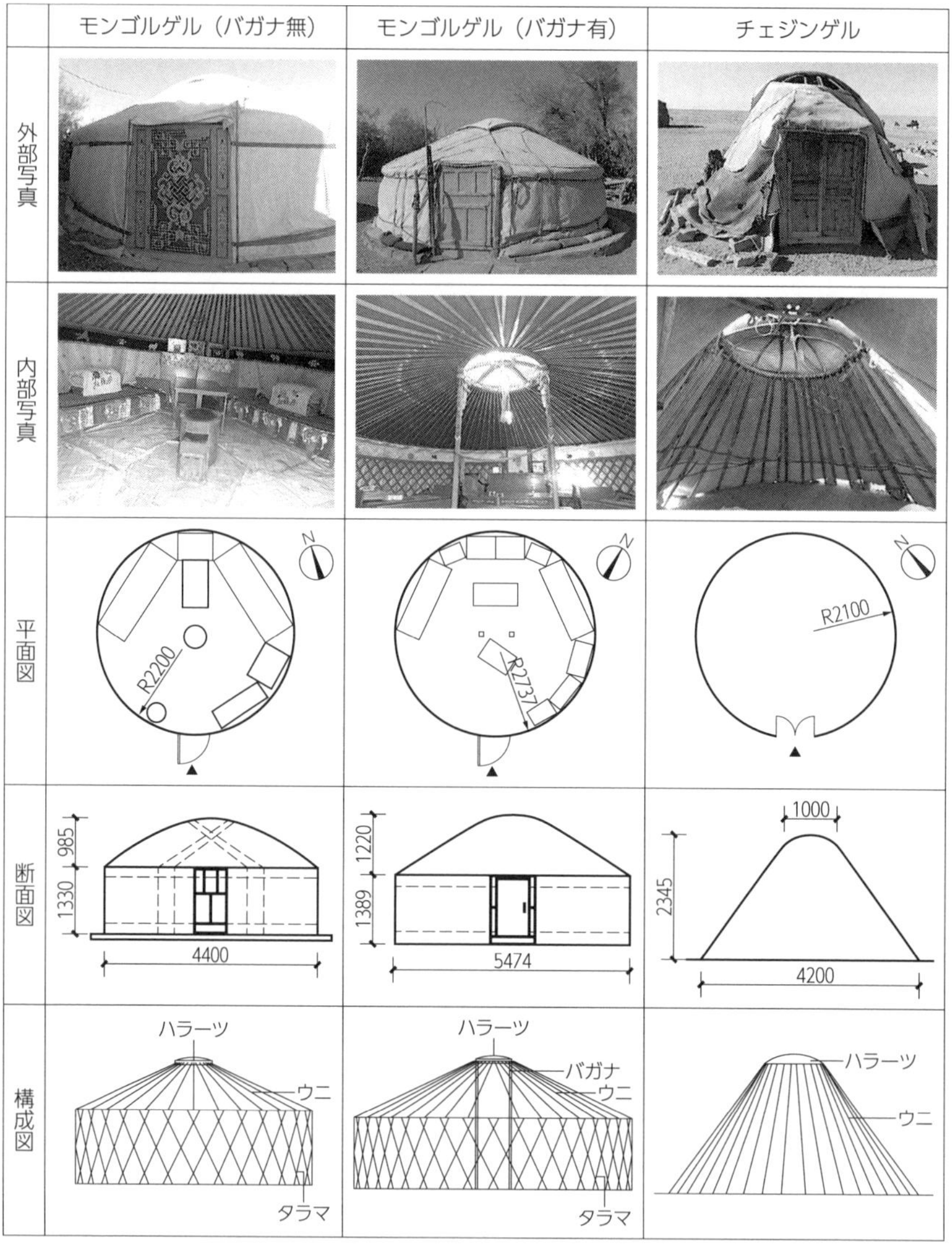


図Ⅳ－6－1　モンゴルゲルとチェジンゲルの概要図

出所：筆者作成。

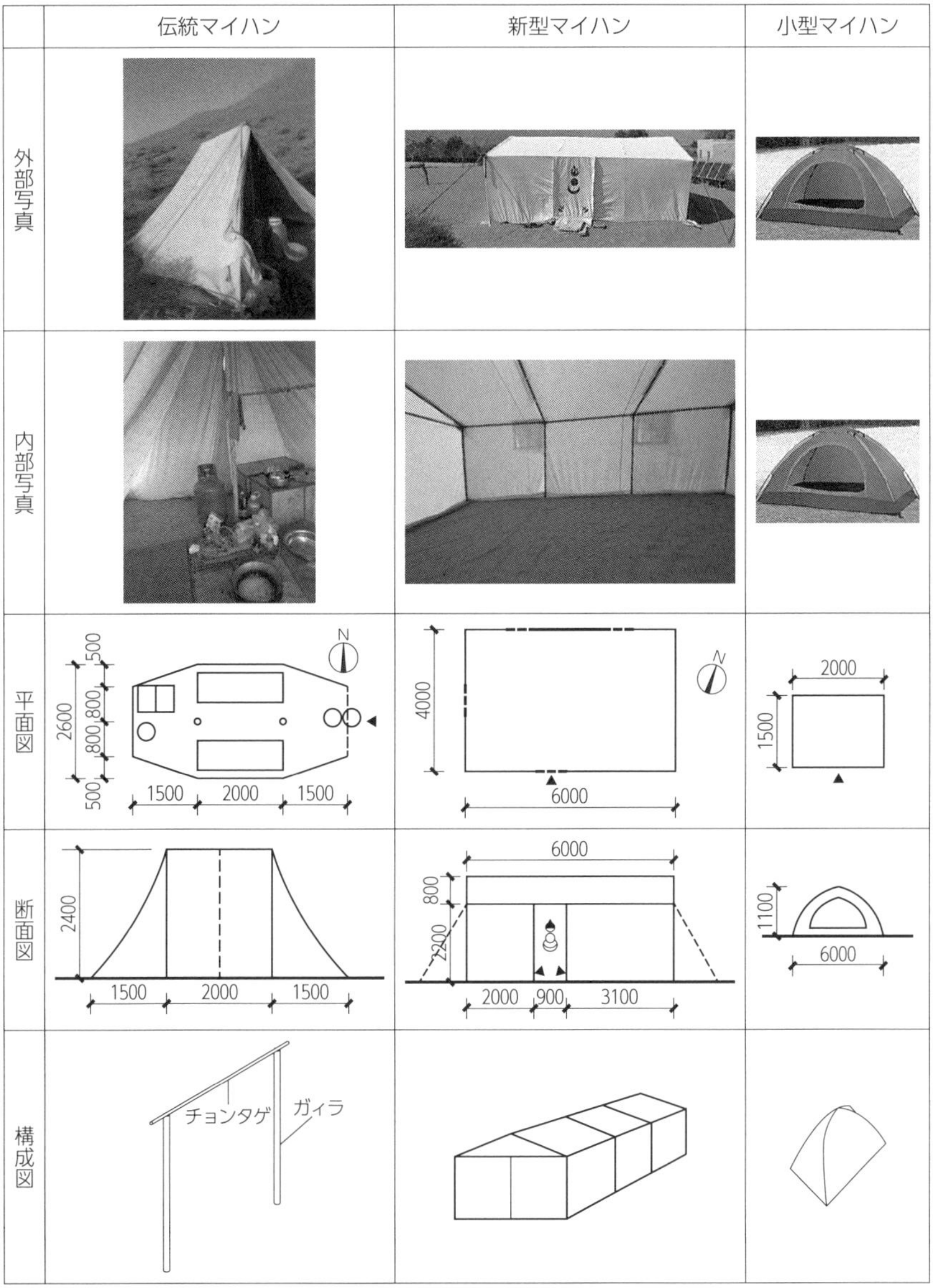


図Ⅳ－6－2　マイハンの概要図

出所：筆者作成。

ある。沙漠地域では秋営地バイシン、モンゴルゲル、マイハンの使用が増え、チェジンゲルの利用が減っている。ゴビ草原地域では春営地バイシンとマイハンの利用が増え、チェジンゲルの利用が減っている。樹林地には生業変化がないため、住居の利用も変化していない。

## 今後の課題と展望

アラシャはバイシンが普及しても、年に数回、住居を変え、複数の住居を利用する居住様式を持っている。これは土地分配、社会変化、生業変化の中でも放牧を守っていくために生み出されたアラシャの知恵である。このような居住様式は、沙漠地域とゴビ草原地域を中心とするアラシャにふさわしい居住様式であり、今後もそれを守るべきである。しかし、近年では春営地、秋営地などでも短期で使うバイシンが増え、部分的に使われていた移動式住居の利用が減り、とくにアラシャだけに残っていたチェジンゲルはほぼ姿を消している。今後は地域の特徴を生かして、移動式住居の利用を再評価すべきである。

**注**

1　阿栄照楽・中山徹・野村理恵「内モンゴル沙漠地域における牧畜民の固定式住居及びその間取りの変容に関する研究」『日本建築学会計画系論文集』七一一号、二〇一五年。

2　阿栄照楽・中山徹「内モンゴルゴビ草原における牧畜民の固定式住居（バイシン）の現状とその間取り変容」『日本家政学会誌』六九巻、六号、二〇一八年。

3　阿栄照楽・中山徹「定住化が進むモンゴル牧畜民における移動式住居の現状分析」『日本家政学会誌』六九巻、三号、二〇一八年。

# 7

# シリンゴルにおける牧畜民の環境移行

野村理恵

## 生態移民について

本節では、中国内モンゴル自治区シリンゴル盟における牧畜民の生活様態の変容の一つとして、草原地域で実施された「生態移民」と呼ばれる居住地集約と生業移転政策の状況及びその後の牧畜民の環境移行について紹介する。筆者は二〇〇六年より本格的に内モンゴル自治区での研究に参画している。草原地域における伝統的な牧畜民の生活変容を分析する際に、重要な転換期として、自治区成立以降、一九五〇年代から続いた人民公社による集団化、一九七〇~八〇年代にかけての経済改革、一九九〇年代の土地所有制度の更新が上げられる。このような中国全体の政策に連動した牧畜業の生産方式の変化が、牧畜民の生活に多大な影響を及ぼすことがみえてきた。そして、二〇〇〇年代の大きな出来事として、生態移民が挙げられる。

生態移民とは、生態環境の悪化により居住地を移動した住民を指す。ここでいう生態環境の悪化とは、主に砂漠化のことを指す。砂漠化自体は一九七〇年代から研究者により指摘されてきたが、一九九〇年代以降には、激しい黄砂や大河の洪水被害などが何度も取り沙汰された。中国政府は、これらの環境問題を重要視し、西部地域の環境改善に取り組むという政策を打ち出したのである。生態移民の政策は、生態環境の保護という目的に留まらず、生活改善や都市建設といった文脈が加わり、中国各地で展開されている。

## 内モンゴル自治区における生態移民村の建設

内モンゴル自治区では、二〇〇一年に発表された政策において、六年間で計六五万人の生態移民を実施することが計画された。ここでは、三つの原則として、政策的に誘導し牧畜民が自ら移住を志願すること、移住の方法は効率的であること、移住先はなるべく近隣に合理的に配置することが挙げられている。また、産業構造や都市建設と結合させることにも触れられている。関連して、シリンゴル盟は、環境保護と牧畜民の生活改善を図るという名目で、主要な三つの政策を打ち出した[1]。一つは、牧畜民の定着化に伴い過放牧が砂漠化を悪化させているとして、牧畜を禁止する、あるいは一定期間禁止する、区画を細分化した輪牧を推奨するというものである。二つ目は、農村・牧畜地域の人口を地方中心都市へ移動させ、第二、第三次産業への転業を進めること。三つ目は、過放牧を軽減するために、自然放牧から畜舎飼育への移行を推進する集約経営を推進することである。これらの目標を達成するため、二〇〇二年より全盟で正式に「生態移民プロジェクト」が実施される運びとなった。そのなかで、放牧が禁止された地域の住民に対しては、都市部や新たに建設された移民村への移住を促したのである。

## 生態移民村での生活実態

二〇〇〇年代半ばに筆者らが実施した調査をもとに、移民村が建設された当時の概況を述べる。ここで紹介するのは、シリンゴル盟の行政中心地であるシリンホト市に建設された移民村で、市の中心部から北へ約九六㎞の距離にあるA村である。

シリンゴル盟は、自治区中央部に位置し、優良な天然草原の広がる牧畜業の盛んな地域である。シリンゴル盟の行政公署所在地であるシリンホト市は、牧畜業を主幹産業としているが、都市化も顕著で、二〇〇六年当時の人口一七・七万人のうち約八四%が都市部に居住していた。生態移民については、シリンホト市でも二〇〇二年に開始し、二〇〇七年までに累計一五五〇世帯、六四〇九人が移住した。これは全市の農牧区人口の約二一%を占める。このうち、乳牛飼育への生業転換をした牧畜民が一一九一世帯（四九〇九人）、第二・第三次産業への転業が三五九世帯（一五〇〇人）である。

二〇〇六年九月に実施した調査では、環境政策により乳牛飼育をするために建設されたA村において、隣接した敷地に暮らす二つの家族にヒアリングを実施した。[2] いずれの家族も放牧していた地域の牧草の状況が悪化し、十分な家畜を飼うことができなくなったため移住した。両家が暮らす集落は、乳牛を飼育するために政府が建設した村である。土地と牛舎は支給されるものの、住居については支援がないため、ほとんどの世帯が従前から保有しているモンゴルゲルを建てて生活している。これらの世帯の多くは、草原でレンガ造等の固定家屋に住んでいたことから、新たな集落での生活は定住しながら放牧に適した移動住居を用いている、という矛盾した状況である。新たな生業に適応し、生計が好転すれば、移民村にもレンガ造の固定家屋を建設している世帯がみられるが、多くの世帯では仮設的な住居としてモンゴルゲルを使用している。乳牛飼育だけでは生計が成り立たず、以前のように家畜の放牧を続けているが、土地を失ったことから、他人の土地を借りる、もしくは家畜を請け負うといったかたちになり、今後、新たな生業への移行がうまく完了するのか、あるいは以前の生活に戻るのか調査先の世帯では頭を悩ませているという状況であった。

## 生態移民の新たな展開

シリンゴル盟での生態移民に関する政策が開始されてから一〇年以上が経過した二〇一七年、観光業の普及に注目した現地調査を実施した。対象としたのは、シリンゴル盟ショローンフフ旗である。その調査から、環境政策の新たな展開について紹介する。

ショローンフフ旗は、シリンゴル盟の南部に位置し、一三世紀中頃にモンゴル帝国の夏の都である「上都」が築かれた。北京から約二六〇 km という距離にあり、また「上都」が二〇一二年にユネスコ世界遺産に登録されたことから近年では観光業が盛んである。北京や天津といった大都市の北部に位置する草原として生態の緩衝帯としても重要視されており、以前から生態移民政策が実施されてきた。主にシリンホト市の事例と類似した乳牛飼育のための集落が形成されてきたが、近年では新たに観光業への参入が開始されている。このうち、移民村全体で観光業を開始したB村、個人での民宿経営を開始したC村及びD村の事例について紹介する。

B村では、二〇〇八年に禁牧が開始された際に移住した移民村において民宿が経営されている。同じB村から四七世帯が移民村に入居したが、新たな生活に対応できない世帯もあり、空き住戸が目立っていた。その対策として、二〇一六年から、地元政府より各世帯に一〇万元の補助が出て、レンガ造家屋の三二部屋が改装され、また二三のモンゴルゲルが設置された。このうち一〇はレストラン、一三は宿泊用として使用されている。

基本的に住民が世帯単位で観光業に従事するが、この移民村で二〇〇頭の乳牛を共同飼育しており、また、まとまった客が来るため、村内で協力しながら対応している。サービスとしては、宿泊と食事提供である。旅行社と提携しており、毎日七〇~八〇人の来客がある。また、集落として乳製品の新たな加工技術などを身につける講習会などを実施している。

図Ⅳ－7－1　移民村の空き家が宿泊施設として改修された例

出所：筆者撮影。

移転前の集落組織が継続されており、世帯単位の政策を集落共同で実施するという対応により、生活環境の激変に対応している事例である。調査時点では、旅行社との提携により継続的に来客があったが、今後、民宿やレストランの独自性をどのように見出し、また牧畜民のこれまでの経験をいかに新たな生業に結びつけていけるのかが課題となっている。

C村では、二〇一七年より五年間の放牧禁止（禁牧）が始まり、その補償として観光事業が推進されている。一二〇世帯のうち、四〇世帯が観光事業を行っている。夏の放牧地として分配されている土地（夏営地）が、湖のほとりにある。六月から九月の夏期間中、その夏営地にモンゴルゲルを建てて観光客を呼び込んでいる。冬の放牧地は、移民村として住宅が集約され、家畜は牛二〇頭、羊二〇頭に減らして飼育している。それだけでは生計が立たないため、夏の間、観光業で収入を得ている。

調査対象世帯の経営体制としては、兄弟家族三世帯と協力して二〇のゲルを建てている。ゲルの建設にかかる費用のうち六〇％は県より補助が入る。サービスとしては、ゲルを用いた民宿を中心に、モンゴル料理の提供や

図Ⅳ－7－2　ゲルを建てて民宿を家族経営している例
出所：筆者撮影。

子どもたちの遊具などを設置している。世界遺産「上都」に近いため、そのついでに通りがかる観光客が多い。とくに旅行社との提携はないが、インターネットで探したり、直接通りがかったりして宿泊する客が多い。中国国内の都市部の住民や、ドイツなどの海外からも客が来る。二〇一七年六月に開始して、七月の時点ですでに六〇〇人の来客があり、経営は順調である。

今後の展開としては、政府の働きかけにより乳製品やゼリー、また草原で採れる植物を利用した料理など、現地の素材を活かした手作りの新製品開発などが推進されている。これらが軌道に乗れば、新たな生業として位置づけられるが、民宿自体は、六―九月の三か月のみの経営となるため、持続的な収入源になるかどうかが懸念されている。

D村は、C村と同様に二〇一七年より禁牧が始まり、同じ湖の対岸において、民宿を経営している。D村では、湖の周りは村の共有地となっており、明快な土地区分は存在しない。毎年おおまかに使用する場所が決まっていたため、そこを分けて各世帯で民宿を開始している。村の一〇〇世帯のち三〇世帯程度が実施している。

調査対象世帯は、一世帯で八つのゲルを建てて経営している。しかし、三〇kmほど離れた冬営地に家畜がおり、人手が足りないため牧夫を雇うなどの負担が発生している。サービスとしては、ゲルでの宿泊や食事であるが、電気やトイレを完備しておらず、観光客が体験できる馬なども有していないため、客を呼び込むことが難しい。利用者は、一〇回ほど知人が連れてきてくれたが、旅行社などと提携しておらず、通りがかり客についても、他の民宿に比べて規模が小さいこともあり、利用につながっていない。

今後の展開について、実質的に利用者が多いのは一か月程度であることから、収入面での期待は薄い。家畜を放牧することがモンゴル人の生活の基礎であるとの考えから、生業転換への対応はうまくできていない。

## 連動する居住環境の変化と生業の変化

生態移民の特徴は、「自主的に」移転するという原則にある。放牧の禁止は政府の方針によるが、他地域での牧畜の継続もしくは廃業、移民村や都市部への移転といった選択肢が牧畜民に与えられている。ただし、補償内容やその後の展開などを正確に予想できない。牧畜民の居住環境は生業と深く結びついているからこそ、いずれの選択肢においても生業の変化が大きな環境移行を生むことにつながっている。

観光業へ参入した牧畜民の状況をみると、禁牧政策の代替として推進されている地域では、補助金や研修などの支援が実施されているが、経営に携わる家族の状況や意識、使用できる土地の条件の違いなどから経営状況にも格差が生じている。有利な土地条件があるとしても、同様の地域に複数の民宿が集中して開業している。経験のない世帯にその経営を委ねるのではなく、村や地域全体で観光客を受け入れる窓口を設置するなど、ソフト面での支援が求められる。

移民村にて観光業を実施している例では、各世帯ではなく、村としての受け入れ体制が整っていることは評価できる。ただし、移民村の環境は、牧畜民の伝統的な生活環境とは異なるため、あくまでも新たな生業創出として、観光客への宣伝や新製品の開発などの展開が必要となる。また民宿経営の推進において、接道条件やインフラストラクチャーを重視すると、実際の牧畜民の生活とは異なる空間利用が増産されることにも繋がる。各世帯に分配されている土地をいかに有効利用するのか、あるいは、一定の地域で共有地として観光地を設定するなど、条件格差を解消しながら、大型の施設型観光とは異なる民宿経営の方針を検討する必要がある。

内モンゴルでの研究を進めるなかで、一言で牧畜業といってもその時代の国家体制、人口動態といったあらゆる影響のなかで姿を変えてきていることを理解した。その上で、現代の牧畜民にとって持続的な居住環境とは何かと考えた際に、生態移民は、いささか都市的な発想のもとに構築されている政策概念であるいえる。散居している人口を集約し、基盤整備を効率的に行うといった手法は、日本を含め各地の都市計画で実践されている。しかし、モンゴル草原の牧畜民は家畜を伴う生業を有している点で大きく異なる。共有地をうまく使いこなし、人口や家畜の密度を調整し、また厳しい気象条件に対応するという乾燥地の生業システムは、現代に求められる持続可能な居住環境の構築に通じる概念である。少人数社会となっていく日本の地方においても、離合集散しながら自然とのバランスをとってきた牧畜民の生活様式から学ぶことは多い。

## 注

1 内蒙古自治区锡林郭勒盟盟委「内蒙古自治区锡林郭勒盟关于实施围封转移战略的决定」二〇〇二年（中国語）。

2 野村理恵・今井範子・中山徹ほか「シリンゴル盟の移民村における牧畜民の生活様態—中国・内モンゴル自治区草原地域におけるモンゴル民族の生活様態とその変化（第一報）—」『家政学研究』五四巻、二〇〇七年。

# 8

# 内モンゴル自治区における民族教育の現状と保護者による評価

薩日娜

## 民族教育の状況

一九八〇年代以降、中国は改革開放政策によって経済が飛躍的に成長したものの、学校教育に関する問題も生じている。それに対して、政府がとった教育環境格差の是正策は「統廃合」であった。内モンゴル自治区では、「統廃合」政策の影響により、多くの民族学校が廃止され、モンゴル族の民族教育を保障する場が減少した。実際一九八八年に三二一六校あったモンゴル族の民族小学校が、二〇一〇年には三二六校まで減少している。[1] その影響で、モンゴル族の子どもたちは村を離れ、都市部の民族学校に寄宿せざるを得なくなった。親元を離れた子どもたちは、家庭内で自然に受け継いでいた伝統文化から離れ、伝統文化の希薄化が進み、伝承が困難になっている。それを補うため、民族学校を通じた伝統文化の継承を進めている。

本研究では、内モンゴル自治区赤峰市の民族小中学校を対象とし、民族教育の実態、保護者の民族教育に対する評価、保護者の地域連携に対する評価を分析する。民族学校とは、モンゴル族の子どもの教育を目的とした学校である。民族教育とは、民族学校で行われている教育の中で、モンゴル語の教育とモンゴルの歴史、文化、生活習慣などの教育を指す。そして、モンゴルの歴史、文化、生活習慣などの教育を伝統文化の教育と称す。さらに、伝統文化の教育のうち、授業科目として教えている教科を「民俗」という。本論で使う「地域連携」とは、子どもに伝統文化を教えるため、学校と保護者、モンゴル文化等に詳しい人々が協力することである。

今回、調査を行った赤峰市は内モンゴル自治区の東南部に位置する地方都市であり、人口は約四五二万人で、内モンゴル自治区で人口が一番多い地域である。そのうちモンゴル族の割合は一九・一%である。二〇一六年時点で赤峰市内には、小学校三八三校、中学校一〇五校あった。そのうち民族小学校は八一校、民族中学校は二二校であった。[2]

本研究では赤峰市の都市部にある民族小中学校と農村部の民族小中学校の保護者を対象に調査を行った。[3] 調査した学校は小学校一校、中学校一校、小中一貫校一校（農村部の民族小学校、中学校は小中一貫校）である。二〇一七年五月に小学校高学年と中学校の子どもに「保護者用」のアンケート調査表を配り、後日回収した。配布数は七〇八、回収数は六一四、回収率八六・七%である。

## 民族小中学校で実施されている民族級育

各学校の伝統文化の教育は表Ⅳ－8－1のとおりである。都市部の民族小学校はモンゴル語クラス（一九六人）と中国語クラス（五五三人）を設けている。伝統文化の教育としてモンゴル書道を教えている。また、一〜六年すべての学年において民俗の授業を一週間に一回開講し、モンゴル語の教員が兼任している。課外活動で馬頭琴、モンゴル将棋と相撲クラスを開催している。校庭にはモンゴルゲルが建てられおり、モンゴル文化に関わる道具が展示されている。地域連携として、不定期に外部講師による講演会を開催している。

都市部の民族中学校は、一九四六年に設立された中高一貫校である。中学校には八八名、高校には一〇七一名の生徒がいる。本校には民俗の授業はなく、課外活動にモンゴル相撲を設けている。また、地域連携としては年に一回、外部講師を呼び、チンギスハン祭りで合唱する歌「エジンサン」を教えている。

農村部の小中学校は小中一貫校であり、小中学校を合わせると九五九名の児童生徒がいる。内モンゴル自治区の民族学校で民俗の授業を取り入れたのは本校が最初で、二〇〇三年から小学校、二〇〇四年から中学校に取り入れている。本校の民俗の授業は小学校では一～五年、中学校では全学年を対象に一週間に一回開講されている。小学校一～三年生はモンゴル語の教員、四～五年と中学生は専任の教員が教えている。二〇〇八年に校庭内で「伝統文化の教育基地」を設置し、モンゴルゲルを建て、伝統道具を展示している。授業でゲルを訪問、あるいは道具を授業に持ち出すなど、伝統文化の教育に役立てている。そして、モンゴル語の校内新聞、校内雑誌、校内放送など、生徒が主体となって伝統文化を紹介し、授業以外の場でも伝統文化の教育を進めている。また、課外活動で馬頭琴、モンゴル将棋、相撲と弓射のクラスを開催している。地域連携として、人生教育を一学期一回実施している。伝統文化に関する講演はモンゴル人芸術家、書道家、歴史学者、詩人などを招いている。

表Ⅳ－8－1　調査対象校の比較

| | | 市小 | 市中 | 農小 | 農中 |
|---|---|---|---|---|---|
| モンゴル語 | | ○ | ○ | ○ | ○ |
| モンゴル書道 | | ○ | × | ○ | ○ |
| 民俗 | 授　業 | ○ | × | ○ | ○ |
| | 時間割 | 週一回 | × | 週一回 | 週一回 |
| | 専任教員 | × | × | ○ | ○ |
| 課外活動 | | 馬頭琴<br>将　棋<br>相　撲 | 相　撲 | 馬頭琴<br>将　棋<br>相　撲 | 馬頭琴<br>将　棋<br>相　撲<br>弓　射 |
| 校内新聞 | | × | × | ○ | ○ |
| 校内雑誌 | | × | × | ○ | ○ |
| 校内放送 | | × | × | ○ | ○ |
| ゲ　ル | | ○ | × | ○ | ○ |
| 地域連携 | | ○ | ○ | ○ | ○ |
| 外部講師 | | 不定期 | 年一回 | 学期一回 | 学期一回 |

注：○＝ある　×＝なし
　市小＝都市部の民族小学校、市中＝都市部の民族中学校、
　農小＝農村部の民族小学校、農中＝農村部の民族中学校
出所：筆者作成。

## 保護者の状況

保護者の状況として、保護者の民族教育受講状況、学校の選択理由、保護者の居住地を調べた。保護者の民族教育受講状況をみると、都市部の民族中学校以外は、民族教育を受けていない保護者は四%以下である。それに対し、都市部の民族学校の保護者は二二・三%が民族教育を受けていなかった。

保護者が子どもの学校を選択した理由をみると（複数回答）、「教育の質」で選んだのがそれぞれ一八・四%、二〇・八%、六九・二%、六九・二%（都市部の民族小学校、都市部の民族中学校、農村部の民族小学校、農村部の民族中学校の順、以下同様）、「民族教育」で選んだのがそれぞれ七五・九%、三五・四%、五一・〇%、四二・四%、「家から近い」で選んだのがそれぞれ二・三%、一六・七%、九・八%、四・一%である。教育内容よりも、「家から近い」という理由で学校を選んだ人は都市部の民族中学校がもっとも多い。

保護者の居住地をみると、農村部の小中学校の保護者は九四・五%、九六・二%が農村部に住んでいる。一方、都市部の小中学校の保護者のうち、都市部に住んでいるのは五一・六%、七二・〇%である。

## 保護者の民族教育に対する評価

伝統文化の教育に対する保護者の評価を把握するため、子どもに伝統文化の教育を受けさせたいかどうか（教育意欲）、学校で教えている民俗の授業で子どもが伝統文化を習得できているか（習得状況）、民族教育の満足度（満足度）、民俗の授業は実用的か（実用性）、子どもが民族に何らかの形で関わる仕事に就くことを望んでいるかどうか（就業意識）の五項目を調査した。保護者の評価は、たとえば満足度の場合、「とても満足」「満足」「やや不満」「不満」の四段階で聞き、「とても満足」と「満足」と答えた保護者の割合を「満足度」と呼んでいる。他の問いも四段階で尋ねて、満足度と同様に数値化している。

教育意欲については、九七・七%、八三・五%、九九・三%、九八・六%が受けさせたいと答えており、習得状況については、八一・六%、五四・九%、九二・五%、八八・四%が習得できていると答えており、満足度は、八〇・七%、六〇・九%、九〇・七%、九二・三%が満足としており、実用性については、九四・三%、七九・二%、九六・〇%、九八・〇%が実用的と答えており、就業意識については、九五・四%、六二・三%、九七・三%、九一・九%となっている。いずれの項目も都市部の中学校の評価が他と比べて低い。

## 保護者の地域連携に対する評価

地域連携に対する保護者の関心や協力度を把握するため、学校と保護者の連携が行われていると思うかどうか（学保連携）、学校と地域の連携が行われていると思うかどうか（学地連携）、地域連携で協力している外部講師に対する評価（講師評価）、学校が主催する伝統文化の活動に保護者自身が参加しているかどうか（参加状況）、学校から依頼があれば保護者自身が地域連携の講師を引き受けるかどうか（講師引受）の五項目を調査した。

学保連携について、「行われている」と答えた保護者の割合は、五一・一%、六一・九%、七二・三%、六六・三%であり、学地連携については、「行われている」と答えた保護者の割合は、五八・九%、六一・六%、七五・〇%、七〇・〇%であり、いずれも農村部の小中学校の評価が都市部の小中学校より高かった。講師評価について、良いと評価している割合は、九四・四%、六〇・七%、九四・二%、九六・三%であり、都市部の民族中学校の評価は他と比べて低かった。参加状況について、参加していると答えた保護者の割合は、六二・五%、七四・二%、五六・九%、五二%であり、都市部の民族小中学校の参加率が高かった。講師引受について、引き受けると答えた保護者の割合は、八五・二%、三九・八%、七〇・一%、七一・六%であり、都市部の中学校の割合が低かった。

## なぜ都市部の民族中学校は民族教育に対する評価が低いのか

保護者の民族教育に対する評価を図示する（図Ⅳ－8－1）。数値は、たとえば満足度の場合、選択肢「とても満足」、「満足」、「あまり満足してない」、「満足してない」をそれぞれ「＋3」「＋2」「＋1」「0」に置き換えて、各々の回答率にかけて、合計した数値である。図は保護者の民族教育に対する五項目の評価であり、都市部の民族中学校の評価が、他の学校と比べて全体的に低い。

次に、都市部の民族中学校の保護者の評価が低い理由を考えるため、保護者の民族教育受講状況および保護者の学校選択の理由と、民族教育に対する五項目の評価をクロス集計し、有意差検定を行った。学校を選んだ理由の内、「民族教育」と「教育の質」は積極的な理由、「家から近い」は非積極的な理由と判断した。

保護者の民族教育の受講状況と「民族教育に対する評価」のクロス集計から、保護者が民族教育を受けている場合、実用性を除く四項目において、有意差が認められ、民族教育を受けていない保護者の評価より高かった。また、保護者の学校選択の理由と「民族教育に対する評価」のクロス集計から、保護者が積極的な理由で学校を選んでいる場合、教育意欲を除く四項目において、有意差が認められ、非積極的な理由で学校を選んでいる保護者

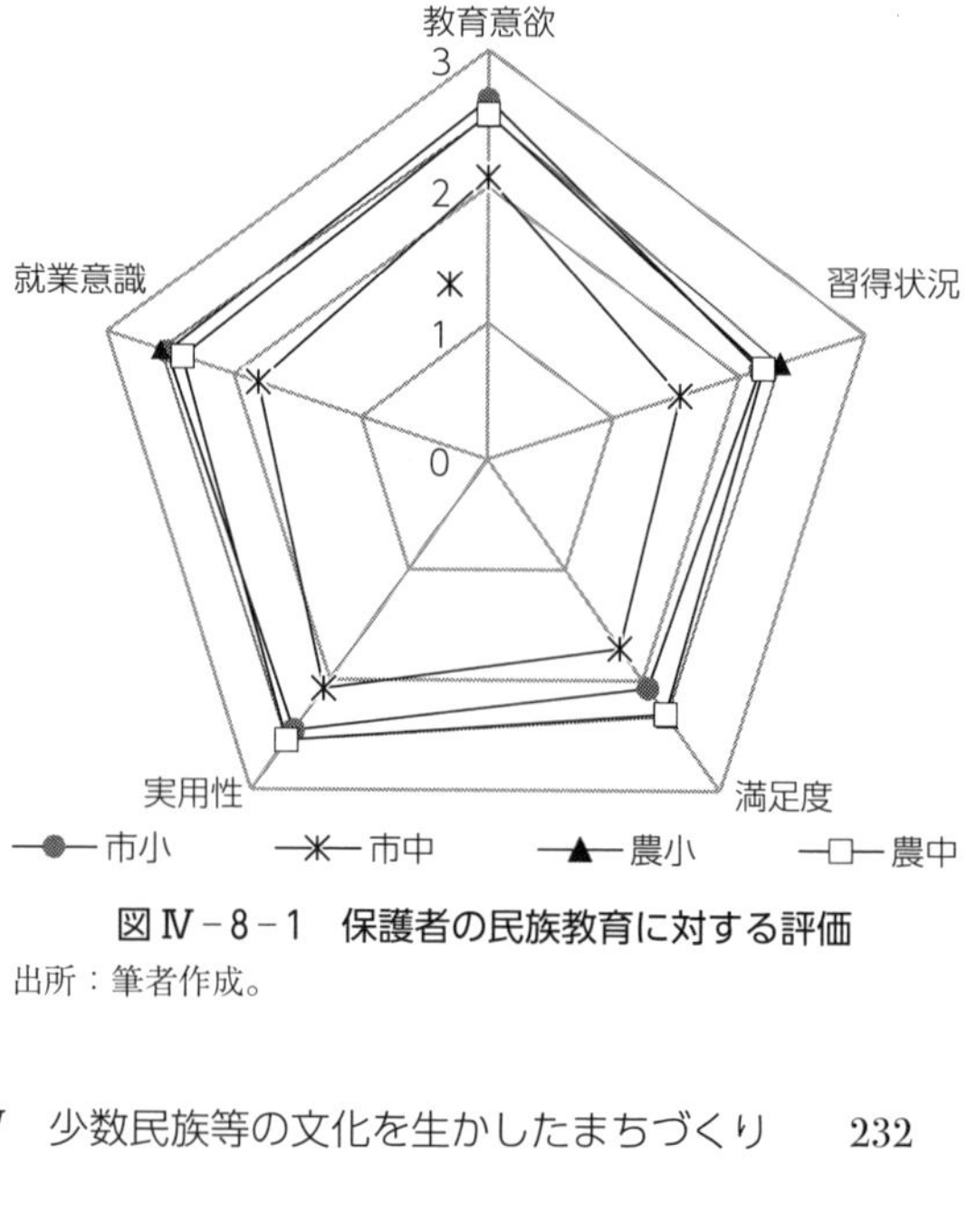


図Ⅳ－8－1　保護者の民族教育に対する評価
出所：筆者作成。

の評価より高かった。保護者の民族教育の受講状況と保護者の学校選択理由が、民族教育に対する評価と有意に関係しているといえる。

都市部の民族中学校の保護者は民族教育を受けていない割合が高く、また消極的な理由で学校を選んでいた。民族教育を受けていない保護者は、自分の民族への知識が少なく、民族教育に関する関心も低いと思われる。また、子どもの学校を選ぶ時、非積極的な理由で選んでいる保護者は、最初から民族教育に対する関心が低く、評価が低かったと考えられる。その結果、都市部の民族中学校の評価が他の学校と比べて低くなったと思われる。

## なぜ都市部の民族中学校は地域連携に対する評価が異なるのか

保護者の地域連携に対する評価を図示する（図Ⅳ－8－2）。計算方法は、民族教育に対する評価と同じである。都市部の民族中学校の地域連携に対する評価は他の学校と異なっている。たとえば、講師評価と講師引受は低く、参加状況は高く、傾向が他の学校と大きく異なっている。

都市部の民族中学校の評価が他の学校と異なる理由を考えるため、保護者の民族教育受講状況および保護者の居住地と、地域連携に対する五項目の評価をクロス集計し、有意差検定を行った。保護者の民族教育受講状況と地域連携に対する評価のクロス集計から、保護者が民族教育を受けている場合、学保連携と講師評価の二項目において、有意差が認められ、民族教育を受けていない保護者の評価より高かった。

また、保護者の居住地と地域連携に対する評価のクロス集計から、保護者が農村部に居住している場合、講師評価において、有意差が認められ、都市部に居住している保護者の評価より高かった。保護者の民族教育の受講状況から、都市部の民族中学校では、民族教育を受けていない保護者の割合が他の学校より高かった。また、保護者の居住地から、都市部の民族中学校では都市部に居住している保護者が一番高かった。都市部の民族中学校で

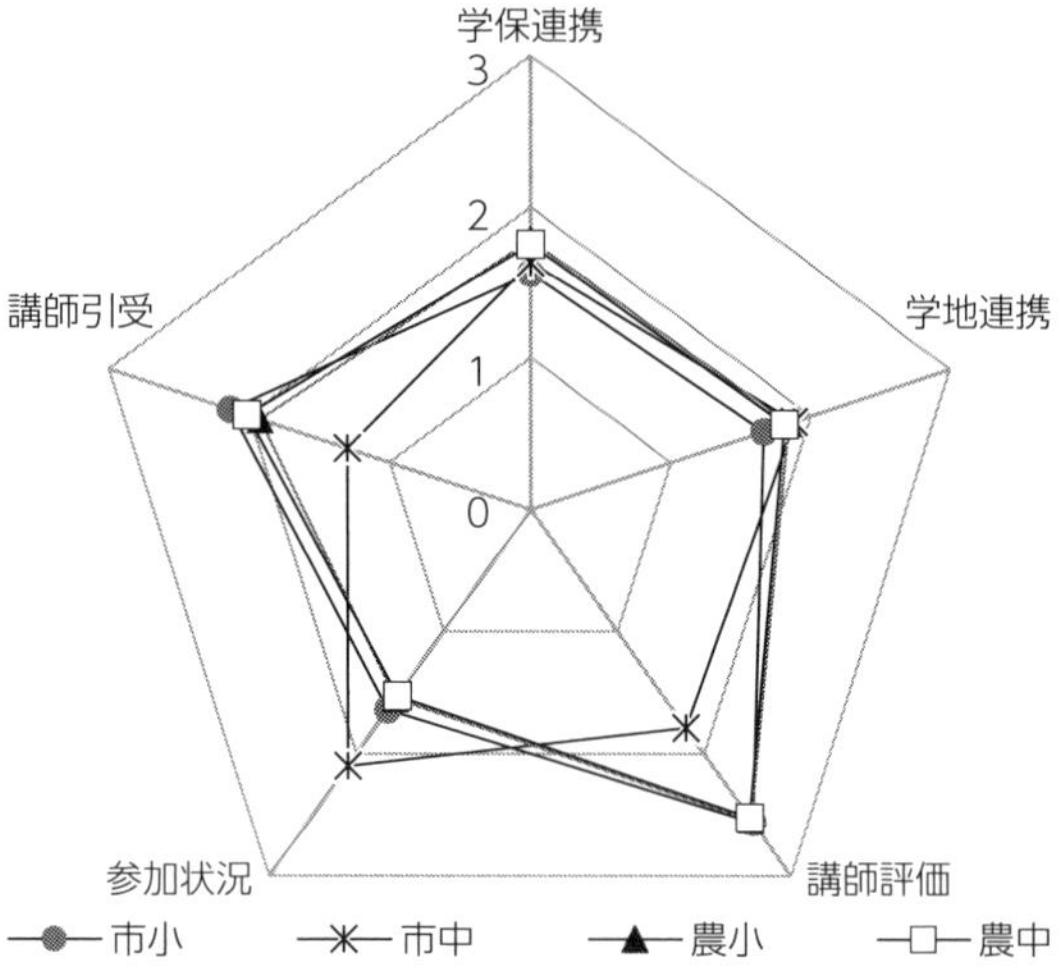


**図Ⅳ－8－2　保護者の地域連携の評価**

出所：筆者作成。

講師評価が低いのは、民族教育を受けていない保護者が多いことと、都市部に住む保護者の割合が高かったからだと考えられる。一方、自分自身が講師を引き受ける割合が低かったことと、伝統文化の活動に参加する割合が高かったことについては、検定上有意な理由はみられなかった。しかし、都市部の民族中学校の保護者は伝統文化についての造詣が深いとは言いにくく、自分が教育する立場には立ちにくいこと、学校の近くに住んでいる保護者が多く学校の行事に参加しやすかったことが理由ではないかと推測できる。

民族教育を受けていない保護者は、伝統文化に対する愛着が薄く、地域連携に関する関心も低い。また、都市部で暮らす保護者は伝統文化に触れる機会が少ない。それらの点を考えると都市部の学校での民族教育こそ重視しなければならないと思われる。

**注**

1　『内蒙古民族教育工作手册』内蒙古教育出版社、二〇一四年。

2　赤峰市政府公式ウェブサイト（http://www.chifeng.gov.cn/contents/10/19693.html）。

3　薩日娜・中山徹「内モンゴル民族学校における民族教育と地域連携に対する子どもと保護者の評価」『日本家政学会誌』七四巻、二号、二〇二三年。

# V

# 人口減少と持続可能なまちづくり

# 1

# 地域における空間のあり方、保全と利活用

宮川智子

## 英国の公園整備と再生について

英国における公園整備は、産業革命以後の急速な都市化による居住環境の悪化や過密化、煤煙などによる大気汚染、コレラなどの感染症による公衆衛生問題に端を発し、一九世紀になると都市公園がロンドンをはじめとする英国の各工業都市でも公園整備運動として広まっていった。たとえば、石炭と造船で栄えた地方都市であるニューカッスル市においては「健康と余暇のために開放された空間」を求める三〇〇〇人の市民による嘆願を受けて一八七三年にリーザス公園を計画し開設している。

英国の都市の中心には歴史的な都市公園や緑地が設けられ、都市の中で自然に親しむことのできる場として現在へと受け継がれている。一方、都市の中心にある公園緑地は、立地条件が良いため開発の対象となる可能性があり、維持管理の低下やバンダリズムが常態化すれば環境の質の低下や利用が減少するなど、本来の利点が生かされず、その存在意義が問われ、存続の危機に直面する場合がある。とくに、自治体が財政難の場合には維持管理の費用が削減されるなど、永続的にかかる維持管理費の確保をはじめとする長期的な維持管理の課題が明らかとなって

いる。公園緑地をはじめとする自然資産の保全や環境の質の向上にかかる費用の確保は、自治体のみの財源では限界があることが指摘されている。そのため、近年発表された政府の指針「25 Year Plan for the Environment」では、公的機関と民間企業による基金や資金調達を含めた多様な参加者によるパートナーシップでの実施を推奨している。また、政府組織としては、これまで二五年にわたり国営宝くじによる財源をもとにした遺産基金により公共の公園と都市緑地を対象に九億五〇〇〇万ポンド以上、九〇〇か所以上において再整備を進め、毎年、都市公園を利用する三七〇〇万人の環境を改善している。このほか、政府の認可を受けた環境慈善とごみ防止活動に関する環境団体（Keep Britain Tidy）が運営する良好な維持管理が行われている公園緑地に贈られるグリーンフラッグ賞による表彰制度があり、公園緑地における維持管理を行う際の基準を定めている。

## 英国の都市公園に関する制度

英国の都市計画制度は、計画策定の際の方針として計画政策指針が定められ、公園緑地に関してはPlanning Policy Guidance 17: Planning for Open Space, Sport and Recreation（PPG17）がある。ＰＰＧ17には、公園緑地が人々の生活の質のすべての支えとなり、良好な維持管理のもとに魅力的で清潔かつ安全な都市環境の形成を支援し、緑の肺として大気の質を改善するという目的の達成を支援すること、また、健康的な生活や疾病の予防促進において欠かせない存在であることが明記されている。また、自治体が認識すべき公園緑地の持つさまざまな機能のうち、「健康と幸福」の促進によりあらゆる年齢の人々が日常的な余暇活動ができる機会を提供すること、「持続可能な発展の進展」により徒歩や自転車、公共交通機関などで公園緑地にアクセスがしやすいことを目標に掲げている。その後、都市計画の方針はテーマごとに指針を示すＰＰＧに代わり簡潔にまとめられたNational Planning Policy Framework（NPPF）に一本化された。ＮＰＰＦにおいてもＰＰＧ17の基本的な理念が引き継が

写真Ⅴ−1−1　再建されたバンドスタンドと石造のテラス
出所：筆者撮影。

写真Ⅴ−1−2　再整備後のリーザス公園
出所：筆者撮影。

れ、「人々の健康と幸福」においてはアクセス可能な質の高い公園緑地のつながりが重要であること、人々の健康、社会、文化的幸福への支援を反映した公園緑地を育むことが明記され、さらに都市における公園緑地の配置やアクセスの向上が強調された内容となっている。その背景には、現状では公園緑地の分布は居住地により差異があり、健康面への影響が懸念されるなど、生活の質の向上が課題となっていることがうかがえる。

歴史的な都市の公園緑地については、近年にその歴史性が再評価され、前述した遺産基金による公園緑地の再整備が行われるほか、政府機関のイングリッシュ・ヘリテージ（現在はヒストリック・イングランドに変更）による特別重要歴史（的）公園・庭園の登録制度があり、公園緑地の保全が行われている。

英国では公園緑地に関わる制度により、自治体においては公園緑地を都市の計画に位置付け、文化財的な価値を見出し遺産として再評価することで保全や再整備へとつなげ、グリーンフラッグ賞受賞をめざす方向性が示され、歴史的な公園緑地の継承が行われている。リーザス公園においても市民による嘆願をもとに公園が整備された背景に関心が集まり、歴史性が再評価されて国営宝くじによる遺産基金をもとに再整備が行われ、グリーンフラッグ賞を受賞している。また、公園利用者が設立した公園管理団体「リーザス公園の友」による公園の維持管理活動に加え、専門家による助言や支援のもと活発な議論が行われ、結果的に存在意義が高まっていった。

## リーザス公園の再生

ニューカッスル市は、英国の北東地方における主要都市であり、人口約二六万人、中心市街地の面積は一一二㎢、石炭・造船により栄えた旧産業都市として知られている。英国国内の他の大都市と比較して最小規模である。そのため、リーザス公園、タウン・ムーアとエクシビジョン公園などの公園緑地が中心市街地に隣接し、徒歩圏内に配置されている。一方、バンダリズムやごみのポイ捨てなどの都市問題が公園にもおよぶ可能性が高く、放置されればさらなる環境の質の低下を招くおそれもある。そこで、本稿では公園再生が行われたリーザス公園（一二ha）の変遷について、六つの時代区分により紹介する。

**開設期**（一八四八年～一八七一年）

開設期では、公園開設に向けた動きが見られた。一八五七年に「健康と余暇のために開放された空間」を求める三〇〇〇人の市民による嘆願を受け、市が一八七三年に最初に計画し、開設された。当時は他の新興産業都市と同じく、工業化・都市化に伴い公園緑地をはじめとする空地が都市において不足していたことが背景にある。公園設計には、市内で活躍したジョン・ハンコックや都市測量家のジョン・フルトンらが参加し、複数案を組み合わせて最もふさわしい案が考え出された。

**建設期**（一八七二年～一九一八年）

建設期には、公園内施設の主な設計・施工が行われ、公園の敷地が拡張された。開設当時の公園の計画は、中央にある湖と南東部入口付近の第二の湖、常緑樹と芝生が中心であり、職人の技能を生かした装飾性の高い施設が見られ、ビクトリア王朝時代の特徴を有している。たとえば、公園再生後に再建されたビクトリア女王のダイアモンド祝祭を記念するジュビリーゲート、石造のテラス、バンドスタンドなどの施設には細かな装飾が施され、当時流行した様式の特徴がうかがえる。また、公園が北西方面に拡張し、公園の北側にはボウリンググリーン二か所とテニス場が造られ、スポーツが行われる場所となっていた。

**変革期**（一九一九年～一九二九年）

変革期は、スポーツ施設導入への要望に対応して公園施設の再整備が行われたが、財政難による管理不足と開発への圧力に直面し、公園消滅の危機が訪れた。初期の頃は、鹿公園の鹿、テニス、クリケットが利用者の人気を博した時期が続き、中央の湖でのボート遊びや鳥類の観察を楽しむ公園として市民に親しまれた。一九一九年に第二の湖が埋め立てられてテニスコートとボウリンググリーンが整備され、これまでスポーツ活動の場が北側であったのが、南側にも分散された。

**減退期**（一九三〇年～一九七九年）

一九三〇年代には木造のカフェが焼失し、公園内の小屋、公衆トイレ二か所、装飾的な壷や像、バンドスタンド、噴水が撤去され、第二次大戦時の空襲より一部が破損した石造のテラスはレンガによる破損部分の補修が行われたものの、造営当初の優雅な姿を象徴するものが次第に失われていった。

**衰退期**（一九八〇年～一九九一年）

一九八〇年代後半に自治体が財政難に陥り、公園緑地管理費の削減が行われて維持管理が不足する状態が続いた。トイレやカフェなどの基本的な施設が不足し、湖の水質の悪化や護岸の破損など、公園内施設の劣化も進行した。また、落書きやごみの投棄などのバンダリズムの問題も増加した。一九八九年にはデザイン・コンペにより、公園内の部分的な大規模開発としてテラス周辺におけるスケート場建設の計画案が発表された。維持管理不足による施設の劣化・損失に加え、開発への圧力がかかり、公園消滅の危機にあったことがうかがえる。

**再生期**（一九九二年以降）

再生期には、公園再生に向けた取り組みが行われた。一九九二年に公園利用者を中心に公園管理団体「リーザス公園の友」が設立され、公園内での清掃を中心とした維持管理活動が始められた。また、市民による開発計画への見直しに向けた嘆願が続けられ、スケート場建設の計画案は否決されたが、次には公園全体の範囲に及ぶサッカー場の拡張案が発表され、公園の再生か、開発かの選択に迫られることになった。その後も公園の維持管理活動と市民による嘆願が続けられて活発な議論が行われ、公園再生に関してより多くの市民による支持を得られたため、市も市民の意見を反映して公園を再生する方針を決定した。そして、市が遺産基金による都市公園事業への申請を行った結果、二〇〇一年に選定されて再生が行われ、二〇〇四年の工事完了をもって、大部分の再整備が完了した。

歴史的な都市公園の再生にあたり、公園管理団体による公園内の維持管理活動に加え、市民による嘆願が続けられる中、専門家は公園の持つ重要性や技術的面における助言・支援を行った。その際、公園の存在の重要性やこれまでの歴史が再認識されたため、市が中心となり、再生計画を作成した。

再生計画においては、市内で最初に整備された歴史的な都市公園であることを再評価し、関連する制度においても国家的に重要な公園として指定され保全地域内に位置することから、開設当時の公園の設計計画をもとに開設当時のデザインを再現すべく、現存する施設を保全・修復し、失われた施設を復元することを基本としている。特徴として、当時から変わらず現存する中央の湖および常緑樹と芝生を中心とした設計は基本的に保全し、これまでに失われた施設については、修復・復元が行われ、ビクトリア王朝時代の特徴を表す職人の技能を生かした装飾性の高い施設が再現されている。一方、歴史的な施設の修復・復元を行うことを最優先としながらも、多様化する新たなニーズに対応し、部分的な改変を行って花壇や魚釣り場などの新たな施設を整備することも方針に加えられている。

## 今後の都市における公園緑地

公園緑地は身近な自然環境とのふれあいや散歩、運動のできる場であり、歴史的な都市公園においては整備当初に飲料水確保のためのため池が整備されるなど、新鮮な空気をつくりだし、人々の健康づくりの場として利活用が行われてきた。また、都市における公園緑地は、生活面では人々が心身共にリフレッシュできる場であり、環境面や防災面も含めたさまざまなリスクを軽減しうる都市施設でもある。たとえば、近年のCOVID-19による感染症拡大期においては近隣の公園緑地において運動や余暇が行われることとなり、身近な居住環境や公園緑地への関心が高まる契機となった。一五〇年ほどの時を経て、公園緑地が健康と都市の衛生確保に不可欠なことが再認識されたのではないだろうか。この機会に、都市における公園緑地のあり方について、健康づくりや感染症対策の観点から、再考する必要があるように思われる。英国の都市公園は、維持管理における財源確保やバンダリズムなどの課題があるが、保全や再整備を行う法制度により歴史的な公園緑地を遺産として再評価して継承するなど、今後の都市における公園緑地のあり方を考えるうえでも参考になるのではないかと考える。

### 参考文献

・宮川智子「イギリスにおける都市公園制度の理念と歴史」『都市計画』三五一号、二〇二一年。
・宮川智子「イギリスの都市公園事業による歴史的な都市公園の再生に関する研究―ニューカッスル市リーザス公園を事例として―」『都市計画論文集』第四一巻、三号、二〇〇六年。

# 2 市民農業団体の歩みと地域のつながり

近江郁子

## 都市住民の農業参加について

筆者が都市農業へ関心をもったきっかけは、二〇一〇年、まちづくりに関する自治体の研修において、約二〇名の参加者の半数以上が農業に関心を持っていたことに驚いたことである。そこで全国の状況を調べ始めた。都市農業については、開発すべきものとされた時代から、近年では都市農業の果たしてきた多様な機能への評価が高くなり、二〇一五年には都市農業振興基本法が制定された。そして、これまで農地の所有者に任されてきた都市農業の存続について、行政や農業団体などに対して施策を講じることを求めている。

都市住民はどうすれば農業に参加できるのだろうか。農業研修の取り組みは各地にあるが、もう少し気軽に参加できないのか、模索した。全国各地に参考になる団体はあったが農業への関わりが薄いように思われた。農家に近いことをすることで農業に関心が高まり、地域農業への波及効果も得られるのではないかと考えた。そこで販売も行う市民農業団体を提案し、奈良県の「県内大学生が創る奈良の未来事業」のコンペで最優秀賞となり、予算をもらうことができた。当時は耕作放棄地も問題になっており、空いた土地に都市住民の空き時間に団体で農作業に携わり、収益を得て運営する市民農業団体「健楽農業《けんぎょう》」が誕生した。ここで、立ち上げ時以降は自立することを条件にした。それは公的機関の負担で住民が参加するのでは継続性において不安要素が大きいこと、公的機関の負担軽減、参加者の自由な活動を推進することを念頭においていたことが理由である。奈良県からは初年度の予算、その後、開催地広陵町が二年間予算をつけてくれた。

## 「健楽農業」誕生からの軌跡1

個人で団体を立ち上げることは難しいため、一年目は実行委員会（奈良県、広陵町、奈良女子大学、市民農業団体代表等で構成）を立ち上げた。広陵町の市民農園の調査では興味のある人は約四〇名あったが、実際、市民農業団体に参加したのは六〇代を中心に六名の都市住民であった。当初は平日週一回、集まることにした。しかし、週一回であっても休む人が多く、作業は三名程度で行うことも多く、臨時の作業にいたってはほとんど人が集まらないこともあった。彼らにとっては体験感覚であり、まず、「農業とは何か」から始まったのである。指導にあたった農家にとって、都市住民の扱いは難しかった。都市住民は突然言われた作業に対応できない。そこで栽培に必要な作業が手遅れになることもあった。素人はわからないことがわからない。基本からの指導が必要であることを理解しなくてはいけない。参加者、指導員それぞれに課題山積のなかスタートした。

一年目も後半になると個人区画をつくり、土曜日を作業日に加えたことで主婦や会社員が参加し、参加者は一二名になり、水やりなどの不定期作業が減った。また、仮組織を結成し、作業予定などを参加者で決めていった。広陵町の畑は水田に溝を切って畑にするところが多い。一年目はそういった畑を借りた。そして二年目には人数が増えたことから水はけのよい畑地も借りた。水田は雨が降ると水はけが悪く、作業予定が立てにくかった。水分の多い畑に向く作物と水はけのよい畑に向く作物がある。畑地は作業予定が立てやすかった。

三年目以降も畑を増やした。作業量が増えたが参加者は増えず、作業量がパンクしてしまった。そこで借りた畑の一部は返却した。また、借りた畑は水田を畑にしたところであり、広さの問題だけではなく、作業予定が組みにくかったこともうまくいかなかった大きな理由であった。そこで、借りていた畑地のすぐ近くで別の畑地を借りることができたため、こちらを借りることにした。ここからは、作業予定がさらに立てやすくなり、参加者数も安定した。予定の立たない畑は市民農業には向かない。水はけは大きな問題であることがわかった。

## 野菜栽培は難しいと実感する参加者たち

栽培については失敗しながら学んでいった。作付けのときには素敵な野菜を楽しんで収穫できると考えている。しかし、現実は甘くない。手をかけなければ育たない。手をかけても育たないことがある。そこで、問題が次々に起こった。ズッキーニの実は、一日でかなり大きくなり、あっという間に巨大化する。しかも葉が大きく実を隠すため、巨大化するまで気づかないことがある。ある日、倉庫の扉を開けると作業テーブルの上が巨大ズッキーニの山になっており、参加者は後ずさりし、担当者は薄ら笑いを浮かべながら頭をかいている、ということがあった。処分も大変であった。さつまいもは肥料が多いと巨大化する。手をかけたさつまいもを掘るとラグビーボールのような巨大さつまいもばかりが出てきた。最初は歓声を上げていた参加者もだんだん暗い顔になる。これは売れない。しかも一般家庭では消費しづらい。結局、スィートポテトを作る業者に安価で引き取ってもらい、その後、お店の人が必死で処理したと聞いた。

冬の作業では冬眠している生き物に注意が必要だ。じゃがいもの作付けは二月から三月であるが、土を掘っていると枯れ葉のようなものがたくさん出てきた。これは何だろうという声のあと、悲鳴が聞こえた。亀の赤ちゃんたちだった（**写真V－2－1**）。横の川にはたくさんの亀が生息している。冬の間にふ化したようである。土からは、カブトムシの幼虫や冬眠中のカエルが出てくることはあったが大量に出てきたことはなく、参加者も驚いたようだ。

市民農業において、鳥獣被害は深刻な問題だ。せっかく育てた野菜が鳥獣被害にあってしまうと意欲がなくなってしまう。健楽農業は比較的鳥獣被害が少なかったが、カラスによる落花生被害が深刻になったことがあった。カラスは集団で少し離れたところで人がいなくなるのを待っている（写真Ｖ－２－２）。ネットなどは重石をしても難なく突破してしまう。そこでいろいろ試したうえでネットを高いところから全体に張ったところようやく被害が収まった。鳥獣被害については農家も大変だが、市民農業にとっても大きな問題になる。

畑で起きることはいろいろあるが、ハプニング例を挙げれば枚挙にいとまがない。失敗も多い。しかし、失敗も笑って過ごせるのが市民農業の強みでもある。

もちろん販売も難しい。販売の開始は二〇一五年九月である。販売実習として栽培したさつまいもを直売所で売ることになった。しかし、掘ったさつまいもは半数近くは虫食いがあり、売り物にならないと言われてしまった（写真Ｖ－２－３）。使っていなかった畑は雑草や虫が発生しやすい。参加者の多くは、野菜の名前に詳しくなく、料理の経験もほとんどなく、買い物に行っても野菜の種類など、関心がなかった。そこで販売所見学等を行った。また、その年度の終わりには種苗会社の研修所に見学に行き、どういった野菜が売れるのかを研修した。

## 多様な才能を発揮する参加者とさまざまな交流

参加者はほぼ地域の都市住民である。多くは会社員経験者である。その参加者が農作業になれてくると、それぞれの専門を生かした活動をしてくれるようになっていった。圃場に階段を作ってくれたり（写真Ｖ－２－４）、倉庫組み立てを積極的にやってくれたり、データ集計に長けていたりという具合である。また、有機栽培や無農

写真Ⅴ－2－1　亀の赤ちゃん
出所：筆者撮影、以下同じ。

写真Ⅴ－2－2　カラスの集団

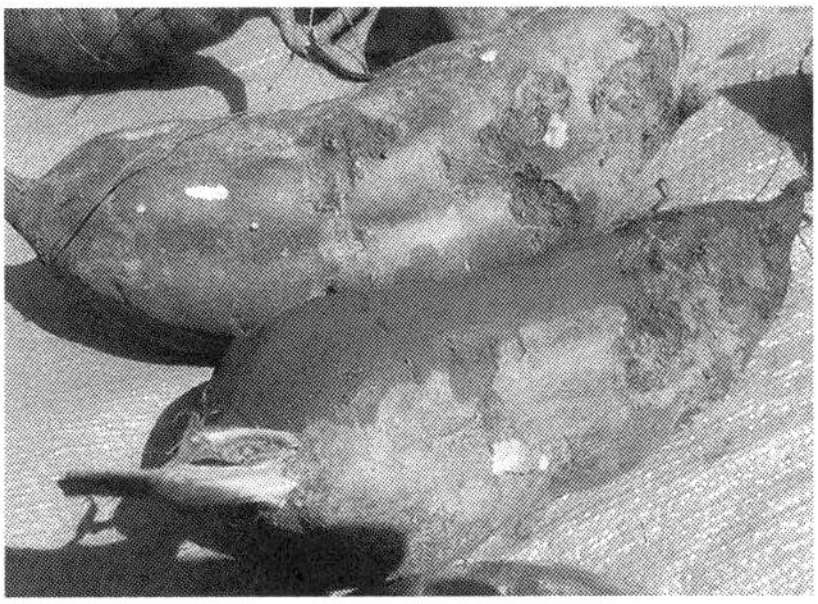

写真Ⅴ－2－3　さつまいも虫被害

写真Ⅴ－2－4　圃場階段

薬への関心がある参加者からは、農薬や肥料の選定について意見があり、真剣に討論した。農業への知識を得たいという気持ちから農業塾へ参加し、その後、独立して就農した人も数名でてきた。

団体で行動するには人間関係が大切である。参加者同士の交流は重要だが、収穫祭など周辺住民も招待して行った。周辺住民とは、これをきっかけに顔見知りとなった。健楽農業は、販売店以外にも地域イベントでの販売も求められることが多い。「広陵町靴下の市」や地域の祭り、イベントへの出荷なども行っている。また、広陵町主催のこども農業体験の受け入れ、子ども食堂への食材提供、子ども会やガールスカウトの農業体験も受け入れている。また、農業アルバイトや農業ボランティアも行い、逆に農家からはトラクターで耕してもらい、敷き藁やもみ殻などを無償で提供してもらい、とても良い関係が築けている。このような地域交流の結果もあり、役場や販売店、消費者や地域からの評価が非常に高い団体に成長していった[2]。

## 後継者問題

当初、多くの参加者は六〇代半ばであった。しかし、定年延長により、入会時に六五歳を超える人が多くなってきた。そうなると経験を積んだときには七〇歳近くになってしまい、中心メンバーが高齢化して世代交代がうまくいかない。

農業はどうしても平日の作業が必要である。そこで定年退職者のように柔軟に参加できる人が必要である。しかし、広報誌、公共施設でのチラシ配布、回覧板などを試したが、どうしても参加者が増えなかった。そこで、むしろボランティア団体であることを前面にあげ、地元大学学生の協力を得て、ホームセンターでチラシ配布、インターネット上の募集サイトへの掲載等で、二〇二二年、参加者が倍増した。参加者の年代も大幅に若く四〇代、五〇代参加者が増えていった。現役会社員は土曜日参加が多く、平日参加は主婦等が中心である。今後は彼らの育成と同時に、組織の在り方自体の変革が求められることになる。

## 市民農業にとって重要なこと

健楽農業の取り組みによって、市民農業団体運営に必要なさまざまなことがわかった。一つ目は、実行委員会と指導者の役割である。地域とのつながりが少ない都市住民を集めた市民農業団体を作るには実行委員会の役割が重要である。しかし、実行委員会がリードし続けるのではなく、市民農業団体に対して、必要最小限の支援をすることで団体の独立を促すべきである。指導者は、わからないことを教えるのではなく、一から教える必要がある。農業を理解しながら、独自の方法を模索させる必要がある。

二つ目は、栽培である。栽培も農家とは異なるが、農家の取り組みを知ることは大切である。また、都市住民の取り組みでは計画的にできることは大切であり、水はけのよい畑地のほうが望ましいことがわかった。鳥獣被害対策は健楽農業の場合は、参加者の工夫で乗り切れたが、場合によっては公的機関との協力が必要であろう。

三つ目は、販売である。販売については、研修が必要である。何が売れるのか、どうすれば売れるのかは、研修しなければなかなかわからない。

四つ目は、地域とのつながりである。市民農業では地域のイベントとの相性がよいようである。地域の人に喜んでもらえることが参加者の意欲につながる。販売店での販売も、地域とのつながりをつくることで、意欲につながっていくことが認識できた。

五つ目は、後継者問題である。健楽農業は販売によって経費を賄うということ以外は制約がない。参加者の状況によって会の方針を変えていける自由度も大切だといえる。まだ、後継者が育っているとは言えないが、可能性までは見いだせている。

以上、さまざまなことが実践を通じてわかってきたが、参加者は日々の労働を通じて、さまざまな経験を積み、地域とのつながりのなか、独自性とやりがいを生み出してきた。農業の問題を住民全体で考えることが、地域共有の財産である緑豊かな環境を守ることに通じ、そのきっかけの一つとして広陵町の市民農業団体の取り組みは重要であると考えている。このような取り組みが地域に一つあれば、都市住民が農業に関わるきっかけになり、公的機関の負担も最小限となる。一方、市民農業団体も自由活発に活動できる。課題はあるものの大きな可能性を示している。都市住民の農業の関わりについての考え方は柔軟にとらえていくことが必要であろう。

**注**

1　近江郁子・中山徹「都市農業における担い手としての市民農業団体の立上げから自立への道筋」『都市計画論文集』五五巻、三号、二〇二〇年。

2　近江郁子・中山徹「市民農業団体の関係者への評価調査の分析からみる課題と改善の考察」『都市計画論文集』五六巻、三号、二〇二一年。

**［編集者追記］**

本節の執筆者近江郁子さんは二〇二四年一月二一日に逝去されました。初校の校正段階でした。ご遺族様から、近江さんの原稿を掲載させていただくこと、校正は中山の責任で進めることについてご了解を得ました。校正は、近江さんの原稿の趣旨を最大限生かし、必要最低限にとどめました。改めてご冥福をお祈りし、ご遺族様のご厚意に感謝いたします。

# 3

# 道路拡張陳情と高取山の活用
## ―西代耕地整理と新長田駅北地区震災復興区画整理より―

澤田洋子

### 震災復興後の長田区の現状と課題
#### ―都市計画は一〇〇年の計なり―

阪神淡路大震災より二九年が経過し、新長田の再開発も来年には完了、生活再建は完了したというのが神戸市の見解である。しかし再開発と区画整理により震災前のコミュニティは崩壊したままであり、新しい繋がりは生成できていない。そこで長田区全般を俯瞰し、地震被害が比較的少ない故に震災前から連綿と持続する高取山麓旧西代村北部のコミュニティに着目した。本稿では地元民の道路拡張陳情からそれを発展させるべく里山を介して育まれるまちづくりについて報告する。それは、山から発信される地元みんなで創る遊びと避暑地、避難空間の創設であり、神戸市復興まちづくり協議会にも伝搬し、復興事業で失われた「近隣関係」の回復力となり、新しい繋がりに発展するのではないかと期待している。[1]

## 耕地整理から震災復興区画整理に至る一〇〇年間の街区と町空間の変遷 2·3·4

今から一〇〇年前、近代都市萌芽期である一九〇〇年初頭には、大正デモクラシーの芽生え、スペイン風邪が流行し、関東大震災も起こった。神戸では重厚長大産業の発展に伴う人口流入によって、神戸市近郊農村地帯が宅地化され市域が拡張された。しかも、都市計画区域決定と市町村合併は連動し、社会システムと空間構成の同時変化を可能にした。区画道路には電柱二二七本が設置されるなど、エネルギー革命によるインフラ整備も進んだ。この時期に行われた神戸西部耕地整理をみよう。同耕地整理組合誌によると、耕地整理により、区域中央部東西に幅一八間（三二・四m）の大幹線道路（後に市電を敷設）を、その南寄り東西（現六間道商店街）には幅六間（一〇・八m）の幹線道路を設けた。さらに、武庫郡須磨町に通じる須磨道を幅八間、野田村から須磨町板宿村に通じる南北道、駒ヶ林から須磨町西代村に通じる南北主要道路、西尻池村より西代・池田村に通じる南北道路をそれぞれ幅六間に拡幅し、山陽線との交差箇所にはすべてトンネルを設置した。また、一辺五二間の方形区に四間幅の道路を配置した市街地空間を造り、これらは一九九五年の阪神淡路大震災まで続いた。

阪神淡路大震災後、同エリアでは復興土地区画整理事業が実施された。施工された新長田駅北地区震災復興土地区画整理事業設計図（図V－3－1）によると、都市計画道路は南北に松野御屋敷線一七m、五位池線二七m、神楽西代線一七m、神楽御屋敷線一七m、東西に兵庫鷹取線一五m、細田線二〇m、中央線三〇mが計画された。そして、区画道路、歩行者専用道路、公園緑地も計画された。しかし、中央線以北で区画整理区域外の五位池線の道路幅員は一〇・八m（耕地整理のまま）、中央道以南を二七mに拡幅しても道路幅が違うため、道路中央に杭を打ち死地が生じた。このような非連続な道路をつくるために、地主は借地関係を清算し減歩したのだろうか。復興区画整理では土地所有者の減歩により、耕地整理では地主の寄付により道路が生まれた。拡張工事費は耕地

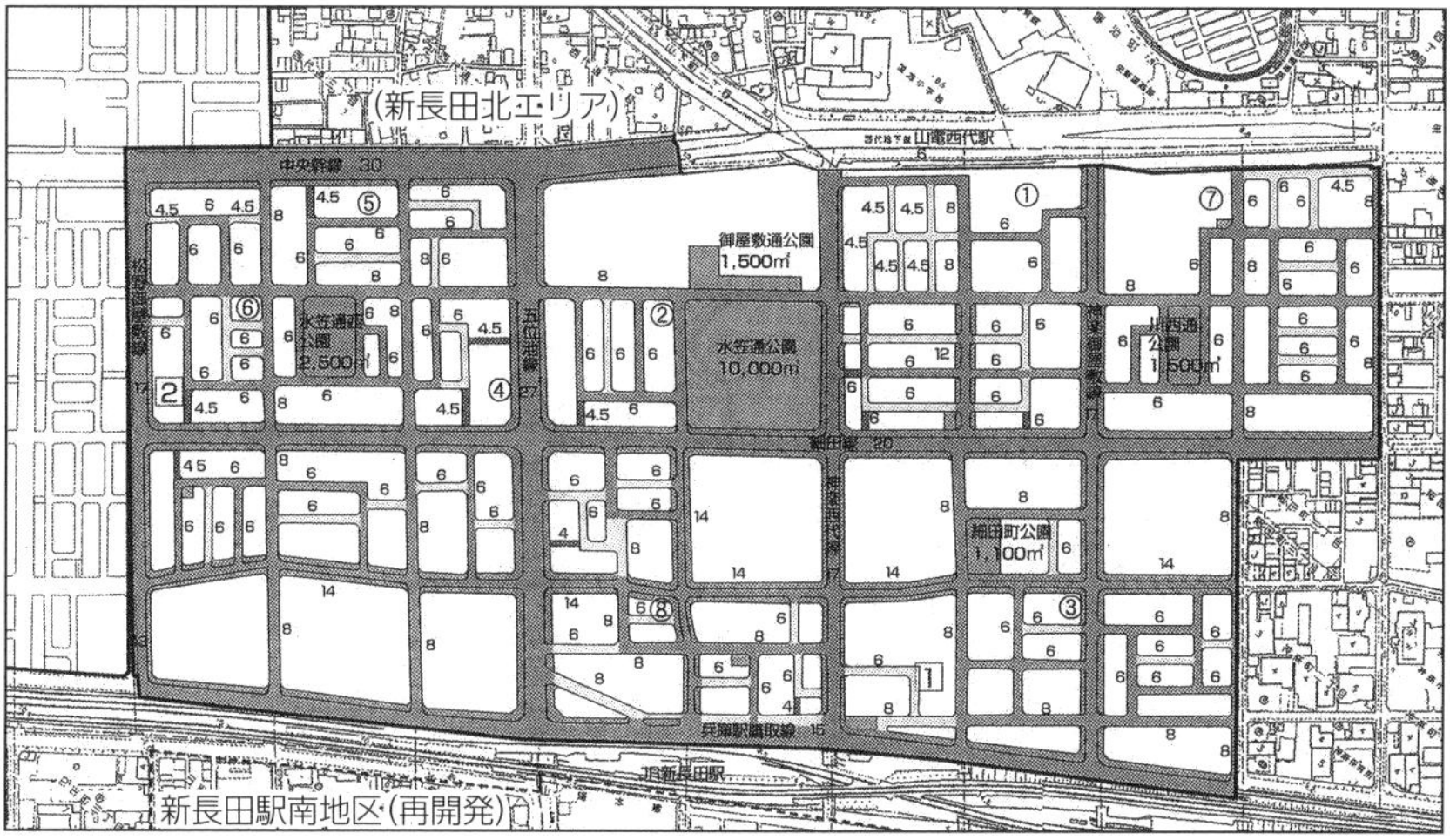


図Ｖ－3－1　新長田駅北地区震災復興土地区画整理事業設計図

出所：注5参照。

整理組合員、鈴木商店、川崎製鉄、乾汽船等企業が負担した。震災後この地区は区画整理事業により耕地整理の道路で造った道路を拡幅した。しかし、計画地区外の道路は従前幅のままで、道路幅の違いは街区の連続性を欠き見苦しいだけでなく、突然一方通行になるなど安全性も欠いた。

## 鉄道の高架計画

### ―耕地整理組合と鉄道院とのやり取りより―

一九一九（大正八）年五月二日、須磨町西代区長・小高左近右衛門、西代耕地整理組合長・芝田嘉右衛門から須磨町役場に提出されたもので、〈水路の部〉〈道路の部〉として記されている。「西代区ノ意見……鉄道院計画ノ鷹取停車場拡張及操車場所新設工事施行ニ伴フ道路並水路付替ニ関スル当西代区ノ意見」から抜粋して引用する。

「①地下道の幅員ハ三間トアルモ、前後道路幅員四間ナル故地下道幅員四間ニセヨ②地下道ノ高さ八尺→一〇尺に変更あれ（乗馬・荷車通行ノ際梢低ナリ）…中略…要スルニ当西代区ハ地方ノ発展ニ伴イ交通運搬上南北ノ連絡ヲ保ツガ為メ既ニ耕地整理ヲ施行シタルモノナルニ今之ヲ切断セラレ南北ノ連絡ヲ只一線ノ地下道ニ依ルカ如ク計画サレタルハ実ニ遺憾ニ堪ヘサル所ナリ。依テ今一応現状御踏査ノ上交通運搬上ノ相当ノ設備ヲ特ニ要求スルモノナリ」とある。

一九一九年、ＪＲ山陽道新設工事では他地域に比べこの地域にはトンネル（六か所）が多く敷設され、踏み切りは一切ない。昨今の踏切事故を考慮すると、耕地整理組合のトンネル計画（トンネル幅・高さ・構造等）交渉の功績は後世に残る優れた遺産である。現在も高架トンネルは大正時代のままであり、内部壁面は傷みつつも一〇〇年の歴史を示しながら南北道路を繋ぐ重要な役割を果している。正に都市計画は一〇〇年の計である。

## 街区と道路形成の問題点
### ―自転車道・電柱地中化・不必要な信号・連続性のない広すぎる区画道路・街路樹の欠如―

復興区画整理の先見性の欠如は著しい。広すぎる車道と歩道。歩道の中央に電柱があり街路樹がない。木陰は外気温を冷やす効果がある。車道と歩道を分離した道路が形成されたが、自転車専用道という視点はなかった。二〇二一年、区画整理地区で電線地中化事業が始まった。神戸市道路計画の先見性の欠如である。道路整備費が無駄に歳出され不経済である。その予算を長田区北部高取山麓地域の道路拡張に振り向ければ、長田区全域が調和発展しただろう。

ここで復興区画事業の問題点を見ておく。大きな問題は、生活と地場産業再生の視点を欠いていたことである。耕地整理後、借地借家人として多数の新住民を受け入れ、住工商農混在の職住近接地域となり、阪神淡路大震災までの神戸市長田区の街区を形成した。しかし震災後、ケミカルシューズ関連と靴に係る内職が衰退した。原因の一つは、神戸市が借地関係の清算を進めたため、従前の安価な賃料をもとにした家内労働が成立しなくなったためである。地主も耕地整理と区画整理の二度にわたる道路寄付のため、先祖から受け継いだ土地をほぼ失った。新長田駅北地区震災復興区画整理により長田区は、安価な下町風住宅地に変化した。先人たちはこの地の発展を願い工業高校を誘致し小学校や病院も経営した。神戸大学工学部は当地が発祥地である。その跡地は分譲マンション、戸建て住宅になり、当地を支える産業がなくなった。神戸市は長田区を消費生活再建に特化させた。この狭い地区にスーパー、ドラッグストアが一〇店以上になった結果、商店街が衰退し、大丸、都市銀行が撤退した。住宅が高層化し、スーパーをメインにした商業施設は充実した。反対に工業高校、工場を含む地場産業がなくなり、個人経営の商店は衰退した。人口減少が進み、町は整備されたが、活気を失い震災前の濃密な人間関係を失った。

震災後、駒ヶ林公園でテント生活をしていたベトナム人は真陽小学校区を中心にベトナム文化を継承しているが、ベトナム人が活躍する大正筋・六軒道商店街は衰退の一途を辿っている。再開発ビル「アスタ」のテナントは空き室ばかりで、エスカレーターだけが動いている。新長田再開発地区は現在でも未完である。行政も合同庁舎、看護学校の誘致等長田区の活性化に尽力しているが、これらが工業高校の代わりを果たせるか疑問である。行政のまちづくり課も「新長田あんしんすこやかセンター」とかＮＰＯファンローカル等、人と人をつなぐ役割を果たそうとしているが、成果が出るかどうかはわからない。

## 高取山山麓地区の状況

高取山麓は長田区の中央に位置し、北に丸山、東に長田神社、南にＪＲ新長田駅、山陽電鉄西代駅を配し、西に離宮公園と板宿がある。戦前は別荘地、戦後は住宅地として発展したが、近年住民の高齢化に伴い空き家が目立つようになった。子ども世代は東京に就職する者が多い。関西にいてもこの地区は接道が私道で、かつ道路

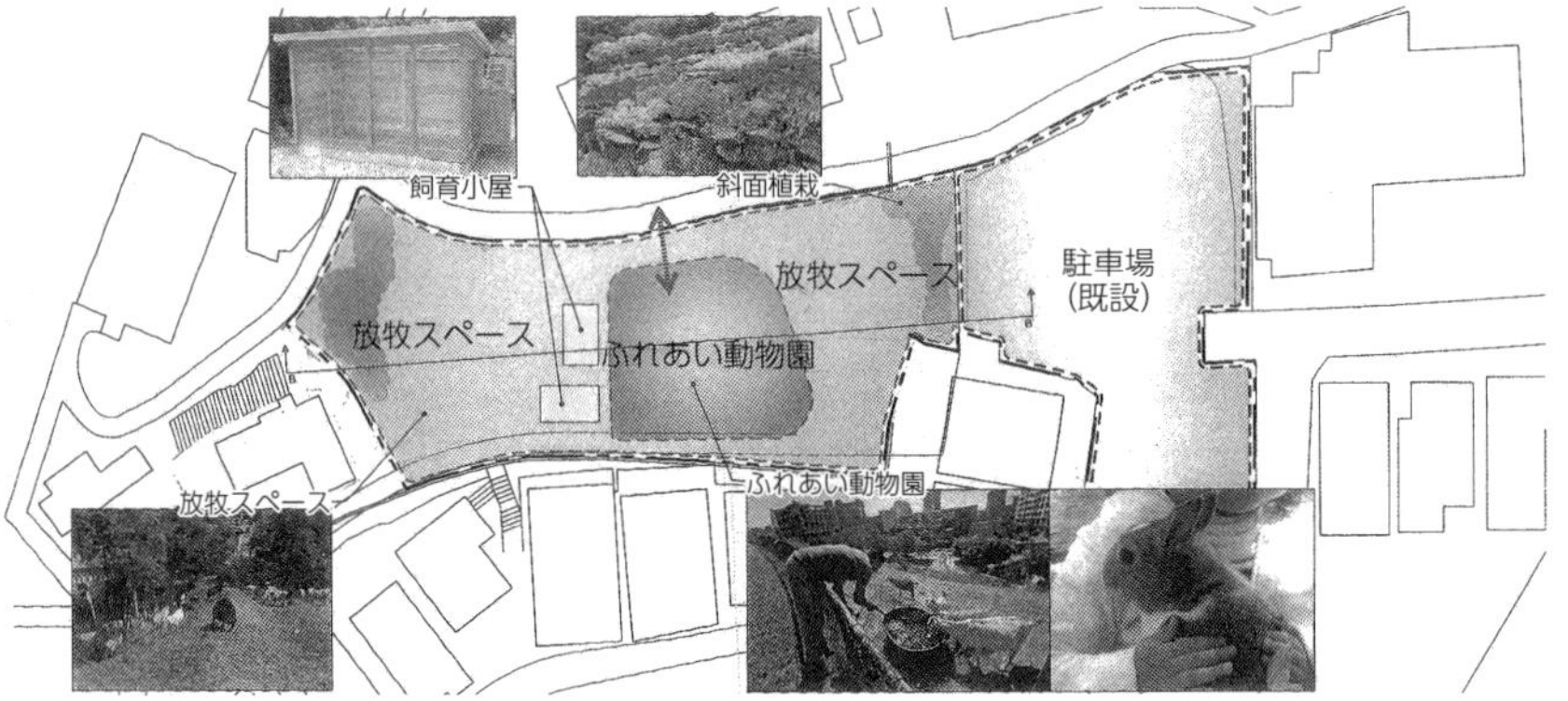


図Ⅴ－3－2　PETTING ZOO の構想

［PETTING ZOO の考え方］

計画地全体をグリーン・オープンスペースとし、定期的にヤギや羊を放牧することにより、草刈り等のメインテナンスコストを削減する。

中心部に平坦なスペースを配置し、集客施設、癒しの場として小動物とのふれあい動物園を設置。

敷地の傾斜を活かして里山の雰囲気を再生。

出所：筆者作成。

幅が二mに満たないため工事車両が入れない。里道、私道、公道（市指定道路）の関係が複雑で、家を改修するにも道路との関係が問題で空き家が増加している。落石が危険なため、山道に通行止めの看板を立てると神戸市から注意される。道路拡張の陳情書（三〇名以上）を出すと、行き止まりの道路は不可と回答する。一方、その道路にガス、上下水道を埋設し、電柱使用料しか払わない。隣地は市街化調整区域だが、この地区は市街化区域なので都市計画税も課税してくる。

現在は里山であるがインフラが整備されているため、接道幅が二m以下でもあってもセットバックして四m道路にすれば住宅建設が可能である。神戸市は空き家をリノベーションして再居住を考えている。しかし、前面道路が四mになっても、そこに至る道路幅が二m以下なので重機が入らないし消防車も入れない。神戸市は道路の連続性を認識できていない。地元は現在一mの里道の拡幅工事を陳情する前に、山麓線から高取山道に入る三m公道＋歩道を四m以上に拡幅するよう要望すべきである。道路は連続しているので長田区全域を俯瞰して道路計画を見直していただききたい。

## 空き家の活用と災害避難地の創設

近年、地球温暖化により、豪雨と猛暑に見舞われている。連日の異常気象は命の危機を伴う自然災害といえる。高取山麓の谷は風が冷たく、空気が都会とは違う香りだ。この山に戦前、阪急の小林一三翁の別荘があったのもしかり、大阪湾が一望できる素晴らしい眺望である。夏は涼しい避暑地としての別荘地だった。また竹林からの湧き水は震災時の水瓶になり、大層美味しい水のようだ。畑と湧き水活用で災害時の避難所になる。湧き水で風呂とサウナをつくり、空き家のリノベーションでロッジを造る。空地にテントを張りキャンプファイヤーをすれば子どもの遊び空間が生まれる。

長田区まちづくり課とＫＩＩＴＯによるワークショップ参加呼びかけは興味深い。地元と行政・専門家によるコラボレーションはより公的な遊び空間を創設できる。しかし、筆者はこの里山の一部に高齢者施設を建設したいと考え、某企業に相談したが、長田区は対象外と断られた。そこで、高齢者施設の代わりに、市民農園・ドッグラン・山羊とウサギのふれあい牧場・マウンティングバイク等を計画している（図Ｖ－３－２）。もっと楽しい遊び場の創造を、世代間交流を図りながら、行政・専門家も参加して計画したい。自然とのつながり、人とのつながり、歴史とのつながりを大切にしたい。

### 注

1　澤田洋子・中山徹・西村一朗「神戸市長田区〈旧須磨町〉西代耕地整理組合に関する考証　その２　田園小都市での権利関係者及びコミュニティの変遷より見た地域共同体づくり」『日本建築学会計画系論文集』七二巻、六一九号、二〇〇七年。

2　澤田洋子・中山徹・西村一朗「神戸市長田区〈須磨町西代区〉《西代耕地整理組合》に関する考証的考察　その1　耕地整理組合の経緯と財政について」『日本建築学会計画系論文集』七〇巻、五九五号、二〇〇五年。

3　澤田洋子・中山徹・西村一朗「武庫郡須磨町役場と区民による大正時代の地区計画についての研究―西代村所蔵史料（陳情書・歳入出決算書）考察より―」『家政学研究』五一巻、二号、二〇〇五年。

4　澤田洋子・中山徹・西村一朗「神戸市長田区〈旧須磨町〉〝西代耕地整理組合〟に関する考証―土地の動きについて―」『家政学研究』五三巻、二号、二〇〇七年。

5　神戸市都市計画総局「安全で快適なまちづくりをめざして―震災復興土地区画整理事業―」二〇〇四年。

# 4 人口減少社会における生態系を活用した防災・減災の土地利用とJ-ADRESデータベースの活用

黄琬惠

## 人口減少社会の土地利用と社会資本の老朽化

高度経済成長を背景に、都市圏への人口集中が進み、過度かつ無秩序な開発を抑制するために、一九六八年に都市計画法が改正され、翌年に施行された。一九七六年に制定された国土利用計画法も土地投資の過熱化・地価高騰の抑制と国土の乱開発防止を目的としていた。日本の土地利用は、過剰開発が課題として注目されていたが、近年では急速な少子高齢化の影響で、過少開発、具体的には空き家問題や耕作放棄地などアンチ・コモンズの悲劇も注目されるようになっている。しかし、人口増の時代は災害頻発地の氾濫原や傾斜面まで宅地開発を行ってきたが、人口減の時代は土地利用のゆとりが自然災害の回避と自然再生の可能性を高めてくれるかもしれない。今後は、人口減少社会にふさわしい新たな土地利用の見方が必要である。

また、高度経済成長期以来、社会資本が集中的に投資されてきた。これらの整備から三〇~五〇年の年月が経過し、今後急速に老朽化が進む。国土交通省の試算によると、二〇四〇年には、整備されてから五〇年以上経過した道路橋の割合が七五%になり、河川管理施設の水門等は三八%、下水道管渠は三五%、トンネルは五三%、港湾施設は六六%になる。[1]こういった社会資本の老朽化はインフラとしての機能を損ない、事故や災害を引き起こす可能性がある。実際に、二〇一二年に発生した笹子トンネル天井板落下事故では犠牲者と負傷者を生んだ。このトンネルは一九七七年に開通されたもので、設備の老朽化は事故原因の一つと指摘されている。老朽化したインフラの点検や補修が行き届かなければ本来の機能提供が困難になるだけでなく、重大事故につながることもある。

社会資本の老朽化にともなって、今後、維持管理と更新費の膨大化が見込まれる。そのうえ、少子高齢化による人口減は当然のように税収の減少を招く。国土交通省は同省が管轄しているインフラ施設を対象に従来のインフラ投資実績を基に、今後の維持管理・更新費を推計している。それによると維持管理費を二〇一〇年度の投資額を基準にして、耐久年数を経過した後、同一機能で更新するための支出を続けると、二〇三七年度には維持管理・更新費が基準とした投資額を上回り、二〇三五年度以後は社会資本の更新費が不足するという試算の結果になっている。[2]なお、気を付けるべきは、この試算では、災害復旧費を一定としている。気候変動による異常気象の増加にともない、自然災害の発生確率と強度も高まると予測され、想定額よりも高い災害復旧費が発生しかねない。

## 気候変動に伴う災害の激甚化とグリーンインフラの活用

近年、気候変動による異常気象が自然災害の規模を大きくし、既定インフラの耐性を超過する事態（記録的な豪雨による破堤など）が頻繁に発生するようになった。そのため、従来の災害規模を前提とした計画では不十分であり、既存の社会資本の機能を維持するためには、インフラの更新・維持管理費は増やさざるを得ない。人口減少が確定した将来図では、国民一人当たりが負担するインフラの更新・維持管理費の増加が見込まれる。

一方、近年ではグリーンインフラの機能性と低コストが注目されている。土地利用の観点からみるグリーンインフラとは、森林、水田、湿地、草地などである。河川沿いに植えられている防備林が破堤した洪水の流速を減らし、水田や湿地は一時的に川から溢れた水を貯めることができる。土砂災害の頻発地に防備林が植栽されると、軽い土砂崩れを止めることができる。海岸沿いの風害浸食を和らげるために、草地や防風林もよく用いられている。災害以外の通常時では、グリーンインフラは美しい景観とレクリエーションの場として住民に自然の恵みを提供している。グリーンインフラの多機能性は欧米ではいち早く注目され、数多くの議論と研究が行われていた。近年日本では、グリーンインフラによる防災減災の効果を認めたうえ、グレーインフラ（従来からあるコンクリート護岸など）と連携したハイブリット式が提案されている[3]。

グレーインフラには、安全度と計画規模が設けられている。グリーンインフラは、グレーインフラほどではないが、生態系の力で防災減災の機能を果たしている。ハイブリッドインフラは、グレーインフラにグリーンインフラを加えることで、投資コストが削減され、かつ気候変動対策の一環にもなるため期待されている。

グリーンインフラは新たな発想や海外からの知恵だと考えられがちだが、実際に日本には数多くのグリーンインフラの伝統知が蓄積されている。防災減災の視点からだと、霞堤《かすみてい》が最も代表的なインフラである。霞堤は長い歴史を持ち、戦国時代に武田信玄が考案したと言われている。霞堤の名前のように、堤防が折れ重なり、霞がたなびくような形にちなんでこう呼ばれている。ヨーロッパやアメリカで使われた堤防と最も大きな違いは、堤防が不連続で、かつ開口部があえて作られた点である。霞堤の仕組みだが、通常時には、河川は穏やかに低い河床で流れ、洪水時には、溢れた水が霞堤の開口部に誘導され、遊水地に注入される。溢水の勢いを削減するために、不連続堤防の開口部にはいつも防備林が配置されている。洪水後は、溜まった水が地形の力で川に戻る。こういった地形と植生の力を活用した防災減災の伝統知は近年になって、グリーンインフラとして評価されるようになり、流域治水の一環として考えられるようになった。二〇二二年八月、滋賀県高時川で洪水氾濫が起こったが、霞堤の遊水地が機能して水を一時的に貯水し、遊水地外の居住地が洪水被害から回避された。遊水地は、災害時には生き物に一時的な避難の場所を提供し、水勢が落ち着くときには生き物が水とともに川に戻る役割を果たす。古来、霞堤の遊水地は通常時では水田として使われていることが多い。湿地や水田などとしての利用は、生物多様性と多機能性の発揮に貢献する。

## 生態系を活用した減災・防災の土地利用

インフラ整備による防災・減災以外に、土地利用も重要な役割を果たしている。霞堤の機能が発揮されるのも土地利用の配置と植生性質の活用とかかわっている。

人口減少の社会こそ、土地利用のゆとりでグリーンインフラの導入を実現することが期待できる。二〇二三年に閣議決定された「生物多様性国家戦略二〇二三―二〇三〇」では、生態系を活用した防災減災（Ecosystem-based Disaster Risk Reduction）の実装を推進するように明記されている。近年、日本が直面している喫緊な社会的課題、たとえば気候変動がもたらす災害規模・頻度の拡大、生物多様性・生態系サービスの向上、人口減少による低未利用地（とくに空き家と耕作放棄地）の急増において、Eco-DRR土地利用による解決策が期待されている。

## 日本全国土地利用総合評価データベース（J-ADRES）

二〇二二年の一〇月に、日本全国土地利用総合評価データベース[4]が公開された。J-ADRESには、二〇一〇年を基準として、特に対策をとらなかった「このままの将来」と、Eco-DRRの実現によって「災害からの安全度」および「自然の恵みの豊かさ」がもたらされた将来を描いている。両指標を併せて土地利用総合評価として使われ、全国市区町村単位で可視化された。J-ADRESという名称は、本ウェブサイトで公表している「自然の恵みと災いからとらえる土地利用総合評価」を英訳した"Japan's Assessment of land use based on Disaster Risks and Ecosystem Services"の略称である。このデータベースを活用することで、市区町村の災害リスクと生態系サービスの関係を手軽に把握することができる。

J-ADRESが構築された目的は、Eco-DRRが実現された二〇五〇年の状況を試算することである。安全度の低いエリア、たとえば氾濫原や土砂災害の頻発地からは住居の移転を促進し、そのようなエリアにはグリーンインフラとなる湿地または二次林を再生させるべきである。「災害からの安全度」とは、高潮・洪水・土砂災害の3種類の自然災害を考慮して計算された指標である。「自然の恵みの豊かさ」とは、国連主導で行われたミレニアム生態系評価（MA）で定められた生態系サービスの方法論で数量化された人間が自然から受けた恵みである。このデータベースで評価された結果は元々100m解像度のものであったが、位置情報の特定を避けるため、市区町村単位で再集計している。

## 事例（奈良市）からみるJ-ADRESの見方

奈良市を事例にしてデータベースで調べると、「災害からの安全度」と「自然の豊かさ」の二次元マップの結果が示される（図Ⅴ－4－1）。二〇一〇年の奈良市は、「災害からの安全度」スコアは九五点、「自然からの恵みの豊かさ」スコアは二八点である。全国市区町村のなかでは、「災害からの安全度」はかなり高いほうだが、「自然の恵みの豊かさ」は低いほうである。レーダーチャートでは、それぞれ使われた指標のイメージ図が示されている（図Ⅴ－4－1のc）。そのうちの「災害からの安全度」ではほとんどの指標が高く評価されたが、「自然の恵みの豊かさ」では一部の指標が極端に低く示されている。詳細データのタグを開くと、レーダーチャートの具体

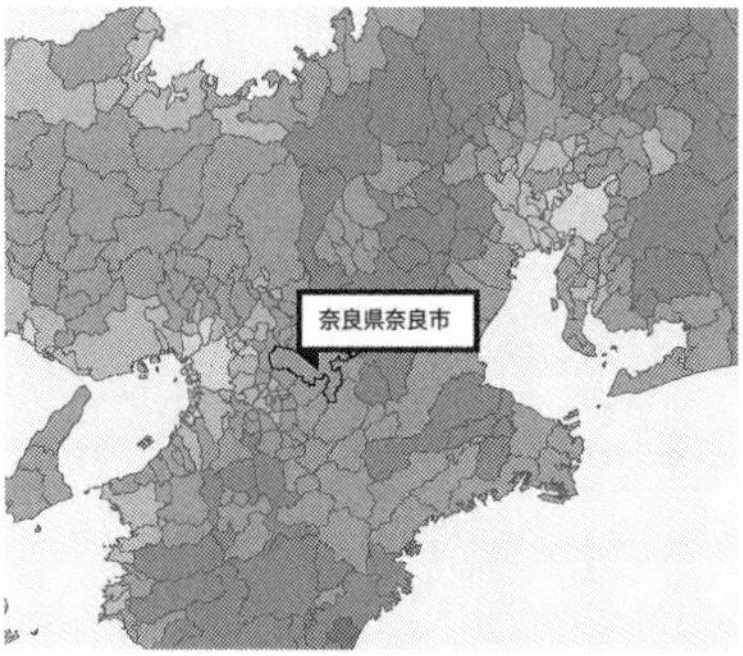


a　全国ランキングの色分け

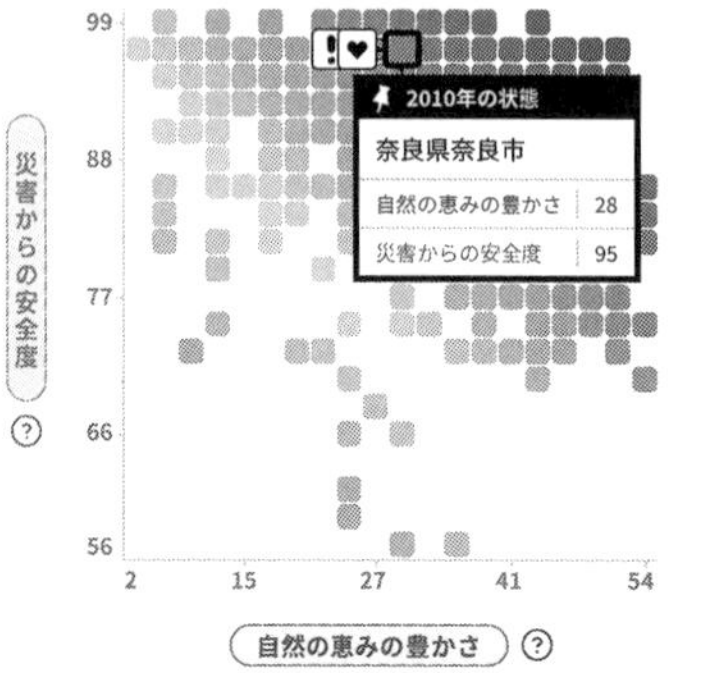


b　土地利用の総合評価

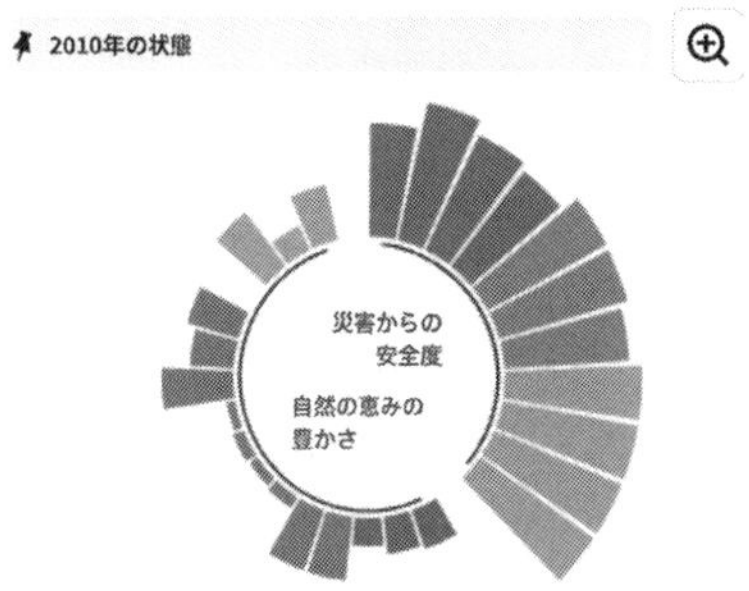


c　レーダーチャートで見る評価結果

d　詳細データ（2010 年の状態）

【災害からの安全度】

・安全人口割合（床上浸水・洪水浸水災害）：100
・安全人口割合（家屋水没・洪水浸水災害）：100
・安全建物割合（洪水浸水災害）：100
・安全農業生産割合（洪水浸水災害）：100
・安全人口割合（土砂災害）：100
・安全建物割合（土砂災害）：98
・安全農業生産割合（土砂災害）：91
・安全人口割合（床上浸水・高潮浸水災害）：100
・安全人口割合（家屋水没・高潮浸水災害）：100
・安全建物割合（高潮浸水災害）：100
・安全農業生産割合（高潮浸水災害）：100

【自然の恵みの豊かさ】

・食料供給ポテンシャル（供給）：29
・木材供給ポテンシャル（供給）：20
・水供給ポテンシャル（供給）：26
・炭素吸収量（調整）：45
・蒸発散量（調整）：45
・地下水涵養量（調整）：9
・土壌流出防止量（調整）：7
・窒素除去量（調整）：8
・リン酸除去量（調整）：6
・NO2 吸収量（調整）：53
・SO2 吸収量（調整）：32
・洪水調整量（調整）：39
・表層崩壊からの安全率の上昇（調整）：0
・緑地へのアクセス性（文化的）：48
・水辺へのアクセス性（文化的）：19
・オートキャンプ場の立地確率（文化的）：40

図Ⅴ－4－1　J-ADRES 全国の土地利用総合評価―奈良市を事例に

出所：J-ADRES ウェブサイト。

的な指標とスコアの詳細がみられる（図Ｖ－４－１のｄ）。「災害からの安全度」の指標では「安全農業生産の割合（土砂災害）」が比較的に低い奈良市内で、土砂災害の指定エリアがとくに農業生産に影響を与えていることが推測できる。一方、「自然の恵みの豊かさ」の指標では、「表層崩壊からの安全率の上昇」、「土壌流出防止量」、「窒素除去量」、「リン酸除去量」、「地下水涵養量」がとくに低い。奈良市の森林率が低いことが重要な要因だと考えられる。「自然の恵みの豊かさ」スコアの高低は土地利用の市街地・森林・農地の比率とロケーションで左右されているからである。

このデータベースの特徴は、二〇五〇年の将来まで評価されていることである。二〇五〇年の奈良市のスコアをみると、「このままの将来」から「改善した将来」に切り替えることで、「災害からの安全度」と「自然の恵みの豊かさ」はともに一点ずつ上昇することが分かる。単一市区町村のスコア上昇はわずかだが、全国集計したら軽視できないと考えられる。本節で事例としてとりあげたのは奈良市のみだが、周辺複数の市区町村と比較することで、より奈良市の災害リスクと生態系サービスの位置づけを考察することができる。

## 今後の展望

人口減少社会への突入と気候変動による自然災害の激甚化に相応した土地利用政策の改革が求められている。今後、生態系を活用した防災減災（Eco-DRR）土地利用の重要性がますます注目される。筆者は日本全国土地利用総合評価データベース（J-ADRES）の構築とデータ提供に関わった。Eco-DRR 土地利用政策の実装と実現に役立つことができればと希望を込めた。

## 注

1　国土交通省「平成二三年国土交通白書」。

2　国土交通省「社会資本の老朽化対策情報ポータルサイト」(https://www.mlit.go.jp/sogoseisaku/maintenance/index.html)。

3　中村太士「グリーンインフラの歴史と機能環境アセスへの応用」二〇一七年。(http://assess.env.go.jp/files/4_kentou/4-2_training/h29/saitama_h29_03.pdf)。

4　日本全国土地利用総合評価データベース（J-ADRES）(https://j-adres.chikyu.ac.jp/)。

## 参考文献


・環境省「持続可能な地域づくりのための生態系を活用した防災減災の手引き」(https://www.env.go.jp/content/000133802.pdf)。

・グリーンインフラ研究会・三菱ＵＦＪリサーチ&コンサルティング・日経コンストラクション編集『決定版！　グリーンインフラ』日経ＢＰ社、二〇一七年。

# 5 官民協同による空き家対策
## ―大牟田市を事例として―

藤原ひとみ

### 大牟田市における空き家対策

本節では、福岡県大牟田市で実施されている空き家対策を紹介する。近年、空き家の増加が社会問題化しているが、大牟田市も例外ではなく空き家の増加が問題となっている。大牟田市は、福岡県の南部に位置し、炭鉱産業で栄えた地方都市であるが、エネルギー政策の転換とともに最盛期には二〇万人を超えた人口も徐々に減少し、二〇二二年四月時点では一一万人を割り込むなど人口減少が続いている。

人口減少に伴い空き家率も増加傾向にあり、住宅土地統計調査によると二〇一八年では一八・一%と、全国平均の一三・六%を上回っている他、大牟田市が実施した実態調査では、二〇一六年から二〇一九年までの三年間で一一三八件の空き家が発生している。空き家の発生原因として、所有者が高齢や病気を理由に転居する、または亡くなるなどで居住者がいなくなることがあげられるが、その可能性が高いのが単身高齢者世帯である。大牟田市は全世帯数のうち単身高齢者の世帯数が二六・九%と四世帯に一世帯の割合で高く、空き家予備軍といえる住宅が多く存在していると言える。そこで大牟田市では空き家対策として空き家の予防活動に力を入れている。

## 不動産業者による空き家対策

大牟田市の空き家対策の特徴として、空き家・空き地に関して、不動産関連業者が中心として開設している無料相談窓口をあげることができる。この相談窓口は、平日月曜日から金曜日と、市役所の休日開庁に合わせた第二日曜日の一〇時から一五時に営業しており、直接来所しての相談や電話での相談のほかに、オンラインでの相談も受け付けている。

相談窓口は「ありあけ不動産ネット協同組合（以下ありあけ不動産ネット）」が運営しており、二〇一八年に大牟田市と「大牟田市における空き地及び空家等の相談窓口並びにコーディネーター設置に関する協定」を締結し設置されたものである。

ありあけ不動産ネットは、大牟田市、荒尾市、みやま市の不動産業者及び関連業者約四〇社が加盟する団体で、二〇〇四年六月に協同での宅地分譲事業をきっかけに設立された団体である。二〇一一年頃より、大牟田市の空き家を地域資源として活用する方策を検討する勉強会などに参加、大牟田市の指定管理者制度の制度制定への協力や大牟田市居住支援協議会[1]にも構成団体として参加するなど、協力体制を構築していった。その流れのなかで二〇一五（平成二七）年に空家等対策の推進に関する特別措置法の施行をきっかけに、大牟田市が制定した「大牟田市空地及び空家等対策計画」の一環として市から相談窓口の設置の打診を受け、前述の協定を締結、相談窓口が開始された。

相談窓口は、大牟田市の中心市街地の空き店舗を活用して開設され、相談窓口業務を開始して以来、相談件数は増加傾向にあり、二〇二二年には二六五件の相談を受け付けている。相談窓口の実施体制は、宅建士や建築士、司法書士、行政書士、土地家屋調査士といった専門的な資格を持つ空き家コーディネーター三二名（二〇二三年一〇月時点）で構成され、持ち回りで相談窓口に常駐し相談に対応している。複雑な相談が多いため基本的に二人体制で一人は必ず宅建士、もう一人は相談内容に応じてその他の専門家で対応している。基本的に司法書士は月に一回、土地家屋調査士は月に二回水曜日を常駐日と定めているが、事前に相談内容が分かっている場合は、相談者の来所日に合わせ柔軟な対応を実施している。たとえば、相続等が関係する案件であれば宅建士と司法書士で担当するなどである。

相談窓口だけでは対応が難しい案件は、「空き家対策検討委員会」[2]を設置して対応を行っている。ありあけ不動産ネットは不動産業者を中心に関連する多様な専門家で組織されているため、多岐にわたる空き家の問題をワンストップで対応できる点に特徴がある。また、大牟田市と連携協定を結んでいるため、市へ相談があった場合にも連携して対応が可能である。相談対応の流れを図Ⅴ－５－１に示す。

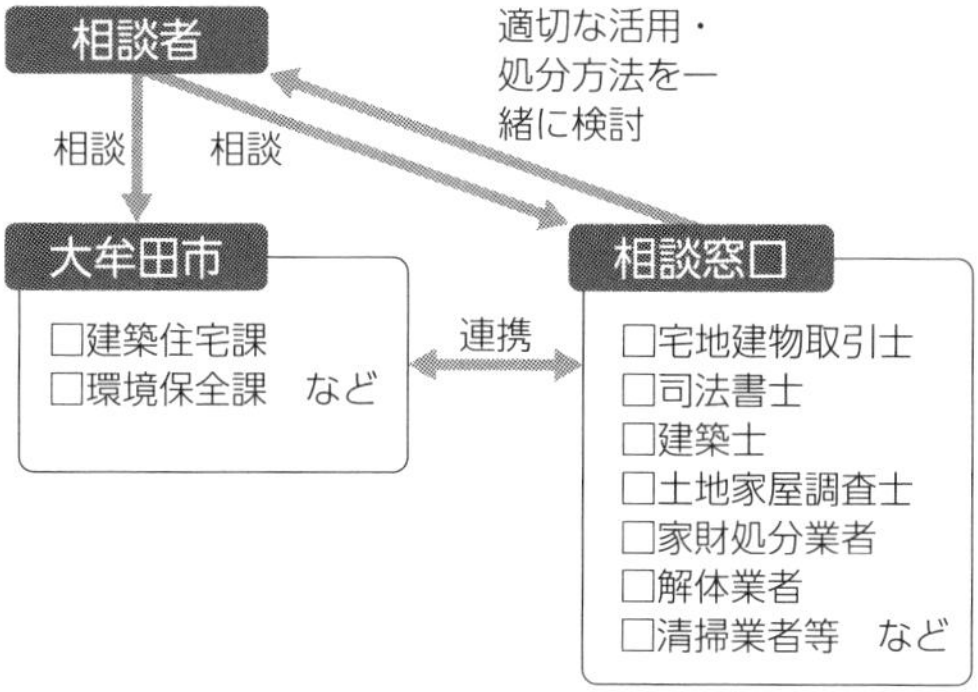


図Ⅴ－５－１　相談対応の流れ

出所：筆者作成。

## 相談窓口の実績

相談窓口から提供された二〇二二年一月から二〇二二年一二月までの相談者データ（二六五件）を分析すると、相談者の年代で最も多いのは、五〇代～六〇代で一三〇件、約半数を占めていた。次いで七〇代が九〇件で三割を占めるなど、八割以上が五〇代以上からの相談であった。三〇代からの相談は一五件あり、二〇代からの相談件数はゼロであった（表Ⅴ－５－１）。これは、実際に空き家を相続したり、何か問題が発生したりしてからの相談が多いためであり、予防的な相談は少ないことがうかがえる。相談受付方法は、窓口への来所一二六件、電話での相談が一三〇件と半々であり、オンラインによるリモート対応は二件、メールでの対応七件であった（表Ｖ－５－２）。相談窓口を知ったきっかけは、市役所等からの紹介が一四一件と半数以上を占め、次いで固定資産税の納付書が五一件であり、行政がきっかけで知る人が多い（表Ｖ－５－３）。市役所等からの紹介などは建築住宅課などに相談した際に相談窓口を紹介されている場合などである。固定資産税納付書は、納付書の送付の際に、同封している相談窓口のパンフレットがきっかけとなっている。市役所と連携協定を結んでいることが有効に働いている結果といえる。

相談内容としては、売却希望が一四七件と最も多く、半数以上の相談者が売却を希望している。次いで多いのは相続関係であり六一件であった。解体に関する相談も四五件あり、草刈りなどの管理の相談も一六件あった（表Ｖ－５－４、一件の相談の中で複数の相談内容を含む場合があるため件数は重複する）。いずれも空き家が発生してからの相談であることが伺え、空き家化する前の相談はないのが実情である。

相談窓口に相談することで解決した事例を紹介する。まず一つ目は中学校の通学路にあった老朽危険家屋の解体撤去事例である。家屋は老朽化が進み倒壊の危険があるなど通学路が危険な状態になっていた。地域住民からの苦情により市が所有者へ管理を要請、要請を受けた所有者が相談窓口に来所した。相談窓口による対応で、建物の現状確認、老朽危険家屋解体工事に対する補助金の紹介を行い、工事の見積もりから実際の解体工事までスムーズに進行した。解体後、土地は売却され、現在は駐車場として活用されている。

二つ目の事例は、市内中心部にも関わらず、土地と建物の権利関係が複雑で長年放置されていた複数の物件が老朽危険家屋化していた事例である。土地は複数人での共同名義であり、建物の一つはすでに解散済みの区画整備事業組合などが名義人であるなど相当に複雑な案件であった。そのため、相談窓口の空き家コーディネーターが市と連携をとりながら時間をかけ丁寧に権利関係を調整、最終的に建物を撤去することが可能となった。

三つ目は長く空き家になっていた物件で相談者は売却または解体など手放すことを希望していたが、解体費用

表Ⅴ－5－1　相談者の年代

| 年代 | 件数 | % |
|---|---|---|
| ～20代 | 0 | 0 |
| 30代、40代 | 15 | 5.7 |
| 50代、60代 | 130 | 49.1 |
| 70代以上 | 90 | 34.0 |
| 不明 | 30 | 11.3 |
| 合　計 | 265 | 100 |

出所：ありあけ不動産ネット提供資料より筆者作成。以下同じ。

表Ⅴ－5－2　相談の受付方法

| 受付方法 | 件数 | % |
|---|---|---|
| 来所 | 126 | 47.5 |
| 電話 | 130 | 49.1 |
| リモート | 2 | 0.8 |
| メール | 7 | 2.6 |
| 合　計 | 265 | 100 |

表Ⅴ－5－3　窓口を知ったきっかけ（複数回答）

| きっかけ | 件数 | % |
|---|---|---|
| 市役所等 | 141 | 53.2 |
| 市公用車 | 1 | 0.4 |
| 固定資産税納付書 | 51 | 19.2 |
| 広報誌 | 7 | 2.6 |
| 暮らしのてびき | 3 | 1.1 |
| ホームページ | 6 | 2.3 |
| 知人 | 5 | 1.9 |
| FMたんと | 1 | 0.4 |
| 窓口からの案内 | 4 | 1.5 |
| ネット広告 | 0 | 0 |
| その他 | 14 | 5.3 |
| 未回答 | 32 | 12.1 |

表Ⅴ－5－4　相談内容の内訳（複数回答）

| 相談内容 | 件数 | % |
|---|---|---|
| 売却 | 147 | 55.5 |
| 相続 | 61 | 23.0 |
| 管理（草刈り等） | 16 | 6.0 |
| 解体 | 45 | 17.0 |
| 測量・境界 | 9 | 3.4 |
| リフォーム | 4 | 1.5 |
| 賃貸 | 10 | 3.8 |
| その他 | 31 | 11.7 |

が高額になり、更地にして土地を売却しても解体費用が捻出できそうにないケースであった。相談者の意向としてなるべく費用負担の少ない形での処分を希望されていたためリフォームを提案。リフォーム後売却が実現し、現在は賃貸住宅として活用されている。

以上のように、ありあけ不動産ネットによる相談窓口では、不動産関連の多岐にわたる専門職種が在籍していることで、きめ細やかな対応が可能であり、解決が困難な事例も解決に導いている。相談者の意向や実情に合わせ、売却、利活用、建物解体、相続などさまざまな提案が可能であることも強みである。また市と連携していることで相談者は安心して相談できる。

このように成果を上げている相談窓口であるが、ありあけ不動産ネットとしてはもう一歩踏み込んだ対策を考えている。相談にくる相談者の大半は、空き家化し何らかの問題が発生してから窓口を利用しており、取れる選択肢が限られるケースが多いという。もっと早くに相談があれば提案できる選択肢が多かったケースが大半であり、そのため宣伝・啓発活動にも積極的に力を入れている。定期的なセミナーの開催や、商業施設や地域交流施設で無料相談会を実施することで、気軽に相談できる機会を増やしている。また、空き家に関する相談のきっかけが所有者に介護が必要になった時や施設入所や入院を契機にしていることが多い。そのため、福祉面からのアプローチの必要性を痛感し、地域包括支援センターとの連携を開始し、大牟田市、地域包括支援センター、信用金庫と定期的に情報交換・共有の場を設け、地域包括支援センター側に空き家予防などの情報を提供し、所有者やその家族に働きかけてもらうようなアウトリーチ的な取り組みを始めている。

## 相談窓口の意義

空き家の管理に関しては、二〇一五年に空家等対策の推進に関する特別措置法が施行され、行政が一定程度介入可能になったが、特定空家化を防ぎ空き家を資源として有効活用するためには、空き家所有者やその予備軍の当事者意識を高め、いかに行動変容を促すかが重要となる。空き家の多くはなんとなく放置され、放置された期間が長くなればなるほど特定空家化するリスクは増していく。特定空家化を予防するためには、なんとなくの部分へのアプローチが重要となる。そのためには、行政だけでは対応不可能であり、機動性が高くかつ柔軟に対応が可能な民間の力が必要である。

また、空き家の相続など不動産の扱いには専門的な知識が必要となるため、なんとなく後回しにしている層が多いと考えられる。そういった層に専門家が対応してくれる常設の相談窓口の存在は非常に有効であり、これらの点で、ありあけ不動産ネットの空き家・空き地相談窓口の存在は、まさに好適であるといえる。しかし相談窓口があってもすぐ利用につながるかというとそうではない。不動産は財産であるため、よほど信頼できる団体でない限り相談に慎重になる人が多いことは想像に難くない。事実、ありあけ不動産ネットの相談窓口を知ったきっかけは、市などの行政からの紹介である。ありあけ不動産ネットの相談窓口の強みは市と連携協定を結んでいる点である。市からの紹介であれば安心して相談することが可能である。信頼を官が担保し、実務を民が担う官民共同の成功事例といえる。

また、ありあけ不動産ネットではただ相談を待つだけでなく積極的な啓発活動も実施し、予防活動にも力をいれている。常設の窓口だけでなく、年四回程度、出張での相談会を実施し、相談に触れる機会を増やしている。さらに、福祉との連携により、空き家や相続の問題が発生しやすい層に対して住まいについて考えるきっかけとなる声掛けや、必要な情報が届くような仕組みづくりを構築している。所有者の身体能力の低下は住まいの管理能力の低下でもある。所有者が認知症を発症してしまえばその後の法的手続きが困難となり空き家化のリスクが高くなる。高齢者の身体状況や住まいの状況を詳細に把握できる介護従事者の力を活用することは合理的かつ効果的であり、また、信頼できる第三者として働きかけを行うに適していると考えられる。これらの啓発活動は、即効性はないが、長い目で見れば適切な管理や活用などにつながり、空き家予防に大きな効果を生む対策であると考える。

以上より、ありあけ不動産ネットによる空き家・空き地相談窓口の設置による活動は、空き家に困っている所有者だけでなく、なんとなく放置されている空き家所有者に対しても有効であり、空き家予防につながっている活動だといえる。二〇二三年の改正特措法では、「管理不全空家」が新設され、空き家の適正管理を促す部分が強化された。これに伴い、対応に苦慮する所有者の増加が見込まれ、このような相談窓口の存在は今後益々重要性を増していくだろう。とくに、福祉と連携した今後の動向にも着目していきたい。

**注**

1　住宅確保が困難は人への入居支援などを行う団体。大牟田市居住支援協議会では空き家を活用した入居支援を実施している。

2　住宅行政・福祉行政関係者及び、宅地建物取引士や司法書士などで構成する委員会。複雑な案件に関して連携して相続、利活用、流通促進策、建物除去等など解決策や対応策を検討する。

# 6

# 古民家等の空き家活用

玉井香里

## 古民家の民泊としての利用

日本では少子高齢化や人口減少に伴い、空き家率は年々増加しており、大きな社会問題となっている。市町村による空き家の利活用は、「移住・定住」や「二地域居住・他地域居住」など住まいとしての活用が多い。しかし、住まい以外の用途に変えることで、地域に良い影響を及ぼすことがあるため、住まい以外の活用も検討する必要があると筆者は考える。ここでは筆者が調査した事例の中から、主に古民家を民泊として利活用した事例、デイサービスとして利活用した事例、クラウドファンディング（以下CF）で資金を調達した事例について紹介する。

まず、民泊として利用した事例について説明する。[1] 調査は二〇二二年二月八日から三月一〇日にかけて実施し、建物概要、資金計画、改修費用、改修内容、改修工事期間などについてヒアリングを行った。建物概要を表Ⅴ－6－1に示す。事例1は築一〇七年の木造二階建である。事例2は正確な築年数は不明であるが築四五年以上の木造平屋建である。事例3は築一〇五年木造二階建である。

事例1は初期費用が三五〇〇万円（自己資金と補助金六〇〇万円、CFによる資金調達一一二万円）。事例2は

表Ⅴ-6-1　建物概要

| | 所在地 | 建築年 | 築年数 | 構造・階数 | 延床面積 |
|---|---|---|---|---|---|
| 事例1 | 奈良県 | 大正4年 | 107年 | 木造2階建 | 184.2$m^2$ |
| 事例2 | 奈良県 | 昭和52年以前 | 45年以上 | 木造平屋建 | 142.0$m^2$ |
| 事例3 | 三重県 | 大正6年 | 105年 | 木造2階建 | 161.0$m^2$ |
| 事例4 | 大阪府 | 昭和初期 | 90年以上 | 木造平屋建 | 156.8$m^2$ |
| 事例5 | 大阪府 | 昭和3年 | 95年 | 木造平屋建 | 117.7$m^2$ |
| 事例6 | 大阪府 | 昭和15年 | 80年 | 木造2階建 | 116.3$m^2$ |

注：調査結果は調査時点のものである。
出所：筆者作成、以下同じ。

表Ⅴ-6-2　初期費用と改修工事費

| | 初期費用（万円） | 自己資金（万円） | 補助金（万円） | CF（万円） | 初期投資回収計画 | 改修費用（万円） | 延べ床面積（$m^2$） |
|---|---|---|---|---|---|---|---|
| 事例1 | 3500 | 2788 | 600 | 112 | 7年 | 3500 | 184.2 |
| 事例2 | 1000 | 735 | | 265 | 7年 | 1000 | 142.0 |
| 事例3 | 290 | 260 | 30 | | 7年 | 110 | 161.0 |

注：CF＝クラウドファンディング。

初期費用が一〇〇〇万円（自己資金とCFによる資金調達二六五万円）、事例3は初期費用が二九〇万円（自己資金と補助金三〇万円）となっている（表Ⅴ－6－2）。初期投資の回収計画は三件とも七年である。

建物の価格は、事例1は祖母の家、事例2は親戚の家のために、購入費用はかかっていない。事例3は一五〇万円で購入している。

改修内容であるが、事例1は正面の壁と屋根、建物内のすべての内装と設備の改装を行った。ファサードと屋根の葺き替えは奈良県の補助金を利用した。一階は喫茶室と食堂、フロント、ラウンジに改装し、シャワールーム、トイレを追加した。二階はラウンジと客室、プライベートルームに改装した。工事中に柱が白アリの被害にあっていることが判明したことや、工事業者に下地の補強が必要だと言われて補強したため、工事費が高くなった。民泊として活用するために、法的に必要な工事として小屋裏まで防火壁を追加した。蔵は喫茶室に改装しており、壁や開口を新設した。食堂も用途変更を行っている。設備は中庭付近にあるトイレ・シャワールームを追加した。

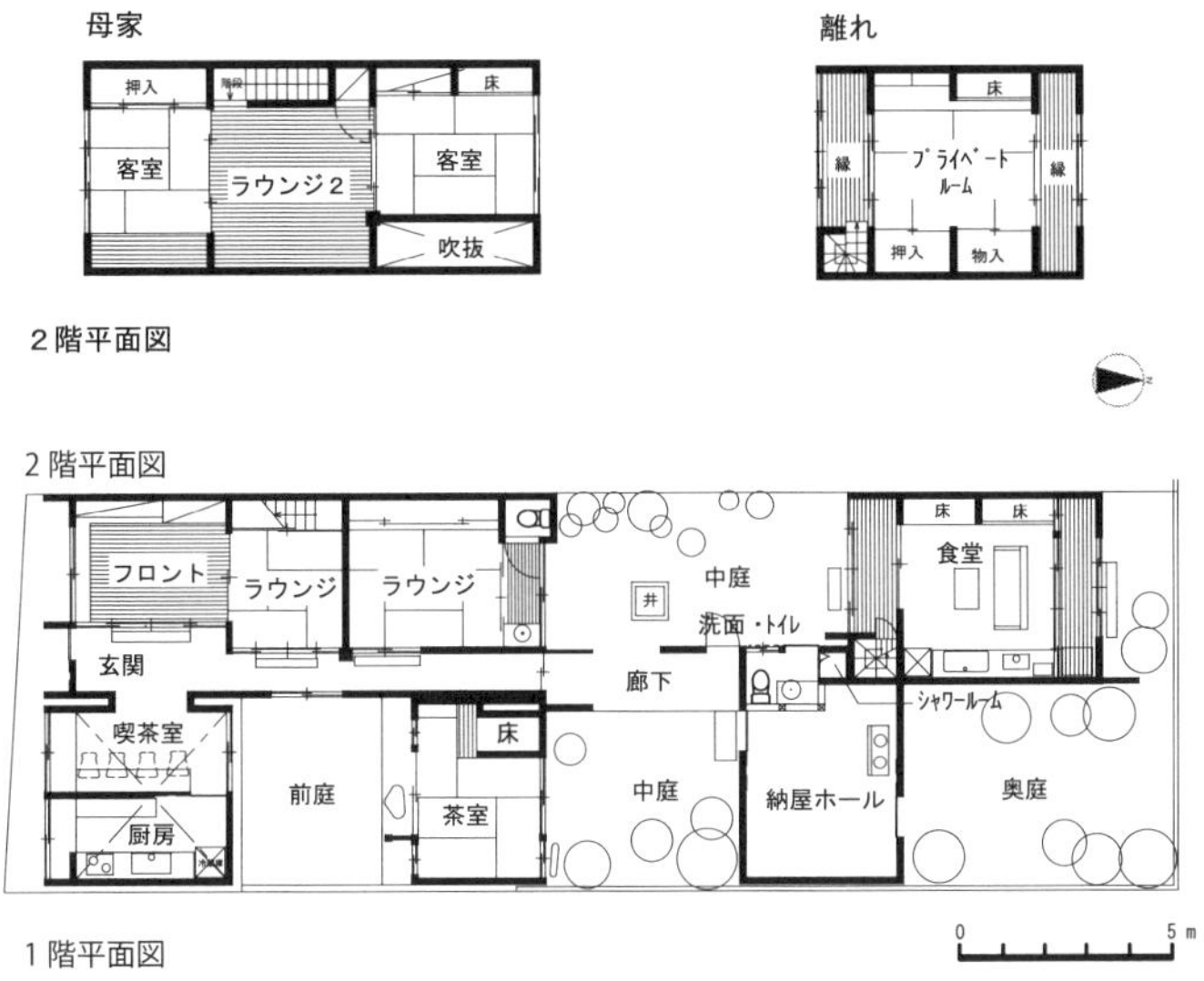


図Ｖ−６−１　事例１　改装平面図

出所：筆者作成、以下同じ。

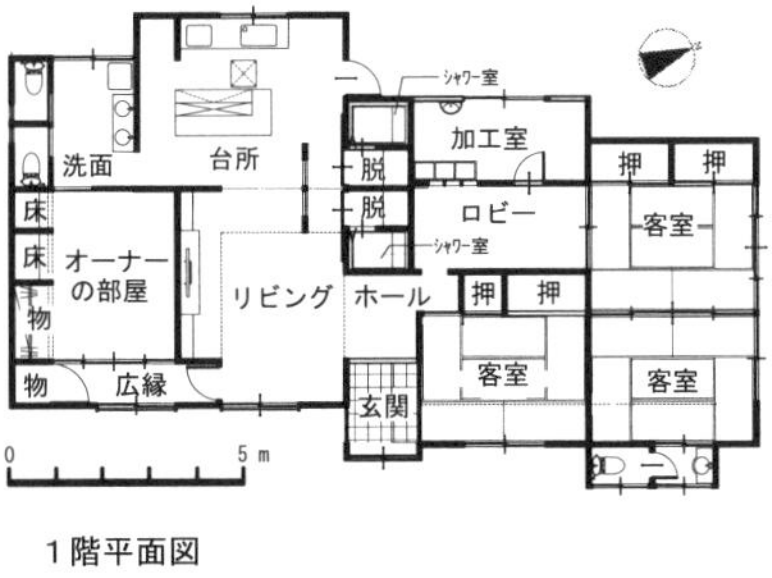


図Ｖ−６−２　事例２　改装平面図

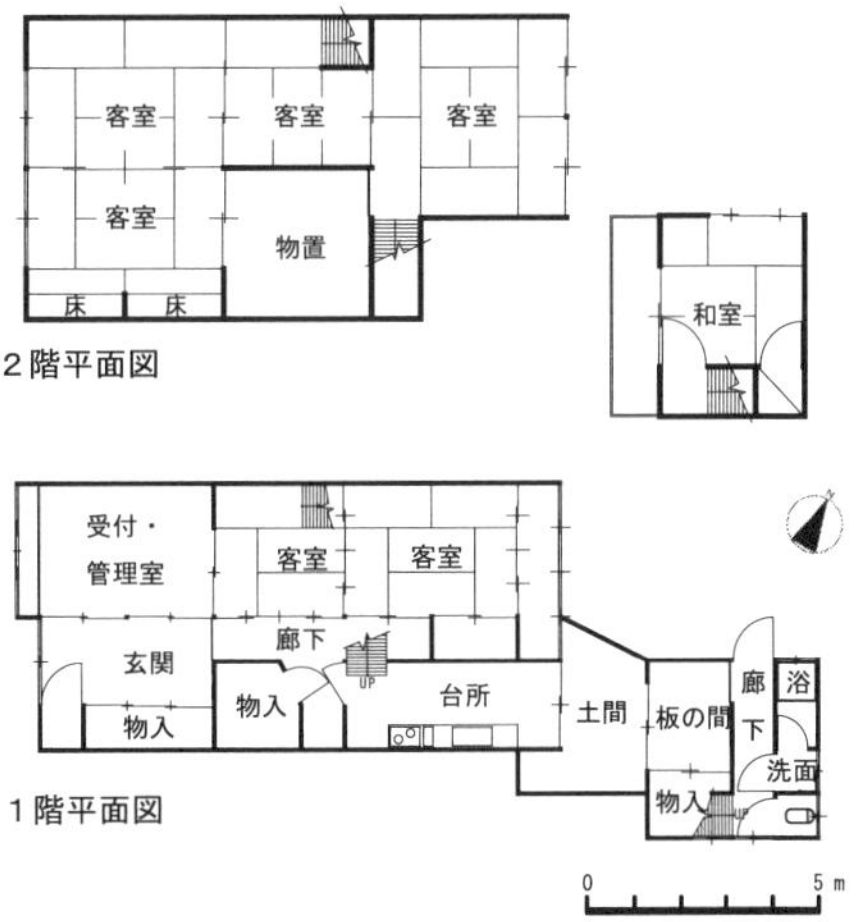


図Ｖ−６−３　事例３　改装平面図

事例2はオーナーはカフェを経営したかったが、この場所では用途地域等の問題でカフェにすることができなかったため、民泊として活用することになった。外観全面と建物内のすべての内装と設備の改装を行った。屋根裏、壁、床下に断熱材を入れている。一部の窓を交換しペアガラスとした。民泊として使用するために、シャワー室を二室とトイレを増設し、洗面所を大きくした。

事例3は二年半かけて工事のほとんどをＤＩＹで行った。内装はすべての壁の塗替えと、客室の床は断熱材を敷いた上で仕上げ材の張り替えを行った。自分ではできないところだけを業者に依頼しているため、費用はあまりかかっていない。伊賀の観光地にあるので、隠し扉などを製作し「忍者屋敷」として楽しめる宿にした。

改修工事費は、事例1が三五〇〇万円、事例2が一〇〇〇万円、事例3が一一〇万円である（表Ⅴ－6－2）。事例1のみ旅館業法による民泊で、事例2、3は住宅宿泊事業法による民泊である。旅館業法による民泊の場合は、建築基準法による改修工事が発生し、消防設備についても、住宅宿泊事業法による民泊よりも多くなる。

## デイサービスとしての利活用

次に、デイサービスとして利活用した事例について説明する。[2] 調査は二〇二三年二月九日～八月二八日に実施し、建物概要、資金計画、改修費用、改修内容、改修工事期間などについてヒアリングを行った。そのうちの二件の事例について紹介する。

建物概要であるが、事例4は築九〇年以上の木造平屋建、事例5は築九五年の木造平屋建である（表Ⅴ－6－1）。事例4は初期費用が一四〇五・八万円、事例5が一四三五万円で、そのうち補助金一五万円を活用している。初期投資回収計画は事例4が一〇年、事例5が五年である。事例4、事例5ともに賃貸物件で、事例4の家賃が一〇万円、事例5が一〇万一〇〇〇円である。事例4、事例5とも地域密着型通所介護である。事例2はお泊りデ

図Ｖ－６－４　事例４　改装平面図

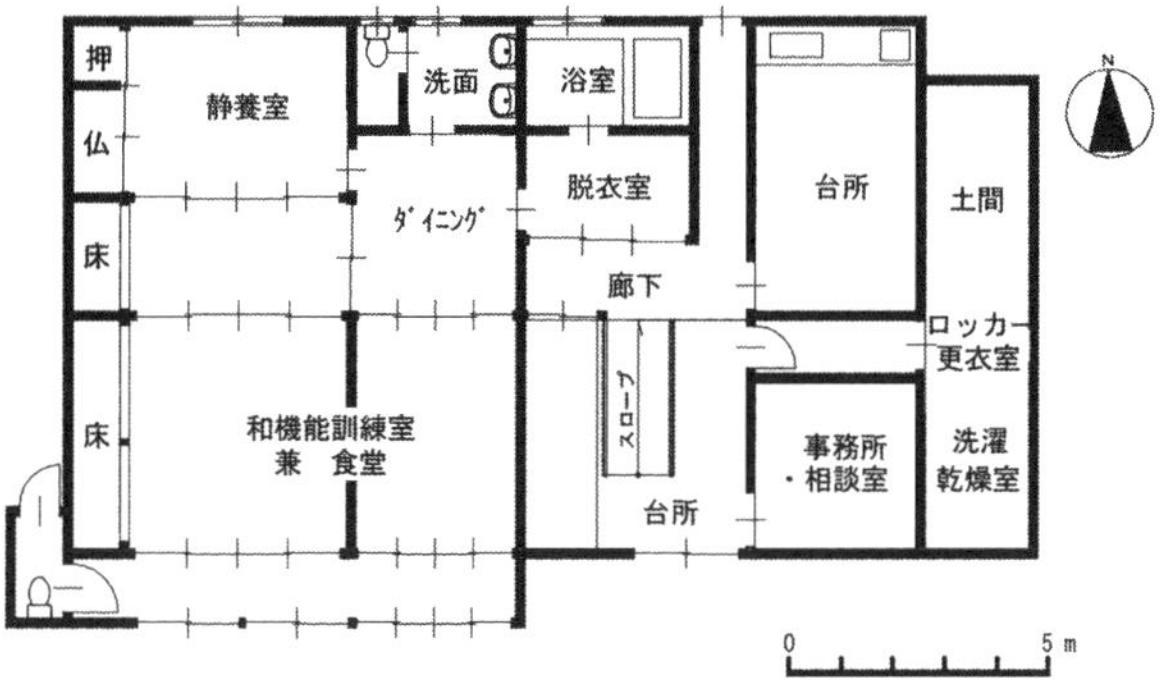


図Ｖ－６－５　事例５　改装平面図

イサービスで、4日までの宿泊が可能となっている。

改修工事費は事例4、事例5ともに一三六〇万円である。お泊りデイサービスとする場合、スプリンクラーの設置が義務づけられており、スプリンクラーの設置工事費は四八五万円であった。

改修内容であるが、事例4は玄関の前のスロープを設置し、玄関部分を増築した。内部は増築した玄関土間にスロープを設け、室内の床の段差解消工事を行った。壁は塗り替えとクロスの張り替えを行った。車イス用トイレを新たに設けている。事例5は壊れていた壁の補修工事を行った。内部は玄関土間にスロープを設置し、内装は畳の床をクッションフロアに貼り換えた。在来工法のタイル張りの風呂をユニットバスとした。お泊りデイサービスとして四日までの宿泊を可能にするために、天井にスプリンクラーを一〇か所設置した。開業直後に隣家からのクレームで、防音対策のブロック塀と目隠しの目的で板を張った。

デイサービスとして活用する場合、敷地に高低差があればスロープ、手すりの設置が必要となる。また、車イス用トイレの設置が必要である。お泊りデイサービスとする場合は、さらにスプリンクラーの設置など、必要な消防設備が発生する。

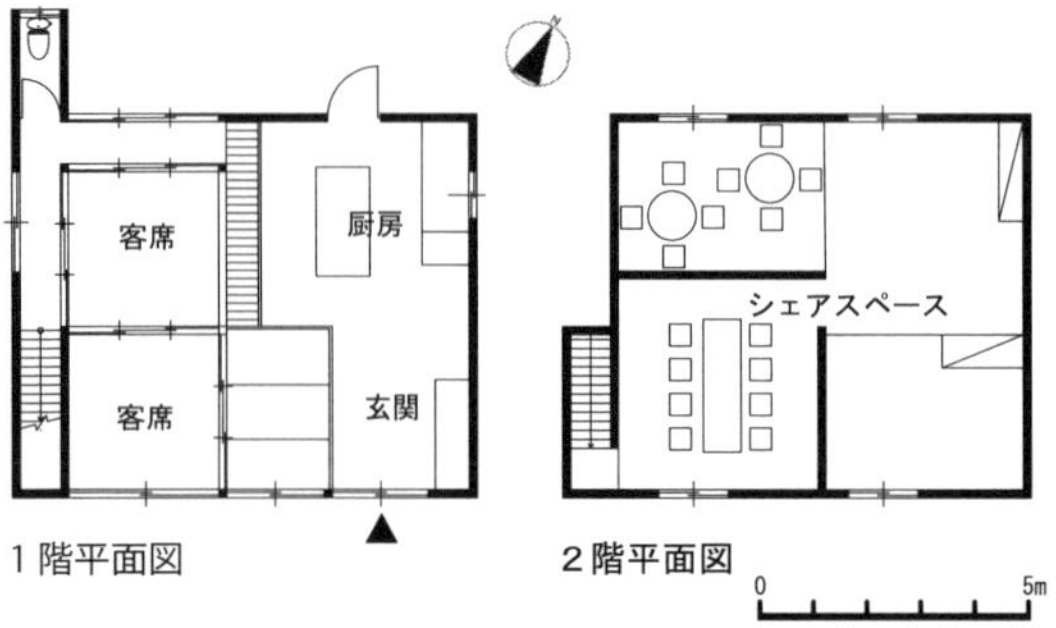

図Ⅴ－6－6　事例6　改装平面図

## クラウドファンディングを活用した事例

さいごに、改修費用にCFを活用した事例について説明する。[3] 調査は二〇二〇年一二月から二〇二一年二月と、追加のヒアリングを四月に実施した。そのうちの二件の事例について紹介する（一件は民泊の事例2）。

建物概要であるが、事例2は築四五年以上の木造平屋建で面積は一四二・〇㎡、用途は「地域交流の場のある民泊」ある。事例6は築八〇年の木造二階建で面積は一一六・三㎡、用途は「カフェと子育て交流施設」である。

改修内容であるが、事例6は二階建住宅を一階はカフェスペース、二階は子ども図書館と子育て関連の教室などを行うスペースとしている。屋外の畑は、野菜作りに利用している。木製のガラス戸、障子など日本家屋の良さは生かしつつ、床は杉の無垢のフローリングとした。現在一階のカフェはこども食堂にもなっている。

## 表Ⅴ－6－3　クラウドファンディングについてのヒアリング調査

| | 事例2 | 事例6 |
|---|---|---|
| プロジェクト名 | 奈良五条市で日常に彩を加える町宿をつくりたい | 幅広い年代が集い繋がる「モモの木」中百舌鳥店立ち上げプロジェクト |
| 所在地 | 奈良県五条市 | 大阪府堺市 |
| 総事業費 | 約1000万円 | 450万円 |
| CF運営サイト | READYFOR | CAMPFIRE |
| 時期 | 2020.01.20～2020.03.16 | 2018.08.27～2018.9.29 |
| CFの目標金額 | 240.0万円 | 137万円 |
| CFの達成金額 | 265.1万円 | 107万円 |
| CFの達成率 | 110.40% | 93.40% |
| 決済方法 | All or Nothing方式 | All in方式 |
| 達成できた要因 | 2年前からアナウンスをしていた。SNSでの発信も続けていた | ― |
| 達成の為に行った活動 | SNSでの発信、地域のイベントに参加しそこでプロジェクトのPRを行った | SNSでの発信、チラシの配布 |
| 支援者はどのような人か | 奈良に来る前に住んでいた地域の知り合い | 以前からある別店舗のお客様 |
| 支援者とのその後のつながり | あり | あり。施設を利用している |
| CFのメリット | 宣伝になった。地元の人に知って貰うことができた | 面識のない人との出会いがあった |
| CFのデメリット・苦労した点 | リターンの費用が倍くらいかかってしまった。周知することに苦労した | 年配の人はパソコンが使えないので困った。サイトの文章作成などに苦労した。 |

ＣＦの内容を表Ⅴ－6－3に示す。事例2、事例6とも改修工事の資金としてＣＦを活用した。決済方法は事例2がAll or Nothing方式（成功時報酬型）で、目標金額に達した場合にのみ支援金を受け取れる方式を選択していた。事例6はAll in方式（実施確約報酬型）で、目標金額に達していなくてもすべての支援金を受け取れる方式としていた。事例2は目標金額を達成したが、事例6は目標金額に達しなかったために、不足分は自己負担でプロジェクトを遂行している。事例2は達成できた要因として「二年前からアナウンスをしていた。ＳＮＳでの発信も続けていた」

としている。達成のために行った活動は、事例2が「SNSでの発信、地域のイベントに参加し、そこでプロジェクトのPRを行った」。事例6は「SNSでの発信、チラシの配布」となっている。支援者は事例2が「奈良に来る前に住んでいた地域の知り合い」で、事例6が「以前からある別店舗のお客様」であった。面識のない人からの支援は事例2が五〜一〇人、事例6が二〇人未満となっている。支援者とは事例2、事例6ともその後もつながりがあった。CFのメリットとして、事例2は「宣伝になった。地元の人に知ってもらうことができた」、事例6は「面識のない人との出会いがあった」と回答している。デメリットとして、事例2は「リターンの費用が倍くらいかかってしまった、周知することに苦労した」、事例6は「年配の人はパソコンが使えないので困った。サイトの作成に苦労した」となっている。事例6はCFの活用は二回目で支援者もいたが、目標金額にあと一歩届かなかった。

以上より、地域の人だけでなく、全国の面識のない人にも情報を発信することができるのは、CFの大きなメリットといえる。一方、手数料が高い、リターンに費用がかかることは疎外要因となる。一定の支援金を見込めるような活動により人との繋がりを作り、支援者を確保することがCFによる資金調達において重要になるといえる。

## 注

1　玉井香里・中山徹「空き家を民泊として利活用するにあたっての改修工事と初期費用に関する研究―近畿地方四府県の民泊を事例として―」『日本建築学会計画系論文集』八八巻、八一四号、二〇二三年。

2　玉井香里・中山徹「空き家をデイサービスとして利活用するにあたっての改修工事と初期費用に関する研究―大阪府における事例調査から―」『家政学研究』一三九号、二〇二四年。

3　玉井香里・中山徹「クラウドファンディングにより資金調達した空き家の利活用の実態に関する調査」『日本家政学会誌』七四巻、二号、二〇二三年。

# 7 自治体における空き家管理施策の状況

崔銀淑

## 市町村の空き家対策と管理に関する啓発活動

二〇一四年に「空家等対策の推進に関する特別措置法」(以下、「空家法」と略す)が成立し、市町村は空き家の実態調査、空き家所有者に対する助言・指導、空き家の活用促進、適切に管理されていない空き家の所有者に対する助言、指導、勧告、命令等ができるようになった。筆者は市町村による空き家管理に関する啓発活動に注目し、実態調査を行ったが、その概要を説明する。[1]

調査は、メールアドレスが把握できた一四六一市区町村の空き家担当部署へ調査票を送り、五五六市区町村から回答を得た(回収率三八・一%)。調査項目は、国土交通省の「地方公共団体の空き家対策の取り組み事例」(二〇一八年)で紹介されている空き家管理の先進的な取り組みを行っている市区町村の啓発活動などを念頭に置き、実際に自治体が行っている空き家管理のための啓発活動を踏まえて設定した。そして啓発活動を、「空き家所有者の責任と義務を知らせる啓発活動」の五項目、「管理不全空き家の発生予防のための啓発活動」の六項目、「相続登記に係る啓発活動」の六項目に分類し、各々の実施状況、実施後の評価について質問した。調査は二〇二一年一二月に実施した。

## 空き家所有者の管理責任と義務を知らせる啓発活動

空き家所有者の責任と義務を知らせる啓発活動として、「自治体の広報誌やホームページに掲載」（以下「自治体の広報誌などに掲載」）、「啓発パンフレットを作成し、住民が身近に接することができる場所などに置く」（以下「啓発パンフレット作成」）、「固定資産税の納税通知書に啓発チラシを同封」（以下「固定資産税にチラシ同封」）、「専門家団体等と連携し適正管理に関する定期的なセミナー、相談会を開催」（以下「専門家団体とセミナー開催」）、「自治会の回覧板などによる情報発信」（以下「自治会の回覧板による情報発信」）の五項目の実施状況及び実施したと答えた自治体にはその施策の効果を尋ねた（表Ⅴ－７－１）。

表Ⅴ－7－1　管理責任と義務を知らせる啓発活動の実施率と評価（%）

| 項　目 | 実　施 | 効果あり |
|---|---|---|
| 自治体の広報誌などに掲載 | 81.3 | 68.6 |
| 啓発パンフレット作成 | 57 | 63.1 |
| 固定資産税にチラシ同封 | 49.3 | 80.3 |
| 専門家団体とセミナー開催 | 46 | 81.2 |
| 自治会の回覧板による情報発信 | 25.7 | 65.7 |

出所：筆者作成。

実施率が最も高い項目は、「自治体の広報誌などに掲載」八一・三％であり、実施率が最も低い項目は「自治会の回覧板による情報発信」で二五・七％であった。残りの三項目は五〇％前後であった。

実施後の評価は、「効果が高い」「やや効果がある」「ほとんど効果がない」「分からない」の四選択肢で回答を得た。本稿では、「効果が高い」と「やや効果がある」と答えた合計を「効果がある」と評価した。その結果、一番低い項目でも六三・一％が「効果がある」と評価しており、全体的に高い評価を得ていた。とくに、実施率が五〇％程度であった「専門家団体とセミナー開催」と「固定資産税にチラシ同封」は、それぞれ八一・三％、八〇・三％で高く評価されていた。全体的に評価が高いと思われが、これは、空き家所有者として、漠然としていた相続問題や管理、売買方法などを専門家から聞くことで、具体的な解決の糸口につながったからではないかと思われる。また、管理不全になる空き家の所有者は、当該市区町村内ではなく遠方に居住している場合が多く、当該市区町村内での情報発信・周知では不十分であるため、「固定資産税にチラシ同封」の評価が高くなったのではないかと考えられる。「自治体の広報誌などに掲載」は、市町村にとっては実施しやすいため、実施率は高かったものの、効果は五つの活動のうち三番目の六八・六％であった。「自治会の回覧板による情報発信」は実施率一五・七％で最も低かったものの、評価は六五・七％であった。

「空き家所有者の責任と義務を知らせる啓発活動」は、全体的に実施率が高く、実施後の評価も二項目で八〇％を越えており、全体的に高いと言える。

## 管理不全空き家の発生予防のための啓発活動

「管理不全空き家の発生予防のための啓発活動」は、「高齢者向け出前講座など、高齢者を対象とした予防啓発」（以下「高齢者向け出前講座」）、「管理不全空き家は、固定資産税の住宅用地特例が解除されることを納税通知書に同封」（以下「特例解除内容を納税通知書に同封」）、「死亡届提出時等に適正管理に関する啓発チラシを提供」（以下「死亡届提出時にチラシ提供」）、「死亡や施設入所などに伴い空き家が生じる場合、今後管理する者の連絡先などを聴取」（以下「空き家が生じる場合の連絡先聴取」）、「自治会で住民名簿を作成し、転出や施設入所の際に連絡先を書いておく（以下「自治会で住民名簿作成」）、「自治会と協力し、必要に応じて自治会長の連絡先などを併記」（以下「自治会長の連絡先併記」）の六項目を尋ねた（**表Ⅴ－7－2**）。

これらの啓発活動の実施率は、全体的に低く、最低で七・七％、最高で二〇・七％であった。そのうち最も高

表Ⅴ-7-2　管理不全空き家の発生予防のための啓発活動の実施率と評価（%）

| 項　目 | 実　施 | 効果あり |
|---|---|---|
| 高齢者向け出前講座 | 18.5 | 75.8 |
| 特例解除内容を納税通知書に同封 | 20.7 | 60.9 |
| 死亡届提出時にチラシ提供 | 18.5 | 56.3 |
| 空き家が生じる場合の連絡先聴取 | 7.7 | 65.1 |
| 自治会で住民名簿作成 | 13.5 | 20 |
| 自治会長の連絡先併記 | 10.8 | 71.7 |

出所：筆者作成。

い実施率となったのが、「特例解除内容を納税通知書に同封」二〇・七%であり、次は「高齢者向け出前講座」と「死亡届提出時にチラシ提供」で一八・五%であった。最も低い実施率は、「空き家が生じる場合の連絡先聴取」で七・七%であった。

　実施後の評価は、六項目のうち五項目において五六・三%から七五・七%で、実施率と比べ評価は高かった。最も高く評価された項目は、「高齢者向け出前講座」七五・七%であり、二番目は実施率五番目であった「自治会長の連絡先併記」七一・七%であった。実施率が最も高かった「特例解除内容を納税通知書に同封」の評価は六〇・九%で四番目であった。「自治会で住民名簿作成」は、一三・五%で四番目の実施率であったが、評価は二〇・〇%で最も低かった。一般的に自治会で作成する住民名簿では、施設に入所したり、死亡などによって家屋所有者が変わっても、住所や連絡先を変更していない場合が多く、実際の空き家対策に使いにくいため、評価が低くなったと考えられる。一方、比較的似た内容の「空き家が生じる場合の連絡先聴取」は、実施率は七・七%と低かったが、評価は六五・一%で、比較的高かった。これは所有者の変更などを想定した実際に使える連絡先だったため、高く評価していると考えられる。また、「自治会長の連絡先併記」も評価が七一・七%で高かった。所有者が遠方に住んでいる場合、自治会長の連絡先がわかっていると、空き家の状況を尋ねたりすることができ、安心感があるなどの理由で高い評価になったと思われる。

## 相続登記に係る啓発活動

空き家が発生し放置される要因の一つとして、相続登記が適切に行われず、所有者がはっきりしないことが挙げられる。それに対する啓発活動として以下の六項目を尋ねた。「自治会など地域住民の集まりで、司法書士など専門家による相続登記や遺言・家族信託などをテーマとした講座を開催」（以下「専門家による講座開催」）、「自治会の回覧板などで、個々の家屋所有者に住まいの適切な承継を周知するチラシを配布」（以下「自治会の回覧板で承継を周知するチラシを配布」）、「空き家所有者や家屋所有者に対して相続登記の実施や家族信託などをテーマとした講座を開催」（以下「相続登記や家族信託に対する勉強会」）、「法定相続人に文書を郵送する場合、遺産分割協議や相続放棄について案内文書を同封」（以下「法定相続人に相続放棄などの案内文書を同封」）、「相続登記がなされていない空き家については、各法定相続人の持ち分などを表示した相続関係図を作成し、法定相続人としての位置を説明」（以下「法定相続人に相続関係図などを説明」）、「キーパーソンとなる相続人に、家庭裁判所や司法書士、弁護士などの専門職の活用をアドバイス」（以下「キーパーソンなどに専門職の活用をアドバイス」）の六項目である（表V－7－3）。

この六項目のうち「キーパーソンなどに専門職の活用をアドバイス」以外の実施率は八・一％から一二・九％と非常に低かった。「キーパーソンなどに専門職の活用をアドバイス」の実施率は三六・三％で最も高く、次いで、「専門家による講

表V－7－3　相続登記に係る啓発活動の実施率と評価（%）

| 項　目 | 実施 | 効果あり |
|---|---|---|
| 専門家による講座開催 | 12.9 | 66.7 |
| 自治会の回覧板で承継を周知するチラシを配布 | 10.3 | 47.4 |
| 相続登記や家族信託に対する勉強会 | 8.1 | 64.4 |
| 法定相続人に相続放棄などの案内文書を同封 | 9.5 | 64.1 |
| 法定相続人に相続関係図などを説明 | 11.2 | 67.8 |
| キーパーソンなどに専門職の活用をアドバイス | 36.3 | 79.2 |

出所：筆者作成。

座開催」で一二・九％であった。最も低い実施率は、「相続登記や家族信託に対する勉強会」八・一％であった。

実施後の評価は、「自治会の回覧板で承継を周知するチラシを配布」が最も低く四七・四％であったが、この項目以外は六四・二％から七九・二％で比較的高く評価された。最も高く評価された項目は、「キーパーソンなどに専門職の活用をアドバイス」で七九・二％、実施率とともに他の項目と比べて高かった。次いで、「法定相続人に相続関係図などを説明」と「専門家による講座開催」で、それぞれ六七・七％と六六・七％で高く評価されていた。最も低い実施率であった「相続登記や家族信託に対する勉強会」の評価は六四・四％と比較的高かった。

以上のように、「相続登記に係る啓発活動」は、実施率は低いものの、実施後の評価は高い。なかでも「キーパーソンなどに専門職の活用をアドバイス」「法定相続人に相続関係図などを説明」のように、特定の所有者に直接的、具体的に働きかける啓発活動は高く評価されていた。

## 実施率と評価の関係

一七項目の実施率と評価の単純平均を出すと、実施率は二五・七％、評価は六四・六％であった。そのため、実施率二五％以上を実施率が高い、評価六五％以上を評価が高いとし、一七の項目を以下の四つに分けた（表Ⅴ－7－4）。
①実施率が高く、評価も高い項目は、「自治体の広報誌などに掲載」「固定資産税にチラシ同封」「専門家団体とセミナー開催」「自治会の回覧板による情報発信」「キーパーソンなどに専門職の活用をアドバイス」の五つである。五項目のうち、四項目が「管理責任と義務を知らせる啓発活動」である。
②実施率は高いが、評価が低い項目は、「啓発パンフレット作成」の一つである。
③実施率は低いが、評価が高い項目は、「高齢者向け出前講座」「空き家が生じる場合の連絡先聴取」「自治会

表Ⅴ－7－4　実施率と評価の関係

| | | 実施率 | |
|---|---|---|---|
| | | 高 | 低 |
| 評価 | 高 | 自治体の広報誌などに掲載<br>固定資産税にチラシ同封<br>専門家団体とセミナー開催<br>自治会の回覧板による情報発信<br>キーパーソンなどに専門職の活用をアドバイス | 高齢者向け出前講座<br>空き家が生じる場合の連絡先聴取<br>自治会長の連絡先併記<br>専門家による講座開催<br>法定相続人に相続関係図などを説明 |
| | 低 | 啓発パンフレット作成 | 特例解除内容を納税通知書に同封<br>死亡届提出時にチラシ提供<br>自治会で住民名簿作成<br>自治会の回覧板で承継を周知するチラシを配布<br>相続登記や家族信託に対する勉強会<br>法定相続人に相続放棄などの案内文書を同封 |

出所：筆者作成。

長の連絡先併記」「専門家による講座開催」「法定相続人に相続関係図などを説明」の五つである。五項目のうち、三項目が「管理不全空き家の予防のための啓発活動」である。

④実施率も評価も低い項目は、「特例解除内容を納税通知書に同封」「死亡届提出時にチラシ提供」「自治会で住民名簿作成」「自治会の回覧板で承継を周知するチラシを配布」「相続登記や家族信託に対する勉強会」「法定相続人に相続放棄などの案内文書を同封」の六つである。六項目のうち、三項目は「管理不全空き家の予防のための啓発活動」、残り三項目は「相続登記に係る啓発活動」である。

自治体は改めて効果を検証し、より効果の高い施策に予算を重点化するなど改善の余地があると思われる。もちろん予算が新たに必要となる対策もあるが、管理不全の空き家が地域に及ぼすデメリットを考慮すると、未実施の自治体は他自治体の経験も踏まえながら、具体化を検討すべきではないか。

## 課題と展望

空家法の施行などで空き家に対する社会的関心が高まり、自治体もさまざまな啓発活動を展開しているが、自治体によってはこれから施策を展開するところも少なくない。また、とりあえず近隣自治体をみながら実施しやすい施策から始めている自治体も少なくない。啓発活動には、自治体の広報誌に掲載する、啓発パンフレットを作成するようなターゲットを絞らない対策と、空き家所有者にターゲットを絞った対策がみられる。空き家問題を広く市民に知らせることは重要であるが、施策の効果という点ではターゲットを絞った対策が重要であり、未実施の自治体はこのような施策の展開を優先させるべきである。

たとえターゲットを絞っていても一般論に止めるのではなく、具体的にどうすればいいのかがわかるような施策が望まれる。また、空き家は個人ごとに事情が違うため、個別の事情に対応できるような施策が必要である。名簿などを作成する場合も、実際に活用できるような名簿作成が望まれる。

自治体の空き家に対する対策はまだ始まった段階である。今のまま推移すると、今後も空き家は増え続けるだろう。限られた財源を有効に活用するためにも、効果を検証しつつ、実効性の高い施策展開が望まれる。

### 注

1　崔銀淑・中山徹他「自治体における空き家管理施策の啓発活動の状況」『日本家政学会誌』七四巻、一〇号、二〇二三年。

# 8

# 人口減少社会に対応した都市計画・地域居住とは
## ―市街地における空き家・空き地への対策―

清水陽子

### 空き家・空き地対策の入口と出口

日本において人口のピークは二〇〇八年であり、その後人口減少は加速している。都市においてはこれまでの人口増加、経済成長を前提としていた制度や手法では対応しきれない状況が起きている。現在、筆者が大きなテーマとしているのが「住み続けられるまちづくり」である。まちというものは自然にそこに生まれたものではない。人がその土地を選び、開発し、活動するからそこがまちとなり都市となる。そのため、人がいるということに大きな意味がある。人が居続けられるような場所や空間があり、人が生活するためのさまざまな機能や仕組みを有することが住み続けられるにつながると考えている。

そもそもなぜ人口は減ってしまったのだろうか。これには産業構造の変化が大きく影響していると考えている。第一次産業が主だった時代では家族は生業の単位でもあり、子どもは有用な労働力であった。その後、第二次産業へと移行する中で暮らしと仕事は切り離され、第三次産業中心の社会では子どもは消費者でしかなくなった。そうなると、その子どもを支えられる家庭というのはそれだけの経済力が必要とされる。経済が低迷する今日において出生率の回復は容易ではなく、この先も負のスパイラル状態で人口の減少は続くことが予測される。

このような産業構造の変化はまちへのニーズも変化させている。ライフスタイルの変化や多様化などを受け、これからの都市はどうあればいいのだろうか。筆者がとくに課題として捉えているのが空き家・空き地への対策である。

二〇一五年に施行された空家等対策の推進に関する特別措置法により空き家への関心も高まり、現在では地域や社会の課題としても認識されてきている。その対策は大きく予防・利活用・除却の三つに分類され、これまでの事例や経験から空き家発生後の事業や支援についてはある程度の手法が確立されつつある。利活用の事例は個人の住まいから学童施設やサロンのような地域での利用や、お試し住宅としての公的活用などさまざま事例がみられる。しかし、利活用されているのは発生数のごく一部でしかない。予防策は所有者などへの意識啓発にとどまっており、その効果はあまり明らかになっていない。また、除却も含め空き家の維持管理などその責務は所有者にあるが、個々の理由によりそれが果たされていないことも多い。そうなると、地域や行政などが対応せざるを得ないこともある。

そこで、今後は発生し続ける空き家をどうするのかという入口と、誰も対応できなくなったものをどうするのかという出口の整理が必要である。生活の器として建設された住宅が十分にその役割を果たし、その機能が求められなくなった場合は、ほかの用途へと転換されるような一連の流れをつくっていくことが必要だと考える。

本節ではこの入口と出口の対策を述べてみたい。まず、入口である空き家の発生は世帯数に対する住宅の余剰であると考えられる。人口減少に伴い世帯も減少しているにも関わらず、毎年およそ八〇万戸の新築住宅が供給されている点を鑑みると、住宅の需要と供給のバランスを検討し、住宅戸数の適正化をはかるべきだと考える。出口としては空き家だけでなく空き地や低未利用地、所有者不明土地など対策が十分でなく持て余されている不動産が増加していることから、これらの受け皿となる仕組みとしてランドバンクや暫定利用の拡大を検討したい。

## 対策① 住宅戸数の適正化

二〇一八年時点での日本の総世帯数は約五四〇〇万世帯であり、総住宅数はおよそ六二四〇万戸であることから、一世帯当たり一・一五戸の住宅を持てる計算になる。しかし、さらに年間八〇万戸以上の住宅が供給されており、需要と供給のバランスは崩れている。これを改善しようとするなら、住宅総量のコントロールは不可欠であると考える。しかし、住宅供給は建設業界への直接的経済効果のみならず、関連産業など間接的なものを含めると住宅価格の二倍ちかくの社会経済効果があると指摘されている。そのため、住宅建設の規制は難しいと考えられてきた。筆者もこれまでさまざまな場面で総量規制の可能性について意見を求めてきたが、その多くは建築、都市計画からの施策では難しい、というものであった。

では住戸数のコントロールはできないのだろうか。西宮市では市内外からの転入が多く、小学校の児童数が過剰になった校区を「教育環境保全のための住宅開発抑制に関する指導要綱」対象地区として指定し、一定規模以上の戸数を有する共同住宅等の住宅開発に対して延期や中止・計画の変更などを求める指導を行った。これらは実質、一定規模以上の戸数となる住宅の新築を規制するものである。新たな住宅供給はなされなくても建て替えなどは可能であるため、空き家の活用などを促進させることで校区内の人口を保つことは可能である。

また、ドイツでは空き家が増加している地域での住戸数を見直し、過剰であると判断された場合は減築を行っている。民間所有の集合住宅などで減築を伴う際は補助金を出している。その際に生まれた空きスペースは広場の確保や公共施設の再整備に活用するのなど人口減少を積極的に捉えた施策もみられる。フランスではエコカルティエという環境都市への取組みを行っているが、この背景には住宅政策がある。環境配慮というグローバルな視点での共通理念を提示しつつ、ローカルでは都市整備や住環境改善を進めている。この取組みにおいて住宅建設の際には適正住戸数の検討が行われている。

このように、市域全体など広域での住宅の戸数規制はまだ難しいが、地域にとって適切な住宅戸数を検討し、供給することは可能である。

## 対策② ランドバンクの活用、暫定利用の拡大

出口についてもさまざまな対策がなされているが、現在は空き家だけでなく空き地や低未利用地、所有者不明土地など、対策が十分でなく放置される可能性のある不動産が増加している。これまで不動産は有効な資産とみなされ、その市場性が評価されてきたが、図Ｖ－８－１は「土地は預貯金や株式などに比べて有利な資産か」という問いに対する意識をみたもので、傾向が変化している。不動産は有利な資産とはみなされず、とくに地方部では市場性の低い住宅や土地の荒廃による地域への影響が懸念される。

活用が難しい不動産の所有者の中には自身での管理に限界を感じ、〇円での売却や相続土地国庫帰属制度の活用、自治体への寄附を希望するなど不動産を持て余している人もいる。今後、相続放棄や所有者不明土地など、管理の行き届かなくなる不動産の増加も予測され、これらへの対策が必要であると考える。

アメリカでは管理されなくなった物件をランドバンクという仕組みで活用している。小林らは「ランドバンクとは、何らかの理由で有効利用されなくなった老朽建物等を有する土地を、①政府主体の非営利組織が取得・保有しながら、

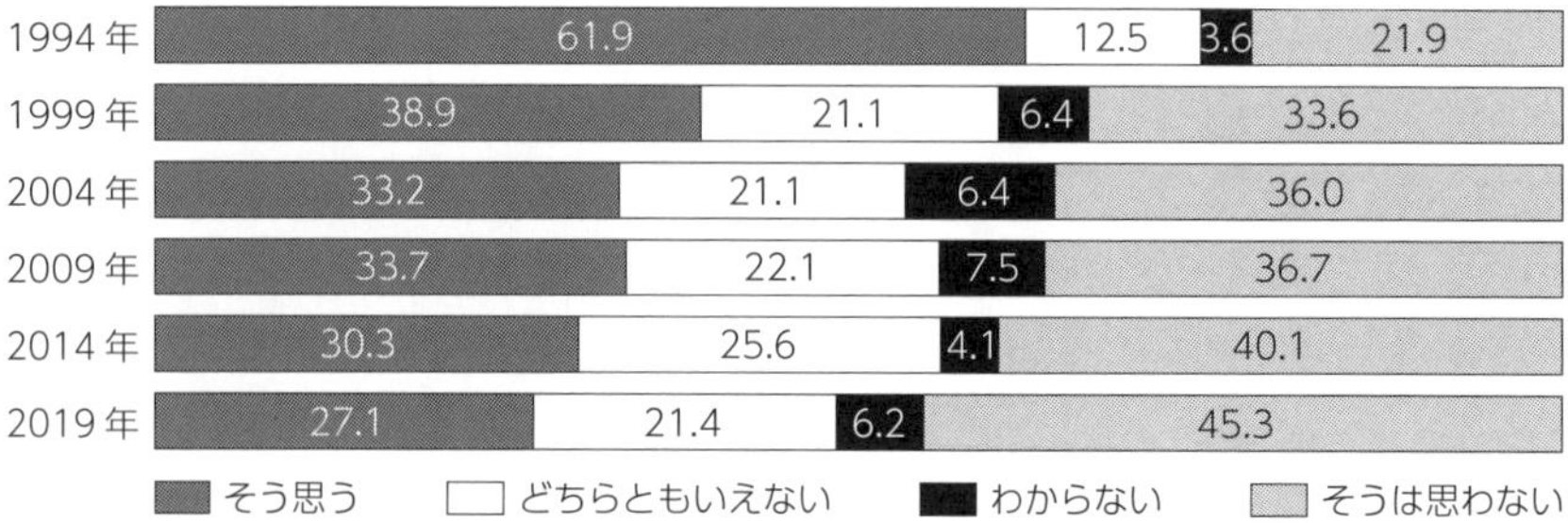


図Ⅴ－8－1　土地は預貯金や株式などに比べて有利な資産か

出所：注１より筆者抜粋、作成。

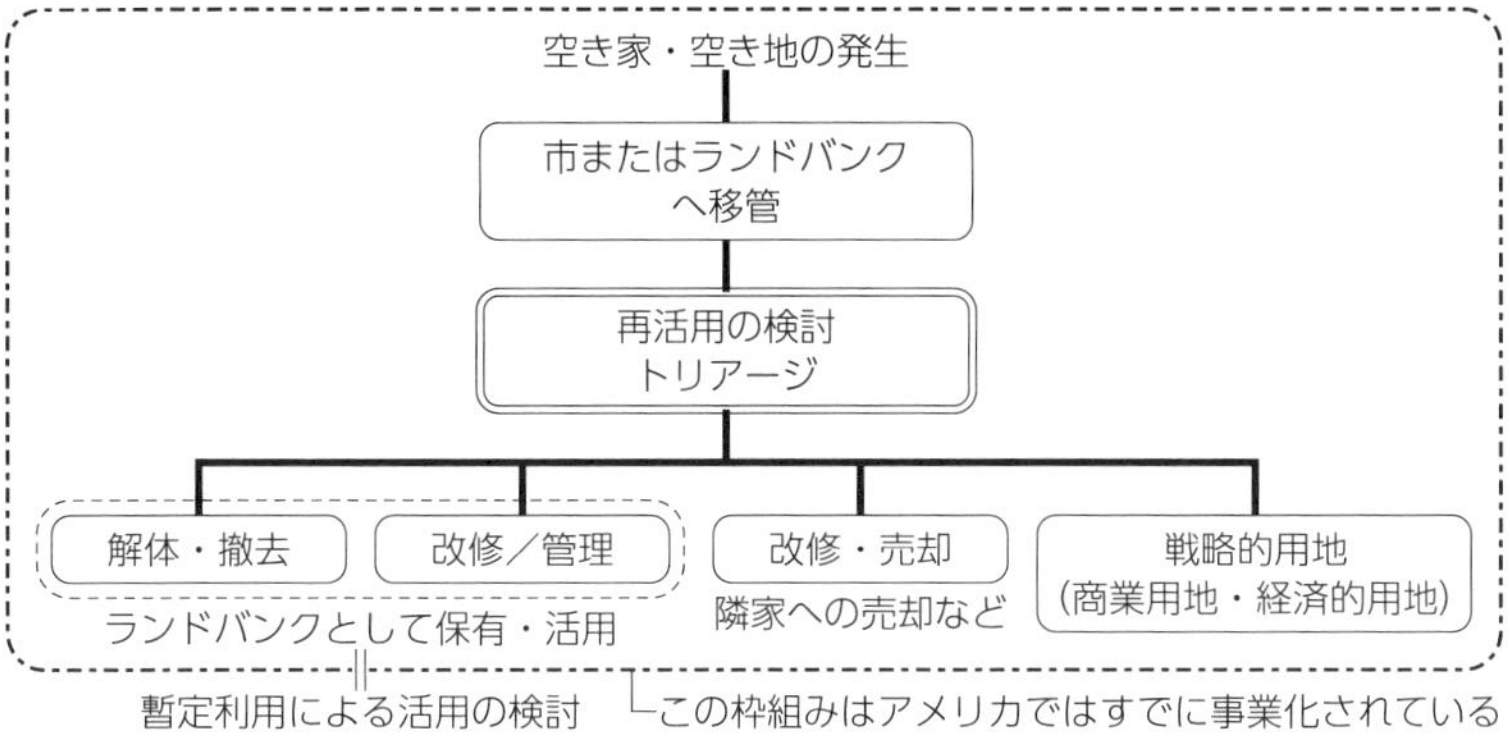


**図Ｖ−８−２　トリアージの仕組み**

出所：注２をもとに筆者加筆、作成。

②不動産に係る法的・経済的な障壁を整理し、③地域のニーズに合った形で市場に戻す、あるいは保全するための公的な媒介組織であり、土地建物に係る法的、経済的な障壁を解消する機能を持つ」と述べている[2]。

ランドバンクの仕組みは州によって多少異なるが、筆者らが調査したミシガン州では固定資産税滞納物件を税務署が収用し、それをランドバンクへ移管している。日本であれば競売などが行われ、任意の第三者が購入することになるが、ミシガン州ではこのような物件はランドバンク所有となり、ランドバンクによって図Ｖ−８−２のようにトリアージされ、その後の活用が決められる。売却が可能なものは売却をして利益を生み、地域の計画上優先すべきものは公的活用なものとして保全や市へ譲渡している。また、すぐに売却が難しいものは建物を除却し、芝生を植え地域に開放したり、ランドバンクと連携しているＮＰＯと協力し、コミュニティガーデンとしたり、暫定的な活用を行っていた。

国内では二〇一三年に、山形県鶴岡市で「つるおかランドバンク」が設立され、その活動が注目された。その後、鶴岡市での取組みを参考に、また国土交通省からもモデル事業支援があり、「かみのやまランドバンク」など全国でさまざまな展開をみせている。しかし、国内での組織は「ランドバンク」と銘打っているが、アメリカのランドバ

写真Ⅴ－8－1　ジェネシー郡ランドバンクによる暫定利用の事例

出所：筆者撮影。

ンク事業とは異なり、地域内の個別の空き家・空き地の支援をするものとなっている。これらも重要な取組みではあるが、今後さらに増える空き家・空き地に対しては、アメリカ型のように一元的に管理する仕組みや、市場性を持たせるか、公的な活用をするために残しておくかなど見極めが必要になると考える。また、このような物件や土地を暫定的に利用できる仕組みも併せて検討する必要がある。不動産を所有したい人は減っているが、使いたい人はいる。神戸市での防災空地などのように地域で活用することも考えられる。すぐに将来を描くことができないものを一旦保留にしておくことや、何かをやってみたいという思いを実現できる仕組みが求められている。

## これからの地域居住の視点

これからの都市のあり方や居住地の維持・整備は、今までとは異なる視点による規制・誘導手法が必要である。これまでのような「～しなければならない」もしくは「～してはいけない」ではなく、「～してもよい」「～することもできる」といった、共有空間の可能性を広げることが求められている。

それらは、お互いさまという他者との距離が近かった時代の延長ではなく、個人主義的生活である現代であるからこそ、人のすることに踏み込み過ぎない距離間を作り出すことができ、グレイな関係性が成立すると考える。近年のまちづくり手法として取り上げられるプレイスメイキング、タクティカルアーバニズムは、まさにこの事象（現象）ではないだろうか。まちが成熟してきているからこそ、この曖昧さが受け入れられていると考える。

住まい方についても町内会・自治会のような地縁型のつながりではなく、今後は、テーマ型・アソシエイト型など、個人の嗜好でつながっていくと考えられている。これまでの前年踏襲の行事を行うだけでなく、地域にとって必要なことを検証し、新たなことに取り組める組織への期待が高まっている。

しかし、守らなくてはいけないものはある。都市として維持されなくてはならない機能である安全、衛生は堅持しなくてはならないし、利便性や効率性はさらに求められる。これまでの都市計画は、まちを線引きし色付けをしてきたが、これからは色のもつグラデーションをさらに意識すべきだと考える。準工業地域のような用途地域はこれまでいろいろな課題が指摘されてきたが、それらをむしろもっと肯定的に捉えることはできないだろうか。あの地域だからできたこと、受け止められたことに目を向け、他の地域との橋渡しのような存在となる可能性をもっと探ると、新たな手法の糸口が見出されるのではないか。

とくに、今後は人口が減ってきたからできるまちづくりや都市計画が求められる。「まちづくり」はもっと住民や地域に委ね、小さな活動をもっと育てていく必要がある。これらは暫定、短期的でもよい。まちなかの充実をはかり、土地利用の多様化を促す手法として、暫定利用はこれらを受け止めるものであると考える。「都市計画」は制度として確立し、長期的視点にもとづき方向性を示すものである。都市計画の延長や発展がまちづくりではない。土台となる都市計画があるからまちづくりは活きてくるのである。曖昧さも土台がなければ無秩序となる。都市計画のもつ役割を認識し、そのうえでの都市の寛容（おおらか）さをさらに活かすことが地域の持続的発展となる。

都市の原点は個人の欲望の集合体である。それらを繋ぎ、補完するためにさまざまな役割や機能が成立してきた。これからも変化する社会と個人の生活を受け止める場として都市は必要とされ、まちづくりと都市計画は新たな展開が求められるだろう。

**注**

1　国土交通省「令和二年度土地に対する動向」二〇二一年。

2　小林正典・光成美紀「米国におけるランドバンク及びコミュニティ・ランド・トラストの活用による都市住宅市場の再生手法関する研究―米国における二〇〇〇年代の低未利用不動産の姿勢・流通システムの実態調査を通じて―」『都市住宅学』九五号、二〇一六年。

3　清水陽子・中山徹・前根美穂「アメリカ Land Bank の取組と滞納空き家物件の活用―ミシガン州・オハイオ州の事例―」『日本建築学会技術報告集』第四〇号、二〇一二年。

# おわりに

## 「おわりに」を書くにあたって

中山は二〇二四年三月末で、三〇年近く務めた奈良女子大学を定年退職する。その間、研究、教育、国際交流、社会貢献、大学運営等に取り組んできた。教育面で最も力を入れたのは博士論文の指導である。もちろん学部教育、修士論文の指導も行ってきたが、博士論文の指導は他の教育とは異なる。奈良女子大学中山研究室に所属し、博士の学位を授与された方は三三名である。私の退職に間に合わなかった方が若干名おられるので、その院生の指導は最後まで責任を持つが、その方々を含めると三五名前後になると思われる。この論集は、二〇二四年三月末までに学位を取得された方々が執筆されたものである（執筆者のうち二名は修士課程で中山研究室に所属し、博士課程は他大学に進まれた方）。校正の途中で中山自身、興味深く拝読した。博士取得後も研究を頑張っておられる様子がひしひしと伝わってきた。

一方で、私の大学院時代のような教育環境を私の研究室に所属した院生に提供できたかというと忸怩たる思いがある。博士論文と直接つながらない地域調査等に院生を連れていき、行政職員や地元の方々と議論することがあったが、最近ではそのようなことがほとんどなくなった。大挙して学会、国際会議、調査に行き、研究についてさまざまな議論を交わす機会も、最近では減っている。そもそも院生自身が三年間で博士論文を書かなければならないという制約の下で、「研究とは何か」というような自問をする時間もなく、常に追い立てられている。私も院生に対して「研究における科学性とは」というような問いかけよりも、審査論文のチェックを優先している。

そのような傾向が後になればなるほど顕著になっている。

私が大学院生の時は、研究における科学性を考えるためにゼミでヘーゲル、マルクス、マックスウェーバーを読み、院生同士で議論していた。また、何のために研究するかを考えるために、科学技術論をゼミで学んでいた。博士課程の院生が修了後、研究者を続けるに当たって最も重要な指導はそのような問いかけのはずだが、それが全く不十分であったと退職直前に反省している。その反省の内容をすべて「おわりに」で述べることはできないが、最近気になっていることを一つだけ述べる。それは都市計画を取り囲む、もしくは都市計画に大きな影響を与える状況の変化である。奈良女子大学在職中はそのような問いかけが十分できなかったが、今後、研究を続けるにあたって考えていただきたい。

## 日本の平和が揺らいでいる

都市計画や農村計画は、一定の条件の下で、空間的な最適解を求めるものである。もちろん都市計画や農村計画の制約条件も変化する。問題は、その制約条件の変化が、都市計画や農村計画を研究するものにとって望ましくない場合、どう考え、どう対応するかである。おそらくこの数年間、およびその延長線上に予測できる変化は、都市計画や農村計画を考えるものにとって看過できない変化だと思う。それを「おわりに」で概観しておこう。

二〇一五年の安保法制によって政府の憲法解釈が大きく変わった。従来、日本は独立国であり集団的自衛権を持つことは可能だが、憲法第九条のためそれを行使することはできないとしていた。ところが政府は、一定の条件のもとで集団的自衛権の行使は認められるとした。それが「存立危機事態」というものであり、「我が国と密接な関係にある他国に対する武力攻撃が発生し、これにより我が国の存立が脅かされ、国民の生命、自由及び幸福追求の権利が根底から覆される明白な危険がある事態をいう」（「事態対処法」第二条の四）と定義している。そして自衛隊法第七六条の二で、存立危機事態が生じた場合、内閣総理大臣は「自衛隊の全部又は一部の出動を命ずることができる」とした。

この安保法制の具体化を図るために、二〇二二年一二月、安保三文書（「国家安全保障戦略」、「国家防衛戦略」、「防衛力整備計画」）の改訂が行われた。これで大きく変わったのは敵基地攻撃能力、つまり相手国のミサイル基地をはじめとした施設を攻撃するための戦力を日本が持つということで、従来の政府見解であった専守防衛を大きく踏み越えた。また安保三文書では敵基地が具体的に何をさすかが示されておらず、政府機関などさまざまな施設に拡大される可能性があり、一気に全面戦争に発展しかねない。すでに日本が戦争の最前線に立たされる事態が想定されている。

その一方で、二〇二一年六月に土地利用規制法が公布された。国境離島や防衛関係施設周辺等の土地利用、所有等を規制する法律である。国境離島についてはすでに二回区域指定がされているが、三回目は防衛関係施設の周辺で、東京、大阪など大都市が多数、含まれている。区域指定は防衛関係施設の周囲およそ一〇〇〇メール程度を想定している。区域に指定されると、土地利用調査を行い、機能阻害行為（防衛関係施設や国境離島等の機能を阻害する行為）に対して勧告・命令が行える。また特別注視区域に指定された場合、所有権の移転などについてはあらかじめ届け出なければならない。そしてこれらを土地利用に関連する一連の措置を実施するのは内閣総理大臣であり、従来の都市計画法の枠組みでは考えられない。

安保三文書による基地の再編強化、敵基地攻撃能力の保有などを進めつつ、他方では土地利用規制法による監視強化が進みかねない。ウクライナ、ガザ地区の状況を見るまでもなく、まちづくりの大前提は平和である。日本では憲法九条の下で平和が維持され、その大前提をあたりまえのように存在しているものとして、まちづくりを進めてきたが、その平和という大前提が揺らいでいると考えざるを得ない。

## 地球温暖化が地域と景観に甚大な影響を与える

二〇一五年に採択されたパリ協定の第二条には、世界の平均気温の上昇を工業化以前よりも二℃以下に抑えること、一・五℃までに抑えるように努力することが定められた。これに向けて各国の取り組みが進められているが、事態は深刻である。

さまざまな機関が温暖化の影響を予測しているが、気象庁の予測では、パリ協定の目標が達成できず今世紀末に気温が四℃上昇すると、平均海面水位が七一㎝上昇するとしている。[1] 日本の景観の一つに漁港がある。たとえば、重要伝統的建造物群保存地区に指定されている伊根の舟屋（京都府）は有名だが、水位が七一㎝も上昇すると、一階船倉部はどうなるのだろうか。また、減ったとはいえ運河や河川がまちの構成要素として重要な役割を果たしている。それらは水位上昇によってどうなるのだろうか。日本の典型的な景観に砂浜がある。気温が四℃上昇した場合、日本の砂浜の八三％が消失するとされている。これによる経済的損失も莫大だが、日本の海岸景観も一変するだろう。

二〇二二年、東京都の年間平均気温は一六・四℃である。鹿児島県の屋久島の平均気温が一九・九℃なので、四℃気温が上昇すると東京都は屋久島より暑くなる。また、岩手県釜石市の平均気温は一二・九℃なので、四℃気温が上昇すると、釜石市は東京より暑くなる。温度が上昇すると植生に大きな影響が出る。日本では多くの景観が植生と一体で形成されてきたが、大きな影響が出るだろう。

かつて、自然環境や歴史的環境を破壊する大きな要因は開発行為であった。それは今でも引き継がれているが、このままだと、地球温暖化も景観破壊の大きな要因になるだろう。温暖化の影響を受けるのはヴェネツィア、モルディブだけではない。「地球温暖化→乾燥化→森林火災の増加→CO2の排出増化→地球温暖化」の悪循環も生じている。人為的な理由から地球温暖化が始まったとしても、それが自然現象のようになると、科学による制御がますます難しくなる。

## 原子力発電で地域の歴史が遮断される

二〇一一年三月、東日本大震災で発生した津波により東京電力福島第一原子力発電所は深刻な原子力事故を起こした。当初、福島第一原発の廃炉は最長四〇年としていたが、一〇年以上たった今でも内部の状況ははっきりとわからず、廃炉のめどは全く立っていない。事故後設定された避難区域は徐々に縮小されているが、二〇二三年一一月時点で七市町村（南相馬市、富岡町、大熊町、双葉町、浪江町、葛尾村、飯舘村）の一部に帰還困難区域が設定されたままである。その面積は三〇九㎢、東京山手線内側の面積のおよそ五倍、琵琶湖の半分である。廃炉と同様、帰還困難区域がいつまで続くのかもわからない。

福島第一原発のような重大事故が発生した場合、地域の持続性がすべて断ち切られる。それまで積み上げてきたさまざまなまちづくり、積み重ねてきた文化的取り組みなどは無に帰す。日本のように自然災害の多い国では「絶対安全」ということはありえない。

にもかかわらず、政府はエネルギーの安定供給と脱炭素を進めるため、二〇二三年二月に「GX実現に向けた基本方針」を閣議決定した。そこで福島第一原発後、原発の新増設、建て替えを「想定しない」としてきた政策を、原子力を「将来にわたって持続的に活用する」と一八〇度転換した。さらに、二〇二三年五月にはGX脱炭素電源法が成立した。福島第一原発事故後、原発の運転期間を原則四〇年、最長六〇年としていたが、安全審査や地元合意などで長期に運転停止されていた期間は六〇年から除くとした。運転停止期間中は経年劣化しないなどという科学的根拠はないが、この法律により六〇年を超えた運転が可能になった。

二〇二四年元旦に能登半島地震が起こった。志賀原発では事故の報道で「想定外」を繰り返し、いったん公表した情報も訂正し続けた。また、避難計画のずさんさも明白になった。もし、珠洲原発が設置、稼働されていたら福島と同じような事態を招いたかもしれない。

原発から出る「核のゴミ」問題は全く解決していない。核燃料リサイクルを進めるはずであった「もんじゅ」

はすでに廃炉されている。現状では、原発を稼働させると、行き場のない核のゴミが次々と生まれる。政府の計画ではガラス固化体にして、三〇〇m以上の地下に埋める予定である。ある程度の安全性が確保されるまでに数万年、余裕をみて一〇万年は隔離するとしているが、ヨーロッパとは異なり、日本でそれだけの長期間、地震の影響を受けない地域が存在するのだろうか。もし地震などで核のゴミから放射能が地上に漏れるようなことがあれば、その地域は使えなくなり、地下水が汚染されると、修復不可能になる。

日本は再生可能エネルギーの宝庫だが、他の国と比べ再生可能エネルギーの利用率は低いままである。福島第一原発の収束が全く見えず、アルプス処理水の海洋放出まで始めている中で、なぜ再び原発に依存するような政策を進めるのだろうか。

## 市民生活を支える基盤が崩壊する

安保三文書の改訂で、敵基地攻撃能力を保有すると同時に、二〇二七年までに防衛予算を対GDP比一%から二%まで引き上げることを決めた。敵基地攻撃能力等の戦力を拡充し、アメリカ、韓国、オーストラリアなどの合同軍事演習を増やし、基地の再編成を進めるためには多額の予算が必要となる。従来は他国に脅威を与えない範囲、つまりGDP比一%以内に防衛予算を抑えるというのが政府の方針であった。二〇二二年、日本の防衛予算は世界一〇位だが、仮に予算が二倍になると、アメリカ、中国に次いで、世界第三位になる。

防衛予算が今後どうなるかを推計したのが**図1**である。当初予算を見ているが、二〇二三年度までは実績、二〇二四年度は予算案の金額、それ以降は二〇二七年度に二〇二二年度の二倍の予算にするために、各年度均等に予算を増やしていった場合の推計である。細かな数値を追わなくても図を見れば異常な伸びということが一目瞭然である。ただしこれで終わりではない。二〇二八年以降はさらに増額すると書かれている。

さて、この防衛予算をどう確保するかである。防衛予算を二倍にするためには、新たに一四・六兆円の財源を確保する必要があるとしており、この財源を四つの方法で確保するとしている。一つ目は、歳出改革で三兆円。社会保障費が中心となるのは避けられないだろう。二つ目は、決算剰余金で三・五兆円。一般的に年度末の決算で剰余金が出るが、この間はそれを使ってコロナ対策や経済対策を行ってきた。それが今後は防衛費に充てられる。三つ目は、防衛力強化資金で四・六兆円~五兆円。これは特別会計剰余金、国有地売却費などのことで、二〇二三年の国会で防衛力強化資金に関する法律が成立した。四つ目は、増税だが金額、増税の時期は示されていない。計算ではおおよそ三兆円~三・五兆円程度になる。このような防衛予算の急増が国民生活の向上に大きなマイナスになることはいうまでもない。

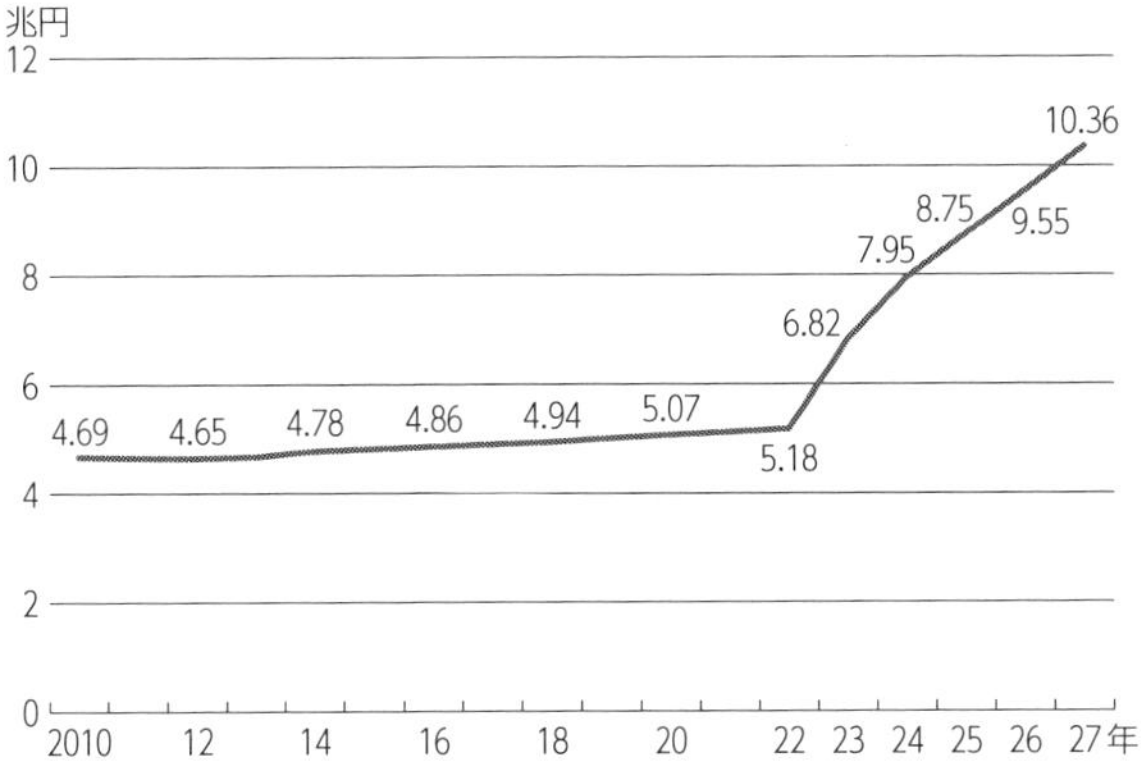


**図1　防衛予算の変化**（当初予算）

注：2023年までは実績、2024は予算案。2025年以降は推計。
出所：防衛省の資料により筆者作成。

一方、地域医療構想がまとめられ病院の統廃合、病床の削減が進められている。新型コロナ感染症で医療体制が逼迫、破綻したにもかかわらず粛々と進められている。能登半島地震の復興を今後進めなければならないにもかかわらず、奥能登地域の公立病院統廃合を進めるとしている。また公共施設総合管理計画もほぼすべての市町村が策定し、多くは公共施設の統廃合計画になっている。今後二〇年~三〇年程度の期間に、公共施設を半減するとしている自治体もあり、市民生活に与える影響は甚大である。ローカル線、バス路線の廃止にとどまらない。公共交通とは名ばかりで独立採算制が押しつけられているため、このままでは立ちゆかなくなる公共交通が続出するだろう。二〇二三年に地域公共交通活性化再生法が制定され、それに基づいてJR西日本は芸備線の一部区間のあり方について議論するため再構築協議会の設置を申

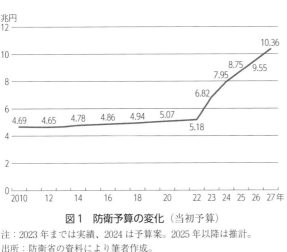

請している。また、地方だけでなく大阪府内でもバス路線の廃止ではなく、バス事業が廃止された。自動運転が普及すれば大丈夫という考えもあるが、それまでどうするか。また、すべての市民が自動運転の恩恵を受けることができるのか。

## 都市計画の制約条件の変化に都市計画学の研究者はどう対応すべきか

今後、後期高齢者が増え続ける。年を取っても暮らし続けられるまちづくり、安心して住み続けられる高齢者施設計画などを研究テーマにしている大学院生、研究者が多い。政府は、介護サービスの縮小、本人負担の引き上げ、ケアプラン作成の有料化、自己負担範囲の拡大、介護報酬の引き下げなどを検討している。研究者が理想的な施設配置や施設計画を研究しても、経営が成り立たない事業者が撤退し、自己負担増に耐えられない利用者が利用を控えるようになれば、優れた研究成果はどのように生かされるのだろうか。

地域の防災力向上、コミュニティ活性化などは今後、ますます重要になる研究テーマであり、都市計画学の研究者がそれらに関する具体的な研究を進めている。しかし、小中学校が次々と統廃合されコミュニティ活動の基礎が大きく揺らぐ場合、都市計画学の研究者はどう対応すべきだろうか。

都市計画学はある一定の条件の下で空間的な最適解を求める学問であるが、条件が望ましくない方向に進む場合、都市計画学の研究者はどのような態度を取るべきだろうか。今の日本を見ていると、この点を避けていては、都市計画学研究者がめざす地域空間の形成、そこで営まれる市民の暮らしが、大枠では悪化の道をたどると思われる。そのような変化に対して、都市計画学研究の守備範囲ではないというのではなく、いま起こっている変化は、空間的な最適解を考える立場から見て望ましくないという意見を広く発信すべきではないかと思う。

## 「おわりに」を終わるにあたって

私が奈良女子大学に勤務したのは一九九六年四月である。まだ、小講座が残っており、私が所属したのは生活環境学部住環境学科（家政学部住居学科）に新しく開設された第五講座（地域居住学）であった。小講座の教授は西村一朗先生で、京都大学建築学科三村浩史研究室の二代目助手を務めた先生である。私の恩師は三村浩史先生であり、先輩にあたる西村先生からの誘いで奈良女子大学に奉職した。私の専門は都市計画学であるが、地域居住学講座に籍を置いたため、都市計画を念頭に置きつつ、地域での暮らしを重視した研究テーマの設定を心がけた。年を取っても住み続けられる地域はどうあるべきか、子育てしやすい地域はどうあるべきか等々である。

私を引き取って下さった西村先生はすでに鬼門に入られている。その西村先生が奈良女子大学を退職される際、第五講座の関係者が論集をまとめたが、それが「地域居住学とまちづくり」[2]である。本書はその part2 にあたる。学内の諸事情で私の退職後、第五講座を引き継いだ研究室はなくなる。しかし、地域空間とそこで営まれる人々の暮らしを研究対象とした地域居住学を、次世代を担う研究者が引き継いでいただければ幸いである。

二五二頁にも書いたが、五章二節の執筆者・近江郁子さんが二〇二四年一月二一日にご逝去された。改めてご冥福をお祈りすると同時に、原稿の掲載を快諾いただいたご遺族様に感謝申し上げる。

本書は自治体研究社にお願いした。担当者は寺山浩司さんである。執筆者が多い上に、出版期限が決められていたため、多大なご負担をおかけした。改めて感謝申し上げる。

### 注

1　気象庁「日本の気候変動二〇二〇」二〇二〇年一二月。
2　西村一朗編『地域居住学とまちづくり』せせらぎ出版、二〇〇五年。

## 執筆者一覧（掲載順）

斉田英子（さいた　えいこ）㈱ヒンメル・コンサルティング
柳井妙子（やない　たえこ）（一社）中国・四国自然文化保全研究所所長
山田知子（やまだ　ともこ）比治山大学教授
辻本乃理子（つじもと　のりこ）流通科学大学准教授
井上芳恵（いのうえ　よしえ）龍谷大学准教授
清水裕子（しみず　ひろこ）畿央大学准教授
松本歩子（まつもと　あゆこ）京都教育大学講師
畑千鶴乃（はた　ちづの）鳥取大学教授
宮地由紀子（みやち　ゆきこ）静岡産業大学准教授
南　泰代（みなみ　やすよ）花園大学非常勤講師
花輪由樹（はなわ　ゆき）金沢大学准教授
室谷雅美（むろや　まさみ）豊岡短期大学教授
池添（奥山）純子（いけぞえ〈おくやま〉じゅんこ）徳島文理大学准教授
天野圭子（あまの　けいこ）大阪産業大学准教授
大江宮子（おおえ　みやこ）同志社女子大学非常勤講師
劉丹（リュウ　タン）中国鉱業大学（北京）講師
張秀敏（チョウ　シュウビン）桂林理工大学副教授
王飛雪（オウ　ヒセツ）大阪公立大学客員研究員
王雪桔（オウ　セツキツ）
姫茹（ヤル）内モンゴル大学副教授
玉娇（イジョウ）内蒙古民族大学講師
斯琴掩亚（スチントヤ）鈴鹿大学研究推進センター研究員
阿栄照楽（アルンジョル）赤峰学院副教授
野村理恵（のむら　りえ）北海道大学准教授
薩日娜（サラナ）奈良女子大学博士研究員
宮川智子（みやがわ　ともこ）和歌山大学教授
近江郁子（おうみ　いくこ）
澤田洋子（さわだ　ようこ）澤田興産株式会社代表取締役
黄琬惠（コウ　エンケイ）東京大学特任研究員
藤原ひとみ（ふじわら　ひとみ）有明工業高等専門学校講師
玉井香里（たまい　かおり）愛知産業大学准教授
崔銀淑（チェ　ウンスク）
清水陽子（しみず　ようこ）関西学院大学教授

## 編者紹介

中山　徹（なかやま・とおる）

1959年大阪生まれ、京都大学大学院博士課程修了、工学博士。

現在、奈良女子大学生活環境学部教授。自治体問題研究所理事長。

専門は、都市計画学、自治体政策学。


主な著書

『大阪の緑を考える』東方出版、1994年

『検証・大阪のプロジェクト』東方出版、1995年

『行政の不良資産』自治体研究社、1996年

『公共事業依存国家』自治体研究社、1998年

『地域経済は再生できるか』新日本出版社、1999年

『公共事業改革の基本方向』新日本出版社、2001年

『地域社会と経済の再生』新日本出版社、2004年

『子育て支援システムと保育所・幼稚園・学童保育』かもがわ出版、2005年

『人口減少時代のまちづくり』自治体研究社、2010年

『よくわかる子ども・子育て新システム』かもがわ出版、2010年

『人口減少と地域の再編』自治体研究社、2016年

『人口減少と公共施設の展望』自治体研究社、2017年

『人口減少と大規模開発』自治体研究社、2017年

『人口減少時代の自治体政策』自治体研究社、2018年

『だれのための保育制度改革』自治体研究社、2019年

『子どものための保育制度改革』自治体研究社、2021年


地域居住とまちづくり

—多様性を尊重し協同する地域社会をめざして—

2024年3月30日　初版第1刷発行

編　者　中山　徹

発行者　長平　弘

発行所　㈱自治体研究社

〒162-8512 東京都新宿区矢来町123 矢来ビル4F

TEL：03·3235·5941／FAX：03·3235·5933

https://www.jichiken.jp/

E-Mail：info@jichiken.jp

ISBN978-4-88037-762-9 C0036

印刷・製本／中央精版印刷株式会社

DTP／赤塚　修